Werburg Doerr

Flieg, Maikäfer, flieg

Eine Kindheit jenseits der Oder

Weltbild

Besuchen Sie uns im Internet:
www.weltbild.de

Genehmigte Lizenzausgabe für Verlagsgruppe Weltbild GmbH,
Steinerne Furt, 86167 Augsburg

Umschlaggestaltung: sander köhn wehrmann
Karte auf dem Vorsatz: Rainer J. Fischer, Berlin
Die Abbildungen stammen aus Privatbesitz.
Illustrationen S. 24–26: Werburg Doerr
Gesamtherstellung: CPI – Clausen & Bosse GmbH,
Birkstraße 10, 25917 Leck
Printed in Germany
ISBN 978-3-8289-7525-5

2010 2009
Die letzte Jahreszahl gibt die aktuelle Lizenzausgabe an.

Inhalt

Das Schloß Boncourt

Ich träum als Kind mich zurücke
Und schüttle mein greises Haupt;
Wie sucht ihr mich heim, ihr Bilder,
Die lang ich vergessen geglaubt?

Hoch ragt aus schatt'gen Gehegen
Ein schimmerndes Schloß hervor,
Ich kenne die Türme, die Zinnen,
Die steinerne Brücke, das Tor.

Es schauen vom Wappenschilde
Die Löwen so traulich mich an,
Ich grüße die alten Bekannten
Und eile den Berghof hinan.

Dort liegt die Sphinx am Brunnen,
Dort grünt der Feigenbaum,
Dort, hinter diesen Fenstern
Verträumt ich den ersten Traum.

…

So stehst du, o Schloß meiner Väter,
Mir treu und fest in dem Sinn,
Und bist von der Erde verschwunden,
Der Pflug geht über dich hin.

Sei fruchtbar, o teurer Boden.
Ich segne dich mild und gerührt
Und segn' ihn zwiefach, wer immer
Den Pflug nun über dich führt.

Ich aber will auf mich raffen,
Mein Saitenspiel in der Hand,
Die Weiten der Erde durchschweifen
Und singen von Land zu Land.

Adelbert von Chamisso

Für meine Enkelkinder

Vorwort

Als ich dieses Buch schrieb, war mein jüngstes Enkelkind ein Jahr alt und das älteste dreizehn. »Erzähl uns von Pätzig!« »Wie gern!« Wahre Geschichten aus alten Zeiten schienen plötzlich spannend. Dieses herzerwärmende Interesse hatte zur Folge, daß ich die Erzählungen an sie persönlich richtete. Auch wenn mancher darüber stolpern mag, denke ich, daß die Originalform der direkten Anrede unverzichtbarer Teil dieses Buches ist. Vielleicht gelingt es dem Leser, für einige Momente in die Rolle eines Enkelkindes zu schlüpfen und sich als solches anreden zu lassen.

Mein liebes Enkelkind – wenn ich dir nun von meiner versunkenen Kindheit erzähle, so ist das eine wahre Geschichte. Sie hat etwas mit dir zu tun und mit mir. Sie handelt von Liebhaben und Kummer, von Reichtum und Armut, von Gewinn und Verlust, von Engeln und bösen Menschen. Du wirst das, was du vielleicht schon einmal gehört hast, darin wiederfinden, aber manches wird dir neu sein. Die Wirklichkeit hat viele Gesichter. Sieh dir den Baum vor deinem Fenster an. Die alte, große Tanne. Niemals hast du das gleiche Bild. Heute siehst du sie vielleicht im Regen, morgen im Dunst. Stellst du dich darunter, ist sie dir ein Dach, sitzt du oben in der Spitze, ist sie dir ein Aussichtsplatz. Für Ruben ist sie täglicher Ausblick, für Jonas vielleicht die Leiter zum Himmel, David sammelt ihre Nadeln zum Lager, und Jakob jagt mit den Zapfen Eichhörnchen. Christian und Cornelius spielen ein Lied von ihr auf Saxophon und Klavier, Jasper schreibt eine Geschichte über sie, und Maximilian übersetzt sie ins Spanische. Friederike bindet ihr Pferd daran fest, Charlotte malt eine Blume, die darunter wächst, und Konstantin schießt mit seinem Fußball durch das Tor ihrer herabhängenden Zweige. Alexander entwirft ein Website für sie, und Sophie malt ein modernes Bild von ihr. Vanessa befestigt eine Seilbahn zwischen ihr und dem Nußbaum, Caspar liest jedes Buch über sie, das er finden kann, Ferdinand schaukelt auf ihren Ästen, und Clara steht im Körbchen in ihrem Schatten. Zu keiner Zeit ist sie für zwei von euch gleich. So ist auch meine versunkene Heimat für mich, meine Geschwister und andere Menschen jeden Tag eine sich wandelnde, geheimnisvolle Welt gewesen, und so bleibt sie es auch heute in der Erinnerung.

Die verlorene Heimat im Osten ist ein Teil unserer gemeinsamen Geschichte. Gerade weil wir nicht wissen können, wohin wir gehen, ist es gut zu wissen, woher wir kommen.

Flucht, 28. Januar 1945

Ein einsamer Planwagen bewegt sich langsam von Osten nach Westen. Er zieht vorbei an kahlen Apfelbäumen. Ihre schwarzen, skelettförmigen Äste greifen in den Himmel, als ahnten sie das Unheil, das auf ihr Land zurollt, und als wollten sie den Himmel anflehen, daß er es noch einmal abwende.
Der Wagen zieht durch die im Morgenlicht erwachende Winterlandschaft im Osten Deutschlands, etwa fünfzig Kilometer jenseits der Oder. Es ist das siebte Kriegsjahr. Tauwetter hat den Schnee von den Bäumen geschmolzen und die Schneedecke mit einer festen Harschschicht überzogen. Jetzt ist es minus sechzehn Grad kalt. Das Getrappel der zwölf Pferdehufe wird vom Schnee gedämpft. Es klingt stumpf wie durch Ohrstöpsel hindurch. Ein knirschend heller Ton schneidet in den sonst makellos stillen Sonntagmorgen. Vier breite Wagenräder, die die schmalen, von Schlittenkufen und eisenbereiften Rädern glänzend geriebenen Fahrrinnen auseinanderdrücken, erzeugen den Klang. Das Gespann aus drei kräftigen, braunen Hannoveranern muß sich mächtig ins Geschirr legen, um den schwer beladenen Wagen vorwärts zu ziehen. Dampf strömt aus den Mäulern der Pferde und gefriert zu einem Rauhreifschnurrbart um ihre Nüstern. Das Kopfsteinpflaster der Chaussee liegt unter einer blanken Schicht festgefahrenen Schnee- und Eisgemenges verborgen. Neben der Sraße türmen sich mächtige Schneewälle, denn an manchen Stellen hat der eisige Wind das angrenzende Feld leer gefegt, an anderen den Schnee über der Fahrbahn zu hohen Wehen aufgehäuft. Dort haben Arbeiter Gassen geschippt, durch die der Wagen nun fährt. Gut, daß die Schnee-

und Eisschicht die glatt polierten Pflastersteine verdeckt, denn sonst fänden die Hufe bei diesem Wetter keinen Halt. Die Pferde würden »ihre Beine verlieren« und sich verletzen. Die Pferdebeine aber sind für die Menschen in diesem Wagen das kostbarste Gut, denn ohne sie würde die Fahrt frühzeitig enden, und sie wären verloren.

Die Glocken der kleinen Feldsteinkirche im Dorf hinter ihnen haben noch nicht zum Sonntagsgottesdienst gerufen. Die Bewohner liegen wohl noch in ihren Betten. Nur ein paar Jungen, die vom Frühsport heimkommen, erspähen das Fuhrwerk und den Kopf eines Kindes im Spalt der Plane. Dieser Aufbruch würde die Älteren sicher auch brennend interessieren und zugleich weiter beunruhigen. Alle im Dorf hatten gestern das Grummeln in der Ferne gehört. Als es angefangen hatte, waren die Bewohner mit erschrockenen Augen stehengeblieben. Sie hatten aufgehört, miteinander zu reden, sich gegenseitig angestoßen und geflüstert: »Hörst du die Geschütze? Das ist die Front.« Keiner wagte es laut zu sagen. Jeder hatte in der letzten Zeit vermutet, daß es so weit kommen würde. Nun konnte niemand mehr daran vorbei. Die gegeneinander kämpfenden Heere hatten sich dem Dorf auf Hörweite genähert. Die immer noch siegessicher klingende Nachrichtenstimme im Radio, die von taktischem Rückzug und Sicherung an der Ostgrenze sprach, hatte gelogen. Die sowjetische Armee würde über kurz oder lang das Dorf einnehmen. Die Deutschen waren besiegt. Nur laut aussprechen durfte das keiner. Das war Wehrkraftzersetzung, und darauf stand Gefängnis oder noch Schlimmeres. Die Leute hatten große Angst. Angst vor den Russen und Angst vor den eigenen Landsleuten. Deshalb hielten die Dorfbewohner die Hand vor den Mund, wenn sie sagten: »Hörst du die Geschütze?« In der Nacht hatte ein rötlicher Feuerschein den östlichen Himmel erleuchtet. So, als wollte die Sonne schon vor Mitternacht aufgehen.

Das Fuhrwerk enthält eine schwere und kostbare Ladung. Äußerlich ist ihm das nicht anzusehen. Das Gespann ist keineswegs das beste des Gutshofes, aus dem es kommt. Man hat dort die Pferde mit Bedacht ausgewählt. Nähme man von den etwa vierzig zur Wahl stehenden Pferden die kräftigsten, würden sie möglicherweise beim ersten Zusammentreffen mit deutschen Truppen requiriert. Requirieren ist das Wort für »auf Nimmerwiedersehen wegnehmen«, und Soldaten dürfen das, um den Krieg zu gewinnen. Daß sie es auch tun, um die eigene Haut zu retten, ist zwar nicht vorgesehen, aber doch verständlich. So hat man sich in weiser Voraussicht für das drittbeste Gespann entschieden. Die Pferde sind von der Feldarbeit, die sie normalerweise tun, aneinander gewöhnt, und schwere Lasten zu ziehen ist ihr täglich Brot. Außerdem hat man sie gestern im Stall gelassen, und nun schnauben sie die eisige Winterluft aus ihren Nüstern und drängen nach vorn, um warm zu werden. Eine braune Plane aus festem Tuch spannt sich, von drei Stahlrahmen getragen, über die Ladefläche. Diese Rahmen stecken in Rohrhülsen, die an den seitlich abklappbaren Schotten angeschweißt sind. Der Gespannführer, ein Pole, sitzt auf einem Strohballen. Bei dieser Art Wagen gibt es keine Bank für den Kutscher, denn normalerweise steht oder sitzt er oben auf dem Getreidewagen oder läuft nebenher. Seitlich wird der Strohballen von gefüllten Futtersäcken aus Jute gehalten. In großen, dunklen Buchstaben steht RITTERGUT PÄTZIG auf ihnen geschrieben. Mit seiner wattierten, braunen Jacke und der tief über die Stirn gezogenen Schirmmütze sieht der Mann aus wie viele seinesgleichen. Ungewöhnlich ist nur, daß er am Sonntag unterwegs ist, denn über den Gutshof, von dem er kommt, weiß man, daß dort die Feiertagsruhe streng eingehalten wird und nur in Notfällen gearbeitet werden darf. Der Rest des Wagens liegt im Dunkel.

Die Fracht, die der Wagen birgt, ist nicht im materiellen Sinne kostbar. Auch ist sie nicht übermäßig schwer in Pfunden oder Doppelzentnern. Vier Kinder kauern im Dunkeln hinter den Futtersäcken und mit ihnen eine Handvoll Menschen, deren Gedanken schwer sind. Was sie zurücklassen, hat in ihren Seelen ein solch großes Gewicht, daß sie es weder gedanklich erfassen noch auch nur bruchstückhaft mit Worten beschreiben könnten. Es scheint ihnen, als müßte ihre Seele den Augenblick dieses Abschieds einfangen und festhalten, als könnten sie ihm nur auf diese Weise die gebührende Würde verleihen. Als könnte es der Seele gelingen, gewissermaßen noch ein letztes Mal den Reichtum dessen, was sie verlassen, in einem großen Sack zu sammeln, eh er für immer verlorengeht, zerstiebt, wie ein Fesselballon durch die Wolken im Nichts entschwindet. Doch gänzlich unfähig zu dieser sie weit überfordernden Geistesleistung, kauern sich die Kleineren in ihr Versteck und bemühen sich, die Gedanken auf das zu konzentrieren, was unmittelbar vor ihnen liegt. Die Größeren richten ihre Sorgen wohl eher auf die fernere ungewisse Zukunft.

Die Kinder im Planwagen, drei Mädchen und ein Junge, sind neunzehn, vierzehn, zwölf und acht Jahre alt. Sie haben noch drei weitere Geschwister. Ihr ältester Bruder ist mit zweiundzwanzig Jahren im Sturm auf einen bedeutungslosen Hügel vor Leningrad gefallen, das bedeutet als Soldat im Krieg umgekommen. Der nächstjüngere Bruder ist sechzehn und im Offiziersbewerberlager im Weserbergland. Ihre älteste Schwester erwartet ihr drittes Kind und ist mit zwei kleinen Kindern irgendwo im Osten wahrscheinlich auch auf der Flucht oder schon in der Hand der russischen Truppen. Ihr Mann ist im Feld, das heißt im Krieg, tot oder lebendig. Niemand hier weiß es. Der Vater der Kinder ist vor zweieinhalb Jahren vor Stalingrad von einem Granatsplitter tödlich verwundet worden. Von ihrer Mutter mußten sie sich vor ein paar Minuten trennen. Sie ist im Pferdeschlitten in Richtung Osten zurück ins Dorf gefahren. Die Kinder fliehen ohne ihre Eltern nach Westen. Sie fliehen vor der Wut des Feindes, die dem Land entgegenrollt.

Alle vier sind, jedes auf seine Art, dem Kindsein entwachsen. Die hinter ihnen liegende Kriegszeit, der Tod des Vaters und des Bruders, Bomben, die Bedrohung durch die Gestapo und eine unbe-

stimmte Angst vor dem, was sie nicht kennen und einschätzen können, hat sie früh ernst gemacht. Sie haben Aufgaben der Erwachsenen übernommen, denn fast alle Männer aus dem Dorf sind in den Krieg gezogen.

Die Kinder tragen Halbschuhe, Kniestrümpfe, die Mädchen Kleider mit Strickjacken, darüber knielange Jacken aus grauem, festem Segeltuchstoff und vorn geknotete bunte Kopftücher, dazu Wollfäustlinge. Der Junge, er ist der Jüngste, trägt eine graue Lederhose und eine über die Ohren gezogene rote Pudelmütze. Auch er hat seine Segeltuchjacke an. Die Kinder lieben dieses Kleidungsstück. Es hält allem stand und muß nicht gepflegt werden. Wegen seines ärmlichen Erscheinungsbildes heißt es »Polenjacke«. Die Polen, unsere Nachbarn im Osten, waren immer ärmer als die Deutschen. Deshalb sahen diese hochnäsig auf sie herab und nannten manches, was abgenutzt oder schäbig war, »polnisch«. Als Schutz gegen die Kälte liegt ein dicker, riesiger Pelz aus langhaarigem Fell im Wagen. Er hatte früher dem Vater gehört. Der Vater war ein hochgewachsener Mann gewesen, und der Pelz hatte ihm bis zu den Füßen gereicht. Er hatte das Fell nach innen nähen lassen, weil es dann besser wärmt. Außen hält ein festes, grünes Tuch aus grober Baumwolle den Wind ab. In diesem Pelz haben nun mehrere frierende Kinder zusammen Platz.

Die hintere Hälfte des Wagens ist mit Hafersäcken und Heuballen beladen. Davor sitzen zwei ältere Damen und eine junge Mutter mit ihrem einjährigen Säugling und ihrer siebenjährigen Nichte. Jeder im Wagen hat einen kleinen Rucksack mitnehmen dürfen, einen Beutel mit Riemen, in dem all seine jetzige Habe untergebracht ist. Der größte Rucksack ist der des Babys, denn es braucht Windeln, weiße, weiche Stofftücher, die man waschen muß. Weiter gibt es im Wagen einen Kochtopf für alle, ein Besteck, einen Becher und einen Teller für jeden und etwas Proviant.

Es hatten auch noch zwei Fotoalben im Wagen gelegen, aber die waren, nachdem man die Fotos herausgelöst hatte, zusammen mit einigem anderen, weniger lebensnotwendigen Gepäck wieder ausgeladen worden, gleich am ersten Hang, als die Mutter merkte, daß die Pferde ins Rutschen gerieten. Nun fahren die Alben im Schlitten zurück ins Gutshaus, um dort leer wieder in den Bücherschrank im Damenzimmer gestellt zu werden. Leer ist das ganze Haus, wenn die Mutter zurückkommt, aber da ist immer noch die Hoffnung, daß eines Tages die Alben, die Fotos, die Kinder und die Mutter in dem Haus wieder zusammenfinden und alles wieder seine alte Ordnung hat.

Pätzig

Der Sumpf inmitten des großen Waldes ist heute noch so tief wie damals, und auch die Kraniche kommen noch jedes Jahr. Einsam in der Weite der östlichen Landschaft, wie aus einem Spielzeugeimer auf einen Hügel gekippt, liegt ein kleines Dorf. Eine Feldsteinkirche mit Pfarrhaus in der Mitte, eine Backsteinschule, ein paar kleine Bauerngehöfte, eine Hand voll niedriger Arbeiterhäuser und ein schlichtes gelbes Gutshaus mit der zu ihm gehörenden Hofanlage. Die Dorfstraßen laufen sternförmig von der Kirche weg, als betonten sie die Rolle, die diese für das Dorf spielen soll.
Um den Dorfhügel breiten sich Sumpf, Schilf, Wassergräben und Wiesen aus. Rings um sie herum aber spielen Täler und Hügel Versteck miteinander. Mal sind die Täler flacher und die Linien der Hügel weicher, dann wieder sind die Täler tiefer, und dort haben sich, als hätten sie Löcher, Tümpel und Teiche gebildet. Hunderte solcher Löcher verstecken sich schilf-, baum- und buschumwachsen in den Talsenken, eingebettet in unzählbare beackerte Hügel. In diesen Tümpeln brüten wie jedes Jahr so auch in diesem Mai 1932 Wildenten und Schnepfen. Der Frühling kommt spät hier im Osten. Vor kurzem lag das Land noch unter einer dicken, leuchtend weißen Schneedecke.
Wie von einem Schutzschild behütet, ist die Hügellandschaft ringsherum von Wäldern umgeben. Im Osten und Süden des Dorfes ist der Boden sandig und karg. Dort wachsen Kiefern und Wacholder, dort bauen Fuchs und Dachs ihre Höhlen.

Das Gutshaus in Pätzig

Im Westen ist er fett und feucht. Dort wachsen Buchen und Fichten auf den Anhöhen. Erlen, Lerchen und Birken stecken mit ihren Wurzeln im Sumpf. Hier steht das Rot- und Rehwild, brechen die Sauen den Waldboden auf, brütet der Schwarzstorch, gründelt der Reiher, schnürt der Fuchs und warnt der Eichelhäher. Nur in strengen Wintern, wenn das Eis trägt, können Menschen diesen Teil des Waldes betreten. Zu anderen Zeiten ist er den Tieren vorbehalten, nicht naß genug für den Kahn und nicht fest genug für menschliche Füße. Im Norden ist der Wald für die Bewohner des Dorfes ein Geheimnis, denn er gehört zum Nachbargut, und über die Grenze zu gehen ist verboten.

Auf das Dorf zu und von ihm weg, von Norden nach Süden, führt eine Chaussee. Sie hat nur eine Fahrspur aus Asphalt und daneben eine Spur aus festem Sand. Diese wird Sommerweg genannt und ist für die vielen Pferdehufe angelegt, die dort täglich unterwegs sind. Diese Straße ist von Gräben gesäumt und zu dieser Jahreszeit von strahlend weiß und rosa blühenden Obstbäumen. Ein weiterer Weg verläuft von Ost nach West durchs Dorf. Er kommt vom Schweinevorwerk Karlshöhe durch tiefen Sandboden und führt aus dem Dorf hinaus in einer mächtigen Eichenallee hügelauf, hügelab zum Wald und durch ihn hindurch nach Schmarfendorf. Für die Kinder des Dorfes der wichtigste Weg aber ist wohl der nach Wartenberg in südwestlicher Richtung, denn dort gibt es einen See, in dem sie im Sommer baden dürfen. Dieser Weg ist schmal und in die Hügel eingeschnitten. An seinen Rändern wachsen wilde Birnen und Obstbäume.

Die Äcker sind frisch geeggt und gedrillt. Die Linien ihrer Hügelkuppen scheinen sich wie große Wogen im Meer zu bewegen. Die Farben des frisch beackerten Bodens changieren in vielen Brauntönen, nur die Wintergerste leuchtet schon in frischem Grün. Frühmorgens liegt in den Senken dichter Nebel. Dann wirkt die Landschaft wie ein Märchenland, geheimnis- und verheißungsvoll. Dann klingen die Rufe der Wildgänse, des Kuckucks und der Nachtigall, als sprächen sie mit dir allein, nah und klar. In den Gärten der Dorfbewohner blühen jetzt Maiglöckchen und lilafarbener Flieder. Die Hecken sind weiß vom Schlehdorn, und die Kastanien haben ihre weißen und roten Kerzen angesteckt.

Daten über das Gut und Erklärung von Begriffen

Dorfbewohner
1 Lehrerfamilie, Anrede: »Herr Lehrer«
1 Pastorenfamilie, Anrede: »Herr Paster«
1 Verwalter/Inspektorfamilie, Anrede: »Herr Döpke«
1 Gutsbesitzerfamilie, Anrede: »Herr Rittmeister« und »Gnä Frau« (von »gnädige«), die Söhne vom vierzehnten Lebensjahr an »Junker Max« und »Junker Hans-Werner«
35 Landarbeiterfamilien, Anrede zum Beispiel: »Vater Staek« – der Hofmeister, »Meister Kaselow« – der Schmied, »Brose« – der Brennmeister, Heizer und Haarschneider, »Geduldig« – ein Gespannführer, »Erich« – der Kutscher.

Die Arbeiterfamilien wurden insgesamt »Leute« genannt, die Angestellten im Haus Diener oder Dienstboten, Bezeichnungen, die heute einen anderen Klang haben, damals aber gebräuchlich waren.

50 Schnitter
25 bis 30 Strafgefangene, später Kriegsgefangene. Insgesamt wurden sie Gefangene genannt, einzelne bei ihrem Nachnamen, zum Beispiel »Pummitschalek«.
10 bis 20 Frauen aus der Ukraine
14 Bauernfamilien, Anrede zum Beispiel: »Herr und Frau Hollmichel«
5 kleine Gewerbebetriebe
3 Familien im Armenhaus
Im Gutshaus arbeiteten neben meinen Eltern:
1 Köchin – Hönsche
1 Diener – Wilhelm
1 Kinderfrau – Donti
1 Hauslehrerin, 1 Sekretärin – Jandi

2 Haustöchter, 2 Zimmermädchen – Emma, Ella,
2 Küchenmädchen – »die Mädchen«, 1 Klofrau

Gutsfläche
Acker-Wald-Wiesenfläche: 1530,62 Hektar
Wald und Wiese: 765 Hektar
Acker: 638 Hektar
Weide: 127 Hektar

Viehbestand
40 Pferde
20 Ochsen
2000 Schafe
51 Milchkühe – Milchertrag: 3800 Liter pro Jahr
120 Kälber und Jungvieh
250 bis 300 Schweine, davon 30 Muttersauen

Wild – Abschuß im Jahr
20 bis 30 Stück Rotwild
30 bis 40 Stück Schwarzwild
25 Stück Rehwild
70 Enten
30 Füchse
10 Karnickel
30 bis 40 Dachse, Elstern, Katzen etc.

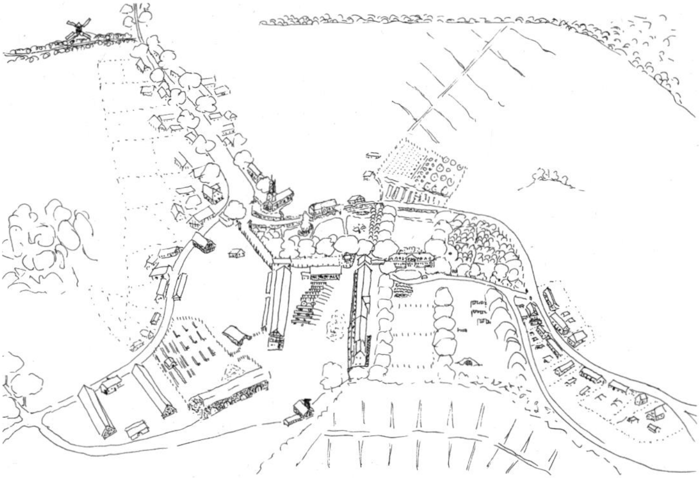

Pätzig aus der Vogelperspektive

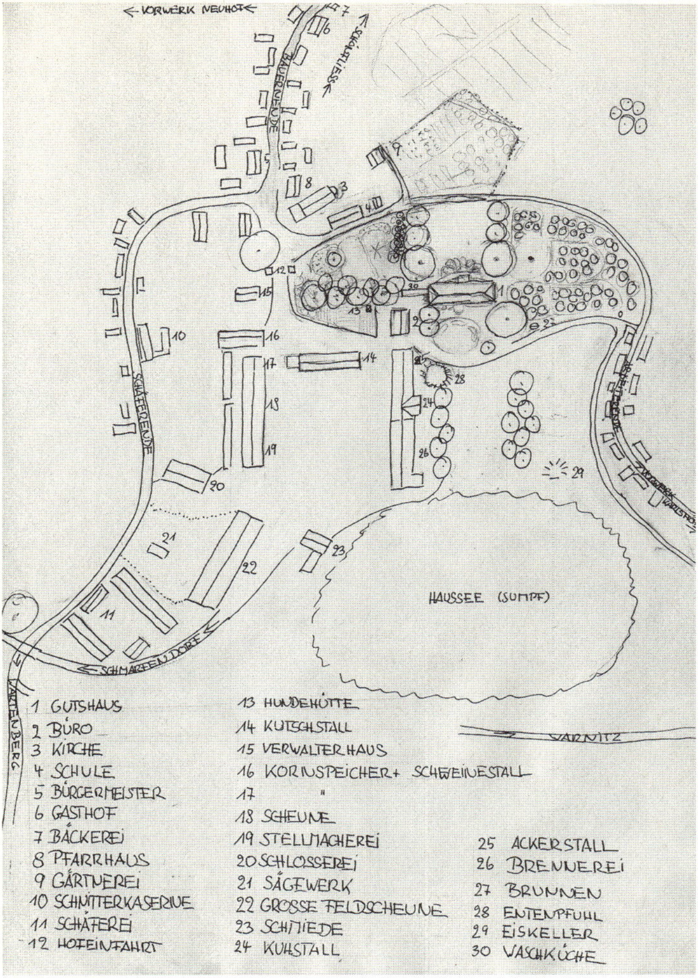
VORWERK NEUHOF
HAUSSEE (SUMPF)
VARNITZ
1 GUTSHAUS
2 BÜRO
3 KIRCHE
4 SCHULE
5 BÜRGERMEISTER
6 GASTHOF
7 BÄCKEREI
8 PFARRHAUS
9 GÄRTNEREI
10 SCHNITTERKASERNE
11 SCHÄFEREI
12 HOFEINFAHRT
13 HUNDEHÜTTE
14 KUTSCHSTALL
15 VERWALTERHAUS
16 KORNSPEICHER + SCHWEINESTALL
17 "
18 SCHEUNE
19 STELLMACHEREI
20 SCHLOSSEREI
21 SÄGEWERK
22 GROSSE FELDSCHEUNE
23 SCHMIEDE
24 KUHSTALL
25 ACKERSTALL
26 BRENNEREI
27 BRUNNEN
28 ENTENPFUHL
29 EISKELLER
30 WASCHKÜCHE

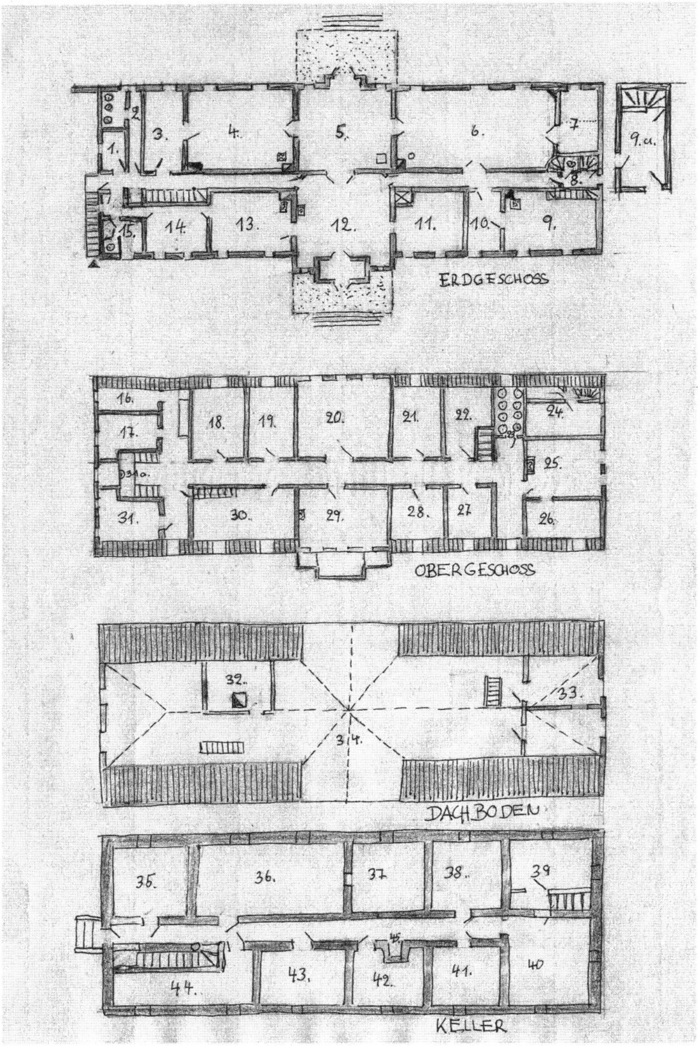

Das Pätziger Haus: Grundrisse

ERDGESCHOSS

1. PUTZKAMMER WILHELM
2. DAMENKLO
3. JAGDKAMMER
4. HERRENZIMMER VATERS + MUTTERS BÜRO
5. DAMENZIMMER
6. SAAL
7. SAALKAMMER
8. BAD + TREPPEN VOM FLUR ZUR ANKLEIDE UND VOM BAD ZUM KELLER
9. ELTERNSCHLAFZIMMER + TREPPE ZUR ANKLEIDE
9a. ANKLEIDE + TREPPE ZUM SCHULZIMMER
10. ANKLEIDE
11. GÄSTEZIMMER
12. DIELE
13. ANDACHTSZIMMER + BEAMTENZIMMER
14. SPIELZIMMER
15. HERRENKLO

OBERGESCHOSS

16. MÄDCHENZIMMER
17. MÄDCHENZIMMER
18. VORRATSKAMMER
19. VORRATSKAMMER
20. KIEKOWER STUBE GÄSTE- + WIRTSCHAFTSZIMMER
21. RUMPELKAMMER
22. VORRATSKAMMER
23. KLO
24. SCHULZIMMER + HANS-WERNER
25. KINDERZIMMER CHRISTINE + WERBURG + PETER-CHRISTIAN
26. KINDERFRAU
27. GÄSTEZIMMER
28. GÄSTEZIMMER
29. SCHÖNRADER STUBE GÄSTEZIMMER
30. HAUSLEHRERIN
31. HAUSTÖCHTER
31a. WASSERHAHN

DACHBODEN

32. RÄUCHERKAMMER
33. OLYMP MAX + MARIA
34. WÄSCHETROCKENBODEN

KELLER

35. BEITISCHERSTUBE
36. KÜCHE
37. SPEISEZIMMER
38. WILD
39. WEIN
40. ÄPFEL
41. WECKGLÄSER MIT OBST, FLEISCH ETC.
42. GESCHIRRSPÜLKAMMER
43. PUMPE
44. PUTZKELLER
45. SPEISEAUFZUG

Die Taufe

Die Glocken in der holzverschalten Kirchturmspitze schwingen. Zwei etwa zehnjährige Burschen in beigem Hemd, kurzer Hose und mit nackten Füßen hängen an Glockensträngen aus gedrehtem Hanfseil. Die schweren Seile fallen von den Glocken herab bis auf die Steinplatten unter dem Feldsteingemäuer. Der Kirchturm ist zugleich der breite Giebel der Kirche. Er wächst sozusagen aus ihr heraus und endet in einer silbriggrauen, hölzernen Turmspitze. Aus ihr tönen nun die Glocken im ruhigen Doppeltakt. Es sieht aus, als sprängen die Jungen auf einem Trampolin. Abwechselnd verschwindet der eine, dann der andere hinter der Spitze des Portals. Jedesmal, wenn einer herunterkommt, wird der andere nach oben gezogen.

Ein dritter Junge ist die schmale, ausgetretene Holzstiege hinauf auf die Empore gelaufen und setzt dort die Orgel in Gang. Er hebt und senkt den Balken des Blasebalgs. Die Orgel atmet deutlich hörbar. Sie holt tief Luft. Später, wenn die Glocken angehalten sind, werden die beiden anderen Jungen dem einen zu Hilfe kommen, denn die Arbeit ist schwer, und wenn das Instrument nicht genug Luft bekommt, verhungern die Töne. Jetzt fängt der Organist an zu spielen. Ein langgezogener, schriller Ton kündet, daß die Orgel startbereit ist. Irgendwo hat eine Maus ein Loch in die alten Schläuche gebissen. Dort strömt die Luft unkontrolliert heraus. Das ergibt den Pfeifton.

Wenn Lehrer Starke an der Orgel sitzt, ist Ruhe auf der Empore, und die Jungen verhalten sich, als seien sie Musterknaben. Denn Lehrer Starke ist eine der drei in besonderer Weise respektierten Größen im Dorf. Er ist zugleich alleiniger Lehrer, Organist und Ratgeber in Streitigkeiten. Ein großer, dunkel gekleideter Mann, belesen und von beispielhafter Genauigkeit.

Die Orgel setzt zum Vorspiel an. Die Kirche hat sich mit gut gekleideten Herrschaften aus der Gesellschaft gefüllt. Sie sind aus der Nachbarschaft, aus Pommern, Berlin, Westfalen und Franken gekommen, die Nachbarn in Pferdekutschen, die nun, von den Kutschern bewacht, auf dem Vorplatz warten. Die weiter weg wohnenden Verwandten sind mit der kleinen Bimmelbahn nach Bad Schönfließ gefahren. Von dort sind sie zur Kirche oder ins nahegelegene Gutshaus kutschiert worden. Sie sind gekommen, um ein Kind zu taufen.

Alle nehmen auf den schmalen, recht unbequemen Holzbänken Platz. In den hinteren Reihen drängen sich die Dorfbewohner. Während im Altarraum große Fliederbüsche ihren Frühlingsduft verbreiten, mischt sich dort hinten der Geruch von Schweiß und Stall mit dem von Mottenpulver. Inmitten der Fliederzweige vor der flachen Giebelwand erhebt sich der Altar. An seinen Seiten tragen Säulen Apostel und Engel aus Gips. Davor das Taufbecken, links darüber die goldverzierte, weiße Barockkanzel, darunter an der Wand ein graublauer Kasten. Hinter dessen vorderer Brüstung sitzt der Pastor. Sie ist so hoch, daß er fast nicht zu sehen ist. Ihm gegenüber befindet sich das Patronatsgestühl, ein ebensolcher Kasten. In diesem sitzt auf korbgeflochtenen Stühlen die Familie des Gutsherrn. Sie ist dort gerade durch eine kleine Pforte in die Kirche gelangt und erhebt sich nun zum Zeichen, daß der Gottesdienst beginnen kann. »Geh aus, mein Herz, und suche Freud / in dieser schönen Sommerzeit / an deines Gottes Gaben« – die Orgel spielt, und die Gutsfrau, sich verantwortlich fühlend für die Schönheit des Festes, singt laut und immer ein bißchen vorneweg, um die Gemeinde auf Trab zu bringen. Heute gelingt ihr das ohne Mühe, denn die Verwandtschaft ist insgesamt gewohnt, aus voller Kehle und mit großer Inbrunst zu singen. So dient die flache, sanftblaue Holzdecke der kleinen Dorfkirche nun als Resonanzboden zu einem wahrhaft mit Macht gen Himmel brausenden Gesang.

Ein Kranz aus rosa Röschen liegt auf dem Taufbecken. Der Täufling, ein Mädchen, wird von zwei kräftigen Händen über die Taufschale gehalten. Das lange, weiße Spitzenkleid des Kindes hängt fast bis auf die grauen Steinplatten des Kirchfußbodens. Es fügt sich fließend in das cremefarbene, lange Spitzenkleid der Mutter Ruth, einer großen, fast hager wirkenden jungen Frau mit hochgestecktem braunem Haar. Neben ihr der Vater Hans im Frack mit Fliege auf steif gestärktem Hemd. Er trägt einen Bürstenhaarschnitt und ein Schnauzbärtchen. Auch er ist groß, aber breiter gebaut, mit eckigem Schädel und freundlichen, hellblauen Augen. Er hält den Säugling.

An seiner Seite stehen mit erwartungsvollen Gesichtern fünf Kinder, wie die Orgelpfeifen aufgereiht. Die Älteste, Ruth-Alice, ist zwölf Jahre alt, sie hat die Moosröschen um das Taufbecken gelegt. Später wird sie dem Täufling zu jedem Geburtstag einen Kranz aus Frühlingsblumen winden. Der älteste Sohn, Maximilian, ist zehn Jahre alt. Er steckt seit kurzem bei feierlichen Anlässen wie heute in einem Matrosenanzug. Früher trugen die Jungen wie die Mädchen alltags und feiertags Kleider und lange Locken oder Bubiköpfe. Jetzt schneidet man ihnen die Haare zu Stoppeln, der Läuse wegen. Das dritte Kind ist ein Mädchen, Maria, acht Jahre alt – pausbäckig und vergnügt, mit wachen, spitzbübischen Augen, einem Mittelscheitel und langen, geflochtenen Zöpfen. Sie

Lalas Taufe: die Eltern Ruth und Hans von Wedemeyer mit ihren Kindern und der Großmutter Ruth von Kleist-Retzow (hinten links)

und ihre Schwestern sind mit ebenfalls cremefarbenen, schulterfreien Hängeröcken geschmückt, die zur Unterscheidung an Brust oder Taille plissiert sind. Eine Besonderheit, denn üblich ist in dieser Familie, daß sich die Kleider nur in der Größe, nicht aber in der Machart unterscheiden. Zu den Kleidern gehören weiße Söckchen und schwarze Lackschuhe. Marias Hand war in die des Vaters geschoben, bis diese sich von ihr gelöst hat, um der Mutter den Täufling abzunehmen. Das vierte Kind, Hans-Werner, ist fünf. Er steht angestrengt gerade, als wolle er zeigen, wie ernsthaft er sich vorgenommen hat, heute ganz artig zu sein. Auf dem Arm der Kinderfrau Donti in der zweiten Reihe sitzt die zweijährige Christine, Ina genannt. Ihre Augen lassen das Geschehen keinen Moment außer Kontrolle, und sobald der erste Choral erklingt, singt sie Wort für Wort den Text mit.

Alle schauen jetzt auf das Kind in den Händen des Vaters. Ein Mädchen! Ein Mädchen, das ein Junge hätte werden müssen. Schon das letzte Kind war für den Namen Christian vorgesehen. Es wurde ein Mädchen, Christine. Bei diesem nun gingen die Eltern davon aus, es müsse der Ordnung halber bestimmt ein Junge werden, Christian. Nun haben sie keinen passenden Namen parat. Da sie es für möglich halten, daß Nomen Omen ist, liegt ihnen wenig an der Schönheit, sehr viel aber an der Bedeutung des Namens. Bis zu diesem Augenblick haben sie den Namen des Kindes nicht preisgegeben. Es ist Tradition, dies erst bei der Taufe zu tun. So nannten sie ihre Kinder vor der Taufe nach Farben, und für dieses Kind, ihrem sechsten, war nur noch die Farbe Lila übriggeblieben. Als der Pastor in schwarzem Talar den Vater nun nach dem Namen des Mädchens fragt, sagt dieser: »Sie soll Werburg heißen.« Ein älterer Herr mit Perücke kann sich ein Kichern nicht verkneifen. Die Kinder nennen ihn Onkel Pino, und manchmal, wenn sie ihn abends vor dem Schlafengehen darum bitten, lüftet er zu ihrem Entzücken seine Perücke und zeigt ihnen seine Glatze. Der Pastor läßt sich kein Erstaunen anmerken. Er tauft das Kind im Namen des Vaters und des Sohnes und des Heiligen Geistes, und Vater Hans bittet im stillen Gott, er möge dieses Mädchen in den nun wieder drohenden unruhigen Zeiten eine wehrhafte Burg sein lassen. Danach singt die Gemeinde voller Hingabe »Ein feste Burg ist unser Gott«. Bis über die Kehle angefüllt mit Jubel verläßt die Gemeinde die Kirche und zieht in den sonnigen, frischen Frühlingstag; die einen durch den blühenden Staudengarten zum Gutshaus, die anderen zurück in ihre schlichten Arbeiterwohnungen.

Die Kastanienallee

Aus Lila wurde Lala. Mein richtiger Name verschwindet zwischen den Deckeln des Stammbuchs, und das wird im Krieg verlorengehen. Der Name Werburg wird in der Familie nur dann gebraucht, wenn ich wirklich Schlimmes verbrochen habe. Ich bin inzwischen drei Jahre alt und werde demnächst vier.

Über mir wölbt sich die dichte, dunkle Decke der Kastanienallee. Das blaugrüne Blätterdach neigt sich am Rand der Allee bis auf den Rasen, innen aber weitet sich ein Raum ähnlich einer frühgotischen Kathedrale. Streben treffen sich zu einem runden Gewölbe und bündeln sich nach unten hin in dunkelbraunen, dicken Stämmen, für die es vier Kinderarme braucht, sie zu umfassen. An ihren Füßen aber greifen die mächtigen Wurzeln, nachdem sie ein Stück oberirdisch gekrochen sind, in den festgefahrenen, dunklen Boden. Zwischen diesen Wurzeln befinden sich meine Pferdeställe. Ich habe viele Kastanien-Pferde: Schecken, Braune und Füchse, Hengste, Stuten, Jährlinge und Fohlen. Kleine Äste bilden die Koppeln, und es gibt unentwegt Arbeit, sie mit Laub zu füttern, zu bewegen und in die richtigen Ställe zu sortieren. Mein Besitzerglück ist groß, und ich bewundere meinen Reichtum und kann nicht genug davon bekommen, mit meinen Pferden zusammenzusein.

Die Kastanienallee ist der Verbindungsweg von unserem Haus zur Kirche. Sie ist breiter als eine gewöhnliche Allee. Außerdem ist sie Begrenzung des Hofs zur einen Seite und

Blick von der Kastanienallee auf die Kirche

zur anderen Begrenzung des Staudengartens, der sich zwischen Kirche, Schule und Gutshaus erstreckt. Große Staudenrabatten voller Schwertlilien, Pfingstrosen, Goldbällchen, Rittersporn, Malven, Margeriten und Levkojen gruppieren sich um einen alten Birnbaum. Dieser gehört uns Kindern. Das ist so, weil er staksig hoch, brüchig und alt ist, so daß man es niemandem zumuten kann, hinaufzuklettern, um ihn zu ernten. Die Erwachsenen denken, wir essen das Fallobst. Daß sie sich irren und unsere Kletterlust unterschätzen, werden sie erst später herausfinden.

Niedrige Rosenbeete säumen Wege durch Rasenflächen. Weiße Bänke an der Feldsteinmauer laden zum Verweilen ein. Hier sitzen an Sommerabenden die Hausbediensteten;

sie stricken, stopfen und sticken und genießen die letzten Sonnenstrahlen. Die übermannshohe Mauer hat zum Staudengarten hin Alkoven und Obstspaliere und auf der Oberseite grüne und klare Glasscherben. Der Schöpfer dieses Bauwerks, einer von Vaters Vorgängern, hat sie wohl für nötig gehalten, um den Garten vor bösen Buben zu schützen. Sie sind nun dort fest eingegossen und stören niemanden, denn die Buben können jederzeit die ins Mauerwerk eingelassene Gartentür benutzen. Warum sie es nie tun, weiß ich nicht. Die Dorfhühner allerdings tun es gern und zum Ärger meiner Mutter. Sie kratzen in den Beeten und suchen nach Regenwürmern, die dort reichlich vorhanden sind. Hinter der Mauer kuckt das Dach der Dorfschule hervor, das sich über ihrer Tür erhebt. Er ragt aus der Längsseite des Schulgebäudes und ist mit wildem Wein überwuchert. Neben der Schule steht links die Kirche auf ihrem Hügel, und rechts liegt der Schulhof und etwas weiter weg die Gärtnerei. Ich sollte vielleicht schreiben Gutsgärtnerei. Aber das erübrigt sich, denn hier gehört alles zum Gut, außer den Gehöften der Bauern im Bauernende.

Auf einer der Rasenflächen steht ein Quittenbaum. Er blüht leuchtend weiß im Frühjahr und trägt im Herbst große, harte, haarige, gelbe Früchte. Dieser Quittenbaum ist unser Spielbaum. Die Äste setzen tief am Stamm an, und die Krone des Baums ist breit mit fast waagerecht verlaufenden Zweigen und herzförmigen, hellen Blättern. Dort spielen wir Kirche. Hans-Werner steht ganz oben und läutet die Glocken, er ist Küster und Prediger. Ina sitzt auf einem kräftigen Ast darunter. Sie kennt die Liturgie auswendig. Sie ist der Pastor. Ich bin für den Gesang und das Amen zuständig. Ich hocke auf dem Boden. Wir spielen oft Kirche, und meistens geht es dabei friedlich zu, außer wenn Hans-Werner zu lange predigt oder Ina zuviel kommandiert.

Die Wege sind frisch geharkt, die Rasenkanten gerade gestochen. Zum Haus hin schließt sich ein Weißbuchengang an. Er ist wie ein Tunnel oben zusammengewachsen und führt vom Gutshaus zur Gärtnerei. Unter seinen Ästen wachsen meine Geburtstagsblumen, die Maiglöckchen.

Donti

Meine langen Haare sind bis oben hin in einzelnen Strähnen auf Klopapier gerollt und hängen festgezurrt an meinem Kopf. Ich sehe aus wie ein Lakai am Hofe Ludwigs XIV. Ich sitze auf Dontis Schoß. Donti ist klein und rundlich, sie trägt eine weiße Schürze, darunter ein blauweiß kariertes Kleid mit weißem Bubikragen. Sie hat braune, streng zurückgekämmte Haare, die in einem Dutt enden. Donti riecht nach Wärme und Sauberkeit. Sie ist unsere Kinderfrau. Wir lesen »Hänschen im Blaubeerwald«. Im weißen Kachelofen hinter einem kleinen, schwarzen Eisentürchen singt leise der Wasserkessel. Donti kann besser Haare kämmen als sonst wer. Bei allen anderen ziept es unausstehlich. Wenn Festtage kommen, macht Donti mir Korkenzieherlocken. Dann schlafe ich eine Nacht auf meinen Klopapierlockenwicklern, und am nächsten Morgen hängen wunderschöne Locken wie Papierschlangen gedreht auf meine Schultern herunter.

Morgen ist so ein Tag: Ostern. Mutter sagt, Ostern ist der höchste Feiertag, und es stimmt in gewisser Weise. Zu Ostern ist eine Menge los in Pätzig. Ich bin mir aber trotzdem nicht ganz sicher, ob ich mit ihr übereinstimme. Weihnachten scheint mir unübertrefflich. Unser Kinderzimmer ist ein quadratischer, heller Raum. Der große, dunkelgrüne Kachelofen wird vom Flur aus mit Brennholz geheizt. Ihm gegenüber liegen zwei hohe Giebelfenster mit grünen Fensterläden. Zwischen ihnen stehen die Wickelkommode, rechts und links je ein weißes Kinderbett. Gescheuerte Holzdielen,

weiß lackierte Türen mit blankgeputzten Messingklinken und ein paar Holzspielzeuge schmücken den Raum. Über den Kinderbetten hängt je ein in Tirol geschnitztes Engelchen, das allerdings unterhalb der Schultern aufhört. Immerhin haben die Engel Flügel. Vater hat sie vom Skiurlaub mitgebracht, weil er sie schön findet. Mutter findet sie ein bißchen kitschig. Das ist erstaunlich, denn meistens sind Vater und Mutter einer Meinung. Ich habe mich riesig über meinen Engel gefreut, und wenn ich nicht schlafen kann, sehe ich ihn an und überlege, worüber er wohl nachdenkt.
Dontis Zimmer ist die Dachstube neben meinem Bett auf der anderen Seite der Wand. Dort stehen Dontis Nähkorb und die Nähmaschine unter dem Mansardenfester, außerdem ein Bett, ein Waschtisch mit Porzellanschüssel, Kanne und Blecheimer darunter für das schmutzige Wasser und ein Bord mit Bergen von Wäsche, die geflickt werden soll. Donti war früher in einer anderen Familie. Sie schwärmt von den braven Kindern, die ihre Sachen nie schmutzig gemacht haben. Aber ich denke, so schön wie bei uns kann es dort nicht gewesen sein. In all den Familien, die ich kenne, gibt es Dontis, nur heißen sie anders, Ata zum Beispiel oder Ibi.
Dontis Busen ist weich und warm zum Ankuscheln. Auf ihrem Schoß fühle ich mich behütet. Ich fühle mich von ihr genauso liebgehabt wie Ina, obwohl sie mit mir mehr Arbeit hat. Meine Kleider sind immer schnell schmutzig und zerrissen, außerdem bin ich bockig und schwer zu regieren. Aber Donti bleibt immer ruhig, und wenn sie mal schimpft, ist abends immer alles wieder gut. Wenn bei mir ein Zahn locker sitzt, knotet Donti einen Zwirnsfaden darum und befestigt das andere Ende an der Türklinke. Dann schlägt sie mit Schwung die Tür zu, und der Zahn ist draußen. Ich packe ihn in Seidenpapier und lege ihn hinter den Ofen. Jeden Morgen schaue ich nach, ob er noch an seinem Platz liegt. Eines Tages

Kinderfrau Donti mit Hans-Werner, Christine und Werburg

ist er nicht mehr da, und statt dessen finde ich dort ein kleines Geschenk. Die Kinderzimmermaus hat den Zahn geholt und dafür Süßigkeiten gebracht.
Haben wir schwarze Flecken aus Wagenschmiere im Kleid, und das kommt ziemlich oft vor, streicht Donti Butter darauf und läßt sie über Nacht einziehen, dann wäscht sie das Kleid, und die Flecken sind weg. Wenn ich sehr krank bin, sitzt Donti an meinem Bett und kühlt meine Stirn mit einem nassen Taschentuch. Sie heißt Anna Sonntag. Auch hier, scheint mir, ist Nomen Omen. Mutter sagt Donti und Sie zu ihr, wir sagen Donti und du. Wenn sie Urlaub hat, kommt ihre Schwester. Sie ist eine drei Wochen anhaltende Plage. Ich klammere mich mit beiden Händen an die Türklinke, und sie zieht an meinem Kleid. Kein Wunder, daß das Kleid zerreißt. Dann holt sie Mutter, und Mutter kann ja nichts anderes tun, als mich auszuschimpfen, weil sie froh ist, daß

Dontis Schwester Donti vertritt. Bei Donti würde ich mich nie an die Türklinke hängen. Wenn wir im Achterwagen, das ist ein Kutschwagen, in dem man zu acht Personen sitzen kann, in den Wald fahren, kommt Donti oft mit. Beim Essen sitzt sie mit uns Kleinen am Ende des Eßtisches, sie ist immer für uns erreichbar. Sie ist mir vertrauter als Mutter. Ich wünschte, wir hätten sie mit auf den Treck nehmen können, als wir Pätzig verlassen mußten.

Wie ich zur Verräterin wurde

Donti hat einen Korb über dem linken Arm und an der rechten Hand mich. Wir gehen die Dorfstraße im Bauernende entlang. Über uns wölben sich die Äste der Lindenallee, rechts und links verbergen sich hinter Mauern und Holzzäunen die kleinen Gehöfte der Bauern. Das Pfarrhaus aus rotem Ziegelstein ist das erste in der Reihe. Direkt ihm gegenüber steht das Haus vom Bürgermeister Hollmichel. Wir gehen zum Gasthof Frädrich. Bei Frädrich gibt es die Post, Kolonialwaren und einen großen, dunklen Saal, in dem ab und zu ein Film vorgeführt wird. Ein Mann sitzt dann am Klavier, und auf der kleinen Leinwand flimmert ein Stummfilm. Kino ist immer ein großes Ereignis im Dorf.

Der Kolonialwarenladen hat eine hohe Theke, auf die ich nicht hinaufsehen kann. Donti hebt mich hoch, damit ich mitbekomme, was passiert. Auf der Theke steht eine Registrierkasse, die bimmelt, wenn sich die Schublade mit dem Geld öffnet, daneben eine Waage und ein Holzklotz mit Löchern, in denen Messinggewichte stecken. Das Beste aber ist eine große Glasdose mit Deckel. Sie ist voller verlockender Süßigkeiten. Eingewickelte Karamelbonbons, Zitronendrops, Himbeerbonbons und lange, schwarze Lakritzschlangen. Alles durcheinander. Die Bonbons kosten einen Pfennig das Stück, aber manchmal hebt Frau Frädrich den Deckel und schenkt mir einen, natürlich nur, wenn ich nicht bettle. Hinter der Theke ist eine hohe Wand mit unzähligen Schubladen, kleinen, großen und unten den allergrößten. Sie haben in der

Mitte einen Holzknopf, an dem Frau Frädrich sie herauszieht. In diesen Schubladen ist alles, was die Leute im Dorf, abgesehen von dem, was sie selbst anbauen, brauchen: Mehl, Zucker, Hirse, Haferflocken, Seife, Kaffee, Schreibpapier, Buntstifte, Briefmarken, Waschpulver und vieles mehr. Manches gibt es überhaupt nicht, weder hier noch zu Hause, wie Klopapier, Plastiktüten, Silberfolie, Gummibärchen oder Eis am Stiel. Wir brauchen das meiste nicht bei Frädrich einzukaufen, weil es in Säcken in den Vorratskammern steht. So kommen die großen Zuckersäcke aus der Zuckerrübenfabrik, in die wir die Zuckerrüben liefern, Mehl, Gries und Haferflocken aus der Mühle, in die unser Getreide geht. An der Schubladenwand bei Frädrichs gibt es einen Haken, an dem eine handgroße Holzschaufel hängt, und daneben, an einem Bindfaden, ein Paket spitzer Packpapiertüten. Wenn du zum Beispiel Mehl kaufen willst, reißt Frau Frädrich eine Tüte ab und schaufelt aus der Mehlschublade Mehl hinein, legt sie dann in eine der Schalen der Waage und stellt so viele Gewichte in die andere, bis beide im Gleichgewicht sind. Donti braucht heute nur Nähgarn. Sie schwatzt ein bißchen mit Frau Frädrich, bezahlt, und wir gehen. Vor dem Bürgermeisterhaus steht Frau Hollmichel. Sie möchte auch mit Donti schwatzen. So wechseln wir die Straßenseite. Die beiden reden und reden, und ich langweile mich. Ich höre gar nicht richtig zu. Aber da fällt plötzlich ein Name, über den ich etwas weiß: Hitler. Jetzt kann ich mich am Gespräch beteiligen. Ich sage: »Donti, Hitler ist doch der Mann, den Vater nicht mag!?«
Meine Hand wird plötzlich fest von Dontis Hand umklammert. Ich merke, ich habe etwas Falsches gesagt. Donti verabschiedet sich schnell, und wir gehen zwischen den das Hoftor begrenzenden gelben Pilaren hindurch und am Kutschstall vorbei zurück zum Haus. Dontis Hand bleibt fest um meine

Dorfstraße mit Haus des Bürgermeisters Hollmichel

geschlossen. Sie sagt kein Wort. Im Kinderzimmer setzt Donti sich auf einen Stuhl, nimmt mich zwischen ihre Knie und sagt: »Sieh mich mal an, Lala!« Ich schaue ihr in die Augen. Sie blicken mich streng und ungewöhnlich ernst an. »Niemals, Lala, niemals darfst du im Dorf etwas erzählen, was du zu Hause gehört hast! Niemals, Lala! Merkst du dir das? Es ist sehr wichtig! Niemals! Hast du das verstanden?« Ich nicke. »Tust du das ganz bestimmt nicht wieder?« – »Nein.«
Ich habe es nicht wieder getan. Auch wenn ich die Tragweite meiner Verfehlung nicht begreife, spüre ich, daß mir etwas passiert ist, das schlimmer ist als alles, was ich bis jetzt angestellt habe. Etwas, das ich nicht wiedergutmachen kann. Ich erwarte eine Abreibung von Mutter. Aber Mutter sagt nichts. Ich bin sicher, daß sie es erfahren hat. Nichts ist schlimmer als Schimpfe. Was kann ich tun, um Mutter wieder mit mir zu versöhnen? Ich überlege. Ich könnte einen Blumenstrauß pflücken. Ich verwerfe die Idee. Ruth-Alice kann viel schönere Sträuße machen als ich. Mir fällt ein, daß Mutter sich immer freut, wenn wir ein Kirchenlied auswendig aufsagen

können, und ich weiß natürlich, daß ihr nichts wichtiger ist als Gott. Aber ich kann noch nicht lesen, und Ina möchte ich nicht bitten, mir eines beizubringen. Sie würde über meinen plötzlichen Eifer staunen und mich vielleicht auslachen.
Da kommt mir eine Idee. Ich laufe zu Donti, sie leiht mir einen Zwirnstern aus ihrem Nähkasten. Damit gehe ich in die Kastanienallee und suche mir zwei möglichst gerade Stöckchen. Ich will ein Kreuz machen. Das ist schwierig. Immer wieder wollen die beiden Stöcke nebeneinander liegen und nicht quer zueinander stehen. Der Zwirnsfaden ist aufgebraucht, und schließlich bin ich zufrieden. Das Kreuz ist fertig. Ich gehe ins Haus, stehe an Mutters Schreibtisch, sie ist in ihre Arbeit vertieft. Ich mache mich bemerkbar. »Was willst du, Lala?« Sie schaut immer noch nicht auf. »Ich will dir was schenken.« Ich lege das Kreuz auf den Schreibtisch. Es ist wieder ein bißchen schief geworden vom Laufen. Sie dreht den Kopf zur Seite. »Schön«, sagt sie und schreibt weiter. Ich bleibe stehen. »Lala, ich muß arbeiten.« Leise schließe ich die Tür. Die Idee war wohl doch nicht so gut.

Peters Geburt

Die weißen Tüllgardinen blähen sich vor dem hohen Sprossenfenster des elterlichen Schlafzimmers. Ich klettere die steile Stiege vom Ankleidezimmer hinab. Großmutter, sie heißt Ruth wie meine Mutter, ihre jüngste Tochter, wie immer im dunklen, langen Kleid, ist überraschend zu Besuch gekommen. Sie hält ein Baby in den Händen. Hat sie es mitgebracht? Ich frage sie. Sie lacht. »Das ist dein Bruder!« Irgendwie paßt das Wort »Bruder« nicht mit diesem Winzling in Großmutters Händen zusammen. Mutter liegt im Bett. Sie scheint krank zu sein, sonst läge sie ja nicht dort am hellen Tage. Großmutter legt das Baby zurück in eine Wiege mit weißem Himmel. Ein seltener feierlicher Glanz erfüllt den Raum. Draußen versucht der erste Vogel sein Lied, oder war es noch tief verschneit im Januar 1936? Vom Hof her kein Laut. Es ist Sonntag. Ich möchte bleiben, aber Mutter braucht Ruhe.

Ist mir ihr dicker Bauch vorher nicht aufgefallen? Nein, ich entsinne mich nicht. Sie trug einen blauen Trägerrock, dessen Rüschen eine Hand breit unterhalb der Schultern reichlich Stoff über Brust und Bauch fallen ließen, und dazu eine weiße Bluse, deren Kragen mit einem Eichenblatt aus Bronze zusammengesteckt war. Damals schämte man sich des dicken Bauches und versuchte ihn zu verstecken.

Pummi

»Wat würdest *du* denn saren, wenn ik dir ufn Teller rumlofen würde?«
Ich stehe auf der Futterkrippe und bemühe mich, Pummi die Trense anzulegen. Pummi ist unser Pony. Er gehört allen Kindern zusammen, und jeden Nachmittag bekommen wir auf Pummi Reitunterricht. Ich bin zu klein, um an seine Ohren zu reichen. Es ginge, wenn Pummi den Kopf nach unten neigte. Aber genau das tut er nicht, vielmehr reckt er ihn weit nach oben, sobald ich mit der Trense in seine Nähe komme. »Komm, laß mich mal.« Erich, unser Kutscher, nimmt mir die Trense aus der Hand, legt das Gebiß in die flache linke Hand, drückt es Pummi gegen die Zähne. Zwischen den gelblichen Zahnreihen öffnet sich ein Spalt, und das blanke Metall rutscht hinein. Erich streift Pummi den Lederriemen über die Ohren. Ich hole die blaue Decke aus festem Tuch und den breiten Gurt. Erich wirft die Decke über Pummis Rücken, legt den Gurt darüber und zieht ihn fest an. Vor dem Stall steige ich mit dem linken Fuß in die Höhle aus Erichs gefalteten Händen und werfe das rechte Bein über den Pferderücken. Ich reite!
Gibt es eine größere Freude? Mein Herz lacht. Ein Dichter hat einmal geschrieben: »Das höchste Glück der Erde liegt auf dem Rücken der Pferde.« Ich habe es mir gemerkt, denn damals hat es gepaßt.
Erich führt Pummi um das Haus herum in die Kastanienallee. Die Longe, ein langer Lederriemen, ist an der Trense

befestigt, das Ende liegt in Erichs Hand. In der anderen hält er eine lange Fahrpeitsche. »Sche-ritt.«
Ich schlage meine Hacken gegen Pummis Bauch. Sie reichen gerade bis unter die Decke, die auf der Mitte von Pummis Bauch endet. Er kennt seine Aufgabe und setzt sich in Bewegung, obwohl meine Füße ihn wohl wenig stören. »Na, haste jut jefrühstückt heute morjen, Lalaken?«
»Ja.«
Die Longe hängt durch. Pummi zieht seine Kreise um den Reitlehrer. »Na, dann wolln wer ma. Te-e-rapp!«
Die lange Fahrpeitsche in Erichs rechter Hand tut das ihrige. Pummi setzt sich in Trab. »Je-rade sitzen!« »Die Oberschenkel ran!« »Die Hände nach unten!« »Die Fußspitzen nach innen!« »Die Hacken runter!«
Ich habe keine Steigbügel, kann also nicht leichttraben und hüpfe auf dem Pferderücken auf und nieder, Runde um Runde. »Ik hab dir doch jesacht, du mußt jrade sitzen!« »Du hast wieder die Hände oben!« »Je-rade sitzen!« »Die Fußspitzen nach innen.« »Die Hacken runter.«
»Lalaken, so jetet nich. Du sitzt aufm Ferd wie der Affe aufm Schleifstein!«
Zähne zusammen und weiter, Runde um Runde. Links rum, dann rechts rum und wieder links rum. Der Rücken ist müde und tut weh. Die Oberschenkel sind innen wund gerieben von dem rauhen Stoff der Decke. Je länger wir unsere Kreise ziehen, desto mehr rutsche ich mal nach rechts, mal nach links, dann hält das Pony an, und ich kann mich wieder geraderichten. Und weiter geht's, bis die Stunde um ist.
Erich ist eine Marke für sich. Seine Schirmmütze hat er immer auf dem Kopf, und wenn er sie mal abnimmt, setzt er sie gleich wieder auf. Das tut er auch, wenn er Vater oder Mutter oder einer anderen höhergestellten Persönlichkeit begegnet. »Morjen, Herr Rittmeister« oder »Morjen, gnä Frau« sagt er

dann, lüftet die Mütze und schiebt sie von vorn wieder auf die Haare zurück. Jetzt hat er keine Veranlassung, die Mütze abzunehmen, denn ich scheine ein ziemlich hoffnungsloser Fall zu sein, vor dem bestimmt niemand jemals den Hut ziehen wird. Erich hat schnell erkannt, daß Vater ein Pädagoge ist und er bei ihm Anerkennung finden kann, wenn er sich auch als Pädagoge bewährt. Und Erich ist ein vorzüglicher Vertreter dieser Gattung. Wir lieben ihn. Er erzählt uns Geschichten auf der Futterkiste. Er petzt nicht. Er nimmt uns in Schutz, wenn andere sich über uns beschweren, ein richtig guter Kumpel. Er trägt schwarze Gummistiefel und eine blaue Schürze. Hinten, dort, wo die Kettchen befestigt sind, mit denen sie zugehakt wird, sind zwei rote L's eingestickt. Sie stehen für »Lotte Liese«, das ist seine Frau.

»Erich, ich kann nicht mehr.«

Das Zugeständnis ist mir verflixt schwer gefallen. So schnell gibt man nicht auf, jedenfalls nicht als Vaters Tochter. Denn ich weiß, und Erich weiß, daß Vater als Kind mindestens dreimal pro Reitstunde vom Pferd fallen mußte, eh er aufhören durfte. Meine Reitstunden sind nichts dagegen.

»Du wirst dir doch nich lumpen lassen, Lala«, sagt Erich, »noch ein paar Runden, dann is die Stunde rum.«

Und siehe da, es geht.

Ostern

Am Ostermorgen, früh, noch eh es hell wird, stehen in Pätzig die jungen Frauen auf und laufen mit ihren Krügen in der Hand zur nächsten Quelle. Das dort geschöpfte Wasser soll schön machen. Allerdings dürfen die Mädchen auf dem Weg zur Quelle und zurück kein Wort reden, sonst wird es »Quackelwasser« und nützt nichts. Nun ist es den Mädchen ganz allgemein schon schwer genug, den Mund zu halten. Um es ihnen aber noch schwerer zu machen, stehen die Jungen im Dorf genauso früh auf und verstecken sich auf dem Weg zur Quelle, um sie zu erschrecken. So sehr die Mädchen sich mühen, meistens gelingt es ihnen nicht, still zu bleiben, wenn die Jungen plötzlich im Dunkeln auftauchen. Dann allerdings bleibt ihnen noch die Möglichkeit, sich mit Kaffee zu waschen. Das soll auch nützen.
Birkenzweige stehen in einer Vase auf dem dunkelgrünen Kachelofen im Kinderzimmer. Sie haben dort in der Wärme zarte, hellgrüne Blättchen getrieben, während draußen die Birken noch grau und unbelaubt auf den Frühling warten. In diesem Jahr haben wir rechtzeitig daran gedacht, Birkenzweige zu holen. Das ist wichtig, denn wenn wir es vergessen und keine Birkenzweige mit Blättern haben, können wir nicht stiepen. Es gibt zu dieser Zeit Büsche mit Dornen im Garten, aus denen sehr wohl schon kleine Blättchen sprießen. Die dürfen wir aber nicht nehmen. Du wirst gleich verstehen, warum nicht. Wir klettern frühmorgens in unseren langen Nachthemden, weiß mit roten Punkten, auf die Ofenbank und

holen die Stiepzweige herunter. Jeder bekommt eine Rute in die eine Hand, in die andere seine Blockflöte. Meine Hände sind noch zu klein für die Flöte. Wir, das sind Hans-Werner, Ina und ich, laufen auf Zehenspitzen leise durchs Schulzimmer hindurch und die schmale Stiege zum elterlichen Ankleidezimmer hinunter. Das winzige Zimmerchen liegt auf halber Höhe zwischen dem Erd- und Obergeschoß. Die großen Geschwister sind zwar auch im Haus, weil gerade Osterferien sind, aber sie liegen in ihren Betten und schlafen. Wir stellen uns vor die Tür zum Schlafzimmer und flöten »Christ lag in Todes Banden«. Es klingt ziemlich schräg, aber für Mutter gehört dieses Lied zu jedem Sonntagmorgen, erst recht am Ostersonntag. Erst danach öffnen wir die Tür, laufen leise, als hätte niemand das Flöten gehört, die nächste Treppe hinunter zu den Betten der Eltern. Die Ruten sausen auf die Decken, und mit großem Geschrei bricht das »Stiep, stiep, Osterei, gibst du mir kein Osterei, hau ich dir das Bett entzwei« über die scheinbar Schlafenden herein. Die Birkenblättchen fliegen durch die Gegend, und Vater windet sich unter seiner Decke und stöhnt und bittet kläglich: »Aufhören, bitte aufhören!« Seine große Hand faßt unter das Kopfkissen, ergreift dort ein gefärbtes Hühnerei und bietet es dem nächststehenden Berserker zur Versöhnung. Jeder bekommt ein Ei, die Kleinen zuletzt, sie durften ja auch nur die Füße stiepen.
Heute kriecht niemand in Vaters Bett, denn wir wollen weiter. Heute gibt's auch keine Geschichten. Auch können wir nicht auf den hohen, weißen Kachelofen klettern und die dort befestigte Schaukel lösen, um mit ihr quer durchs Schlafzimmer zu fliegen. Wir werden auch nicht Vater beim Rasieren zusehen, wenn er mit dem Biberhaarpinsel Schaum auf seiner Seife erzeugt und sie sich dick ins Gesicht schmiert. Er hält dann mit der Linken die Nasenspitze fest

und zieht mit der Rechten das Rasiermesser leicht über die Backe, bis der Schaum beseitigt ist. Wir verlassen die Eltern und ziehen von Tür zu Tür, von Zimmer zu Zimmer. Immer wieder rufen wir »Stiep, stiep Osterei …« und verhauen mit aller Macht die Erwachsenen in ihren Betten. Vor allem die Gäste! Gäste gehören an Festtagen zum Haus, natürlich auch zu Ostern. Wir haben zwei große und mehrere kleine Gästezimmer, dort wohnen die Besucher. Sie wurden von Mutter vorgewarnt und ausgerüstet. Manche benehmen sich ziemlich zimperlich und schreien sofort »Aufhören«. Die anderen, die überhaupt nicht wachzukriegen sind, das sind die Lustigen. Am meisten Spaß machen Max und Maria oben auf dem Olymp. Dort auf dem Dachboden befinden sich ihre neu ausgebauten Zimmer, sie sind ganz und gar holzverschalt und haben eine Schiebetür zueinander. Max veranstaltet einen solchen Tanz unter seiner Bettdecke, daß wir kaum eine Stelle finden, wo wir ihn treffen können, und Maria stößt mörderische Schreie aus, so daß wir vor Lachen vergessen weiterzuhauen. Am Ende unserer Tour hat jeder reichlich Eier. Mit denen werden wir am Ostermontag mit den Dorfjungen »Eierschießen« spielen.
Eierschießen ist so ähnlich wie Boccia. Einer wirft oder rollt sein Ei auf einer flachen Neigung des geharkten Weges möglichst weit von sich und den anderen weg. Die anderen Jungen versuchen ihre Eier möglichst nah an das erste Ei heranzurollen. Der, dessen Ei zum Schluß am dichtesten beim ersten Ei liegt, sackt alle anderen Eier ein. Die Dorfjungen können natürlich am besten Eier schießen, deshalb brauchen wir möglichst viele Eier, um nicht ganz leer auszugehen.
Zum Frühstück erscheinen alle im Sonntagsgewand. Die Kinder in weißen Kniestrümpfen. Hans-Werner in kurzen Lederhosen. Ich mit Korkenzieherlocken, Ina mit langen, blonden Zöpfen und weißen Schleifen. Die Zöpfe sind so lang, daß sie

darauf sitzen kann. Damit gibt sie an, und ich beneide sie – nicht nur wegen ihrer Zöpfe. Wir beide tragen rosa Dirndl mit hellblauen Schürzen und weiße, kurzärmlige Blusen. Mutter steht im schwarzen, langen Kleid mit weißem Stehkragen am Kopfende der langen Tafel im Saal, dem größten Raum im Haus. Alle stehen hinter ihren Stühlen zum Tischgebet. »Lobe den Herrn, meine Seele, und vergiß nicht, was er dir Gutes getan hat.«
Wilhelm Buderus, unser Diener, von mir Wimmelchen genannt, und das Stubenmädchen Emma stehen an der Tür zum dunklen Steinflur und haben jeder eine silberne Kaffeekanne in der Hand. Ein großes Stühlerücken beginnt, bis jeder sitzt, dann gehen die Dienstboten herum und schenken ein.
Wir Kinder sind aufgeregt. Wir haben uns einen Streich ausgedacht und sind gespannt, wen er treffen wird und was dann passiert. In der Mitte der Tafel steht ein schwarzes Kuchenblech, etwa viermal so groß wie die heutigen. Schon Wochen vor Ostern hat Mutter es mit Erde belegt und mit Grassamen bestreut. Nun ist das Gras eine Handbreit hoch gewachsen, und darin liegen die hartgekochten und bunt gefärbten Eier. Der Tisch ist festlich mit Wappentischtüchern, Kerzen und Osterglockensträußen gedeckt. Mutter sitzt am Kopfende der langen Tafel, Vater an der Längsseite links neben ihr. Wir Kleinen haben unseren Platz an der Stirnseite des unteren Endes, an die Längsseiten reihen sich außer den Gästen die Sekretärin, die Hauslehrerin, Donti und die Haustöchter, junge Frauen aus sogenannten guten Häusern, die bei uns Hauswirtschaft lernen. Außerdem gibt es dort noch die Eleven, das sind landwirtschaftliche Lehrlinge; sie kommen auch meistens aus der Verwandtschaft oder aus Freundesfamilien.
Jemand ruft: »Wer pickt mit mir?« Niemand darf sein Ei mit dem Messer oder auf der Tischplatte aufschlagen. Nur zwei

Möglichkeiten sind erlaubt. Du hältst dein Ei mit der Spitze nach oben in der Hand und suchst dir jemanden, der mit seinem Ei von oben darauf schlägt. Zerbricht die Spitze deines Eis, ist dein Gegner Sieger. Nun drehst du dein Ei um und versuchst es mit der heilen Spitze noch einmal. Der Besitzer eines Eis mit zwei kaputten Seiten hat verloren und darf sein Ei essen. Das nennen wir picken. Es gibt Eier mit besonders harten Schalen, sie besiegen alle anderen. Dies sind die »Töter«. Will der Besitzer sein Ei essen, muß er es schließlich an der eigenen Stirn aufschlagen. Mit Wucht tut es nicht weh, denn die Schalen sind ja auch weichgekocht.
Mutter hat einen Töter, und niemand will mehr mit ihr picken. Wir erkennen das Ei. Zu unserem Schrecken sehen wir, wie sie ausholt, um es gegen ihre Stirn zu schlagen. Da ist es auch schon geschehen. Dottergelbe Soße ergießt sich über Mutters Gesicht und fließt von dort über den weißen Kragen auf ihr Festtagskleid. Ihre Miene sieht nicht so aus, als hätte sie den Spaß verstanden, und niemand lacht. Wir möchten am liebsten unter dem lang überhängenden Tischtuch verschwinden. Der festlich geschmückte Saal mit seinen gelben Wänden und hohen, weißen Doppeltüren wirkt plötzlich bedrückend, und Onkel August, ein entfernter Verwandter, von dem vier verschiedene Gemälde hoch oben an den Wänden hängen, schaut auf einmal strafender auf uns herab als sonst. Mutter steht auf, um sich umzuziehen. Wir haben die Grenze verletzt. Ein Leben lang werden wir Geschwister uns an die wiederholte Mahnung der Mutter erinnern, die da lautete: »Kinder, die Grenze!«
Streiche sind erlaubt. Die Eltern unterstützen sie nicht aktiv, aber sie haben ihren Spaß daran. Ziel der Streiche sind die Gäste. Nie kommen wir auf die Idee, Donti oder Erich oder Vater Staek, dem Hofmeister, oder irgendeinem, der auf dem Gut arbeitet, einen Streich zu spielen. Die Grenze möglichst

weit auszureizen, aber nicht zu überschreiten ist die Kunst. Ohne Würze kein Genuß. Darin, fast zu weit gegangen zu sein, aber doch nicht ganz, liegt der Spaß. Wie zwei Liebende sich necken, so gehören diese Streiche zum fröhlichen Leben in Pätzig. Die Grenze zu überschreiten aber bedeutet, Menschen weh zu tun. »Kinder, die Grenze!« Wimmelchen wischt den Boden auf, und Vater bricht das Schweigen, indem er sein Gespräch mit einem Gast fortsetzt. Die erwartete Strafe bleibt aus. Es ist Ostern.

Vater wischt sich mit der gestärkten, großen, weißen Serviette den Mund ab, legt sie neben den Teller, steht auf, faltet die Hände, alle folgen ihm: »Danket dem Herrn, denn er ist freundlich, und seine Güte währet ewiglich. Amen.« Dann gehen wir durch die Kastanienallee zum Ostergottesdienst in die Kirche. Ich liebe die Osterlieder. Alle Kinder können sie auswendig. Sie klingen, als schiene die Sonne.

Hönsche

Die Küche ist im Keller. Durch eine dunkle, geschwungene Holztreppe kommst du nach unten und landest in dem ziegelgepflasterten, niedrigen, fensterlosen Kellerflur. Feuchtwarme Luft kommt dir aus der Küche entgegen, denn die ist gleich dort, wo die Treppe endet. Es riecht nach Holzfeuer, geräuchertem Schinken, frisch gebackenem Kuchen und ausgelassenem Schmalz. Etwas Licht dringt von der Tür im Giebel des Hauses in den endlos langen, immer finsterer werdenden Flur. Von seinem kühlen Boden erheben sich rechts und links schwere Brettertüren. Diese Türen verdecken Apfelkeller, Weinkeller, Wildkeller, Kartoffel- und Vorratskeller für unzählige Weckgläser mit eingemachten Birnen, Kirschen, Erdbeeren, Bohnen, Erbsen, Wurst und Fleisch. Mehl und Zucker werden in den trockenen Vorratskammern im zweiten Geschoß und unterm Dach aufbewahrt.
Hinter einer der Türen im Keller verbirgt sich die Küche. Sie ist immer halbdunkel. Einfache elektrische Birnen hängen von der Decke, die den Raum nur dürftig beleuchten, und oft sind sie von Dampf aus den Kochtöpfen, Pfannen und dem Wasserkessel eingenebelt. Es ist ein großer Raum. Kleine Kellerfenster kleben an der Decke der jenseitigen Wand. Davor stehen eine lange Eckbank und ein gescheuerter Holztisch. Der riesige Eisenherd, in dem das Feuer nie ausgeht, steht rechterhand mitten im Raum. Durch die Ritzen der Ringe siehst du das Holzfeuer flackern.
Fräulein Höhne ist unsere Köchin, wir nennen sie Hönsche.

Sie nimmt das eiserne Mittelstück mit dem Feuerhaken heraus und stellt mit der linken Hand den Wasserkessel über die Öffnung. Sofort fängt das Wasser an zu singen, und bald pfeift der Kessel aus voller Kehle, denn er stand ja schon vorher auf der schwarzen Herdplatte, angewärmt zum alsbaldigen Gebrauch. Zwei Küchenmägde sitzen vor dem Tisch und putzen Gemüse. »Na, Lala, willste mal kucken, was es hier gibt?«

Als ich in die Schule kam, wollte es nicht in meinen Kopf, daß ich kucken mit »g« schreiben sollte. Bei uns hieß es »kukken«, und kucken tat ich den ganzen Tag. Jetzt aber will ich nicht nur kucken. Das weiß Hönsche genau. Bei ihr bin ich immer willkommen. Bei ihr gibt's auch jedesmal irgend etwas Leckeres zu essen. Meistens bekomme ich ein geschlagenes Ei. Hönsche klopft das Ei auf, verrührt das Eigelb mit Zucker, schlägt das Eiweiß steif und rührt beides zusammen. Der süße Schaum zergeht mir auf der Zunge.

»Willste mal Muttern 'nen Streich spielen?« Natürlich will ich. Hönsche nimmt einen dicken geräucherten Schinken vom Haken, der im hinteren Teil der Küche an der Decke hängt. Sie wetzt ein langes Messer an einem langen Schleifband, das an der Wand baumelt, und schneidet einen hauchdünnen Streifen vom Schinken ab.

»Hier, das läßt du dir aus'm Mund hängen, und dann läufst du rauf und schreist, so laut du kannst, dann denkt Muttern, du hättest dir die Zunge aufgerissen.«

Ich tue genau, was sie vorschlägt. Es ist schwierig, den Schinken mit den Zähnen festzuhalten und gleichzeitig ein wirkungsvolles Gebrüll zu veranstalten. So presche ich in Mutters Arbeitszimmer, doch sie sitzt in einer Besprechung. Ich störe und werde rausgeschickt. Ich gehe und esse den Schinken auf. »Na, hattes geklappt?« »Nö.« »Mach dir nüscht draus. Das nächste Mal klappt's bestimmt.«

Hönsche kennt mich ziemlich gut, denn wenn ich traurig bin und niemand soll es merken, dann gehe ich in den Keller und umarme den Treppenpfosten und heule mich aus. Das hat sie schon ein paarmal mitgekriegt und mich dann in die Küche geholt. Wenn Donti mich dabei erwischt, denkt sie, ich stelle mich an, und sagt einfach: »Hör auf, Lala.« Donti hat natürlich recht. Ich mache Theater und nehme mich wichtig. Aber es tut einfach gut, von Hönsche getröstet zu werden.
Ich weiß nicht, wo Hönsche wohnt. Sie steht den Küchenmägden vor. Da sie nicht wie diese aus dem Dorf kommt, muß ihr Zimmer eigentlich irgendwo im Haus sein. Wir haben in den Zimmern der Hausangestellten nichts zu suchen, und dennoch müßte ich wissen, wo Hönsche wohnt. Sie ißt in der Küche mit den Küchenmägden, und wenn Vater die Hausbelegschaft einlädt, in den Wald zu fahren, nimmt Hönsche nicht daran teil. Mutter sagt, sie hat manchmal Schwierigkeiten mit ihr.
Schlachten und Kreude kochen ist Mutters Revier. Die direkte Aufsicht darüber läßt sie sich nicht aus der Hand nehmen. Kreude heißt bei uns, was andere Menschen Zuckerrübensirup nennen. Kreude und Schmalz mit gebratenem Speck und Zwiebeln gibt's jeden Tag nachmittags auf Brot. Die Brotscheiben sind schmal und zweimal so lang wie deine Hand, und sie haben eine feste, dunkle Kruste. Kreude wird in der Waschküche gekocht. Sie befindet sich am Küchengiebel des Gutshauses. Dort steht ein hoher Schuppen, bis unters Dach gefüllt mit einem Berg von Brennholz. Das Geräusch, das beim Spalten von Holzscheiten auf einem Klotz entsteht, gehört zu den Dauergeräuschen auf dem Hof, so wie das Muhen der Kühe, das Rasseln der Ketten aus dem Ackerstall, das Bellen der Hunde im Zwinger und das Trappeln der beschlagenen Pferdehufe auf dem Kopfsteinpflaster. Obwohl wir doch so viel Wald haben, kann Vater richtig ärgerlich

werden, wenn wir im Winter die Türen oder Fenster offen stehen lassen. Dann sagt er: »Ihr jagt meinen Wald zum Fenster raus!«

Der Holzschuppen geht in ein langes, weiß getünchtes Gebäude mit schwarzem Pappdach über. Das ist die Waschküche. In ihrer Mitte steht der Waschkessel. Er ist aus rötlichem Kupfer und so groß, daß du bequem darin baden könntest. Er hat einen Blechdeckel, so mächtig wie ein Trekkerrad. Er wird von unten befeuert. Jeden Montag strömt dichter, grauweißer Dampf in Schwaden aus der Tür der Waschküche und steigt von dort gen Himmel. Montags wird gewaschen. Kaum erkennbar stehen die Waschfrauen über Holzzuber gebeugt und reiben die großen und kleinen Wäschestücke auf ihren geriffelten, blechbeschlagenen Waschbrettern. Im Kessel, unter dem ein Holzfeuer prasselt, kocht die Wäsche. Ab und zu nimmt eine Waschfrau eine ausgebleichte Holzstange, hebt damit ein Wäschestück aus dem Kessel und legt das triefende, dampfende Teil in einen der Zuber. Die Waschfrauen rufen, wenn sie miteinander reden. Der Dunst dämpft die Stimmen, und sie können einander kaum sehen. Die saubergespülte Wäsche wird ausgewrungen und in große Weidenkörbe geworfen. Zwei Frauen drehen einen Bettbezug zu einer Wurst, falten sie zusammen und drehen sie noch einmal, die eine nach links, die andere nach rechts, bis das Wasser herausgewrungen ist. Dann tragen zwei Frauen den gefüllten Wäschekorb zur Trockenwiese, die etwa hundert Meter jenseits des Hauses liegt. Dort stehen auch ein paar Hindernisse, über die die Großen, Ruth-Alice, Max und Maria, mit den Reitpferden springen üben, und der Eiskeller. Die Mägde hängen hier die Wäsche auf oder legen sie zum Bleichen auf die Wiese.

Eigentlich werden wir Kinder nicht verhauen. Aber als Sönner, das ist einer der Spitznamen für Hans-Werner, eines

Tages Modder in einen Wäschekorb geworfen hat, der mit frisch getrockneten Tischtüchern von zwei Mägden vom Trockenplatz zurück ins Haus getragen wurde, hat ihn Mutter verdroschen. Der Modder hatte zuvor im Entenpfuhl gelegen, einem mit Entengrütze überzogenen, schilfumwachsenen Teich jenseits des Rondells vor unserem Haus. Wir waten oft darin herum, fangen Kaulquappen, lassen Schiffchen schwimmen und planschen in der dunklen Brühe. Die Mägde waren empört mit Wäschekorb und Modder in Richtung Herrschaft gezogen. Mutter aber, die das ganze vom Balkonfenster aus beobachtet hatte, war schnurstracks die Treppe hinunter und aus der Haustür gelaufen und hatte dem verdutzten Sönner rechts, links, rechts, links einige Backpfeifen verpaßt, die er sein Leben lang nicht vergessen sollte.
Eines Tages, später, nahm der Spaß im Entenpfuhl ein Ende. Es war schon Krieg, da kam Max mit einem Soldatenfreund nach Pätzig. Sie hatten eine Handgranate mitgebracht und wollten sie ausprobieren. Max erzählte uns, wie es geht: »Du mußt eine Strippe herausziehen und ›Einundzwanzig, zweiundzwanzig, dreiundzwanzig‹ zählen und sie dann weit wegschmeißen.« Wir standen in einigem Abstand um die beiden Soldaten herum, gespannt, was passieren würde. Zur Sicherheit beschlossen sie, die Granate über dem Entenpfuhl explodieren zu lassen. Einer von ihnen nahm die Handgranate, zog die Schnur heraus, zählte und warf. Aber sie ging nicht los. Sie fiel einfach in die Entengrütze und versackte im Modder. Welche Enttäuschung! Von da an war zu unserem Kummer der Entenpfuhl tabu und der Krieg zum ersten Mal auch in Pätzig eingezogen.

Harro, Dine, Takpimperlein und Bingo

Vor dem Birnenspalier am Haus liegt der große Sandhaufen. Er wird jeden Sonnabendnachmittag spitz aufgeschippt. Das geschieht, wenn die Wege rund ums Haus und im Staudengarten geharkt werden. Wir hören das Harken beim Nachmittagschlaf. Mit dem Geräusch des gleichmäßigen Hin und Her der Rechen auf der festen Erde fängt der Sonntag an. Das Harken klingt, als schabten Zweige bei starkem Wind an der Hauswand, gleichmäßig und beruhigend. Manchmal hilft dieses Geräusch, die Zeit der Mittagsruhe, um die ich nicht herumkomme, schlafend zu überstehen. Neben dem Sandhaufen steht im Schatten auf hohen Rädern der weiße Korbkinderwagen. Eine Tüllhülle schützt das Baby vor den Fliegen, die vom Kuhstall und vom Pferdestall herüberkommen. Auf dem Boden darunter hält Harro Wache.

Harro hat auch mich schon bewacht, als ich im Kinderwagen lag. Er ist ein grauweißer Vorstehhund, ein Jagdhund, und unser absolut treuer Freund. Seine eigentliche Aufgabe hat inzwischen Dine übernommen, denn Harro ist alt geworden. Dine ist eine dunkelbraune Wachtelhündin und kleiner als Harro. Eines Tages ist Harro weg. Vater ist mit ihm in den Wald gegangen, und als Vater zurückkam, war er allein. Vater sagt, ein Tier, das man liebt, darf man nicht unnötig leiden lassen, und wenn es zu große Schmerzen hat, muß sein Herr es selbst totschießen, das darf er keinem anderen überlassen. Dine ist immer dabei, wenn Vater in den Wald fährt oder geht. Sie läuft einen Schritt hinter Vater und gehorcht ihm

Dine

aufs Wort. Wenn Vater sagt: »Geh laufen, spielen«, saust Dine los wie ein Hase.

Später, als Vater schon im Feld war und Mutter die Jagd zu beaufsichtigen hatte, geschah es einmal, daß eine Sau krankgeschossen wurde. Es war ein Winter mit viel Schnee, und der Förster war nicht da. Mutter nahm Dine mit in den Wald, um die Sau zu finden. Sie hielt Dine an der Schweißleine, das ist ein endlos langer Lederriemen, der sich ähnlich wie eine Bindfadenrolle von innen entwickelt. Mutter ging im tiefen Schnee stundenlang hinter der suchenden Dine her. Sie kroch durch Schonungen, lief über den zugefrorenen Sumpf, verhedderte sich in Ästen, hastete über hartgefrorenen, vom Wind leergefegten Acker. Wenn Dine die Fährte verlor, dann gingen beide zurück und fingen dort wieder an, wo der letzte Schweißtropfen, so heißt das Blut vom Wild, gelegen hatte. Schließlich, nach mehreren Stunden, fand Mutter die Sau.

Hatte sie eine Büchse, ein Jagdgewehr, dabei? Ich entsinne mich nicht, vermute es aber, denn sie mußte darauf gefaßt sein, daß die Sau noch am Leben war. Dann mußte sie ihr den Fangschuß geben.
Mutter beteiligte sich eigentlich nicht aktiv an der Jagd. Vater hat ihr beigebracht, mit dem Gewehr umzugehen. Er ging mit ihr in die Sandkuhle, und dort zeigte er ihr, wie man ein Gewehr lädt, anlegt, darauf achtet, daß das Auge nicht zu nah am Zielfernrohr ist, und wie man zielt und abdrückt. Er brachte es ihr für alle Fälle bei. Seit Vater »im Feld« ist, muß Mutter sich allein zurechtfinden. Als sie schließlich erschöpft nach Hause kam, war sie zufrieden, denn sie hatte erfolgreich getan, was Vater von ihr erwartet hätte. Mußte sie schießen?
Wir haben auch einen Dackel, der heißt Takpimperlein. Takpimperlein kriecht in das eine Ende des Fuchsbaus, dann hörst du plötzlich ein gedämpftes, helles Kläffen da unten drin, und schwups! saust der Fuchs am anderen Ende heraus. Dort steht Vater mit seiner Flinte. Wenn Takpimperlein im Bau ist, hat Vater Angst, er könnte steckenbleiben. Wenn sich nämlich der Fuchs in Takpimperlein verbeißt oder wenn ein Gang einstürzt, ist Takpimperlein gefangen. Dann müssen Vater und der Förster ganz schnell versuchen, ihn mit dem Spaten zu befreien. Takpimperlein darf auch Katzen jagen. Vater mag keine Katzen, weil sie die Singvögel fressen. Wenn er eine außerhalb des Dorfes antrifft, erschießt er sie. Neulich hat sich eine Katze in einem Rohr unter der Durchfahrt zu einer Koppel versteckt. Vater hat Takpimperlein hineingeschickt, am anderen Ende kam die Katze heraus, und peng – tot war sie. »Die müssen wir jetzt gleich vergraben«, hat Vater gesagt, »sonst gibt's Ärger im Dorf.«
Bingo ist neu bei uns. Er gehört Sönner. Bingo ist ein Terrier, er ist jung und süß und verfressen. Sobald Sönner nicht auf-

paßt, saust Bingo in die Küche. Sönner stellt mich als Hilfspolizei an. Er drückt mir eine Peitsche in die Hand, und ich muß mich hinter der Tür zur Küche verstecken. Bingo kommt gerannt, mein Herz klopft schnell und laut, er jault schrecklich, als ich ihm eins überziehe. Bingo hat sich nie wieder in die Küche getraut. Ich spüre es noch heute zwischen den Schulterblättern, wie scheußlich es ist, einen kleinen Hund zu verhauen.

Der Ackerstall

Dine liegt vor der Haustür. Ich bin viereinhalb Jahre alt und stiefle an ihr vorbei in Richtung Hof. Er ist mit behauenen Feldsteinen gepflastert. Ich gehe unter der Hofglocke hindurch, die in der Giebelspitze des Bürohauses hängt. Der dicke Strick ist außerhalb meiner Reichweite festgemacht. Alle Gebäude des Hofes sind aus rotem Backsteinmauerwerk oder aus grauen Feldsteinen. Links von mir steht im Giebel des langen Viehstalls, der die große Hoffläche säumt, die zweiflügelige Tür zum Ackerstall offen, davor eine Wagenladung von frisch gemähtem Gras.

Über mir fliegen die Schwalben aus und ein. Sie versorgen ihre laut schreienden Jungen in Nestern, die in den Ecken der Stalldecke kleben. Nur wenig Licht fällt durch beschlagene und verdreckte kleine Fenster und die große Stalltür. Im Stall ist es angenehm kühl. Zwölf Gespanne, immer drei Pferde, meistens zwei große und ein kleineres, das Beipferd, stehen an beiden Seiten des breiten Gangs und warten auf Futter. Die Gespanne sind durch runde Stämme, die an Ketten hängen, voneinander getrennt. Jedesmal, wenn die Pferde die Fliegen verscheuchen, die ihnen unaufhörlich um die Köpfe surren, rasseln die Ketten, mit denen die Lederschlaufen um ihren Hals am Trog befestigt sind. Die meist schwarzen Schwänze schlagen mal rechts, mal links und halten die hinteren Partien von der Plage frei. Ab und zu hebt sich ein Schwanz zu einem Haken, »Pferdeäppel« klackern aufs Stroh, ihr Duft füllt meine Nase. Es gibt keinen schöneren

Ackerpferde

Duft. Er ist warm und bestätigt meiner Nase die Nähe der Tiere, die ich am meisten liebe.

Dort, wo die Trennstangen am Gang enden, hängen über großen Haken die dunkelbraunen, schweren Geschirre der Pferde. Sie riechen nach Leder und Sattelseife. Ich gehe bis ans Ende des Gangs und von dort um das letzte Gespann herum an die Seitenwand. Dort ist ein schmaler Gang. In ihm stehen aufgereiht unter den Fenstern Futterkisten, für jedes Gespann eine, jede mit einem Vorhängeschloß versehen. Hier schnuppern die Pferdenasen an meiner Hand, suchen die Ecken ihrer Tröge nach Eßbarem ab. Hier kann ich nach Herzenslust Nüstern streicheln oder auf eine der Futterkisten klettern und einfach nur kucken. Wie andere am Meer sitzen und den Wellen zuschauen, die unaufhörlich an Land schwappen, so sitze ich und schaue den Pferden zu, und

die Zeit vergeht. Ich weiß es genau, ich möchte mein ganzes Leben lang mit Pferden zusammensein.
Schließlich kommt ein Hofarbeiter mit Forke und Mistkarre. So eine Karre hast du wahrscheinlich noch nicht gesehen. Sie hat ein hölzernes, kleines, eisenbeschlagenes Wagenrad. Das Eisenband, das es zusammenhält, glänzt wie ein Silberarmband, weil es ständig von dem gepflasterten Boden blankgerieben wird. Über dem Rad wölbt sich eine Fläche aus Holzbrettern. Von der Radnabe bis zu den Griffen laufen zwei Holzbohlen, die Rad, Ladefläche und die Hände des Arbeiters verbinden. Die Griffe sind ins Holz geschnitzt und fühlen sich vom Zugriff und Schweiß der Arbeiter samtweich an. Der Hofarbeiter entfernt die Pferdeäpfel und das feuchte Stroh und karrt es auf den Misthaufen. Dann klettert er die Leiter in der hinteren Ecke des Stalls nach oben und wirft durch eine Luke Strohbunde hinab auf den Gang. Er schneidet die Hanfschnüre auf, hängt sie sorgfältig auf einen Haken an der Wand und verteilt das frische Stroh unter den Pferdeleibern. Schließlich fegt er den Gang blitzsauber. Wenn er damit fertig ist, holt er mit seiner Forke das Gras von draußen herein. Er muß sich mächtig auf das Forkenende stemmen, weil das frisch gemähte Gras schwer ist. Hinter jedes Gespann legt er einen Haufen, und ich staune, wie offenbar mühelos er es schafft, sie gleich groß zu machen. Es ist wichtig, daß er das tut. Die Pferdeknechte werden nachher, wenn sie zum Füttern kommen, genau darauf achten, daß keiner von ihnen bevorzugt wurde, denn jeder ist dafür verantwortlich, daß sein Gespann gut im Futter steht. Es ist schon vorgekommen, daß der eine oder andere Futter gestohlen hat, und dem, der die dicksten Pferde hat, sagt man nach, daß er Steckrüben unter der Schürze nach Hause und in gekochtem Zustand zurück in den Stall trägt, um seine Pferde damit zu mästen. Wenn einer ein mageres Pferd hat, muß er eine Menge Spott

über sich ergehen lassen. Hier in diesem Stall wird in einigen Jahren Sönner ein Gespann haben. Wie das kam und was dann passierte, erzähle ich dir später.
Sobald die Knechte zum Füttern kommen, muß ich raus. Sie sagen, ich stehe ihnen »zwischen den Beinen rum«. In Wirklichkeit aber ist es ihr Reich, und die Pferde sind ihre Pferde. Unsere Pferde, so meinen sie, stehen im Kutschstall. Aber sie würden das nicht laut in meiner Gegenwart sagen.

Der Kuhstall

Ich gehe also in den nächsten Stall, den Kuhstall. Er schließt unmittelbar an den Ackerstall an, ist aber viel länger, was man von außen nicht sieht. Zuvorderst stehen dort die Leutekühe an Gängen, die quer zum Gebäude verlaufen. Hier wird nicht gefüttert, denn die Leutekühe waren den ganzen Tag auf der Weide und stehen erst abends wiederkäuend an ihren Ketten. Sie warten darauf, gemolken zu werden. Die Arbeiterfrauen aber, die sie melken werden, sitzen jetzt bei unseren Kühen. In gleichmäßigem Rhythmus trifft ein dünner Milchstrahl die Eimerwand und die in seinem Innern schäumende Milch. Es klingt, als zieltest du mit dem Gartenschlauch abwechselnd auf eine Blechwand und in die Regentonne. Die Eimer klemmen zwischen den Knien der Frauen. Das Geräusch wird unterbrochen, wenn Daumen und Zeigefinger die nächste Zitze fassen, um sie nach unten zu ziehen. Die Frauen sitzen auf einbeinigen Hockern, die sie um die Hüfte geschnallt mit sich herumtragen, wenn sie zur nächsten Kuh gehen oder den Eimer mit der lauwarmen Milch in eine der bereitstehenden Kannen gießen. Dann wackeln die Füße der Melkschemel wie Taktstöcke mit einem Haarschopf aus Kuhmist am Ende hin und her. Die Frauen lehnen mit ihren Kopftüchern gegen die Rippen der Tiere, und ab und zu hört man ein »Wirstu wohl!«, wenn sich eine der Kühe beim Melken bewegt.

Unsere Kühe bekommen ihr Futter im Stall. Die Leutekühe werden von einem alten Mann mit seinem kleinen, schwar-

zen Kläffer morgens auf eine Weide außerhalb des Dorfes getrieben und abends wieder abgeholt. Nach dem Melken ihrer eigenen Kühe tragen die Frauen die Milcheimer an Ketten, die von Kummets herabhängen, nach Hause. Kummets sind Tragehölzer, die auf den Schultern liegen. In der Milch schwimmen hölzerne Kreuze, die verhindern, daß sie aus den Eimern schwappt.
Weiter hinten im Stall stehen die Ochsen, etwa zwanzig. Sie werden zu dritt angespannt, genau wie die Ackerpferde. Zusätzlich gibt es für die Ochsen niedrige Schlitten, auf denen der Mist aus den Ställen zum Misthaufen gezogen wird. Ochsen sind schwer zu fahren. Sie sind langsam und stur, können aber genau wie Pferdegespanne durchgehen. Es ist dann nicht leicht, sie wieder einzufangen, weil der Gespannführer viel Kraft braucht, um sie zu halten. Hinter den Ochsen steht das Jungvieh in Boxen. Als ich schließlich im hintersten Teil des langen Stalls zur Bucht des Bullen komme, fängt der an, gegen die Holzplanken zu treten und zu schnauben. Es klingt gefährlich und macht mir Angst. Ich erinnere mich, daß er schon einmal ausgebrochen ist. Alle Leute, die auf dem Hof waren, sind gerannt wie die Hasen, auch Donti mit mir. Wir haben aus dem Bürofenster zugesehen, wie der Schweizer in seinem rosa gestreiften Hemd und sein Helfer mit langen Eisenstangen in der Hand gekommen sind und den Bullen ganz vorsichtig eingefangen haben. Sie haben die Eisenstangen an seinem Nasenring befestigt und ihn in den Stall geführt.
Da kommt der Schweizer, so heißen hier die Fachleute für die Betreuung der Kühe, aus der Melkkammer und sagt mir ziemlich unfreundlich, hier hätte ich nichts zu suchen. So einen Ton bin ich nicht gewohnt. Aber der Schweizer stammt nicht von hier. Gute Schweizer sind schwer zu bekommen und wechseln oft, sagt Vater. Da nimmt man schon mal in

Kauf, daß sie die Kinder anraunzen. Der Schweizer ist wortkarg, und wenn er redet, verstehe ich ihn nur schwer. Dieses Mal weiß ich aber, was die Stunde geschlagen hat, und verziehe mich. Auf dem Misthaufen vor den Kuhstalltüren probiere ich zum wiederholten Mal, wie es sich anfühlt, wenn der Matsch aus einem frischen Kuhfladen durch die nackten Zehen quillt.

Die Brennerei

Aus der Wand der Brennerei am Ende des Kuhstalls ragt ein nach unten geknicktes Rohr, durch das die Schlempe, der Saft, der beim Brennen übrigbleibt, herausfließen kann. Über dem Rohr steigt eine steile Treppe in den Maschinenraum der Schnapsbrennerei. Dort darf niemand hinein außer dem Brennmeister, meinem Vater und den Kontrolleuren. Die kommen von einer Behörde und prüfen, ob alles seine Ordnung hat und die Plomben nicht aufgebrochen worden sind. Diese kleinen Drähte mit einem Bleisiegel am Ende verhindern, daß jemand vom Hof Schnaps abfüllt.
Vater hat mich einmal in die Brennerei mitgenommen. Es riecht feucht und säuerlich in dem düsteren Raum. An einer hohen Wand steigen und fallen Rohre und bilden mit vielen Absperrädern, Schiebern und Hähnen ein großes Muster. Der Brennmeister zeigte mir in einem der Rohre ein gläsernes Teil, in dem ich sehen konnte, wie der klare Schnaps herunterlief. Aber riechen oder schmecken kann ihn noch nicht einmal der Brennmeister. Irgendwo muß dort, unter dem langen Schornstein, der den Hof überragt, auch ein großer schwarzer Eisenkessel mit einem Feuerloch gewesen sein. Mich aber interessierte weit mehr ein riesiger Holzbottich. Wir mußten eine der Leitern, die gegen ihn lehnen, hinaufklettern, um hineinzuschauen. Dort brodelte und blubberte eine braune Masse, wie in einer Hexenküche. Hier kommt der süßliche Geruch her. Unaufhörlich steigen Blasen aus dem dunkelbraunen, schäumenden Brei, werden groß und

größer und zerplatzen. Die gärende Masse ist nicht heiß, und doch sieht es aus, als koche sie. Ich war froh, daß Vater hinter mir seine Arme bergend um mich legte. Ich stellte mir vor, was passieren würde, wenn ich da hineinfiele, und wollte schnell wieder nach unten klettern. Dabei paßte ich auf, daß ich auf dem glitschigen Boden der Brennerei nicht ausrutschte, und war erleichtert, als wir wieder draußen standen.

»Wir«, so sagen wir, brennen Kartoffel- und Rübenschnaps. Vater und ich tun das natürlich nicht selbst. Ähnlich wie der Bauherr sagt: »Ich baue ein Haus«, dabei tun es doch die Handwerker, so sagen wir: »Wir brennen Schnaps« und »Wir pflügen«, dabei tun es die Pferde und die Leute. Also, wir brennen Schnaps, weil das Kuh- und Schweinefutter dann doppelt genutzt wird, für den Schnaps und als Futter. Außer der Schlempe, die an die Kühe verfüttert und zum Düngen aufs Feld gefahren wird, fällt Maische beim Brennen an. Das ist ein gelblicher, dampfender Brei. Er rutscht auf einer schrägen Holzlade hinten aus der Brennerei heraus auf einen »Gummiwagen« und wird von dort zu den Kuh- und Schweineställen gefahren und dort verfüttert.

Hinter der Brennerei ist der Weg schattig und modderig. Dort fängt der Sumpf an. Vor dem Sumpf habe ich Respekt, denn wer da hineingerät, kommt nicht wieder heraus, sagen die Leute, und uns ist es verboten, dort zu spielen.

Da heute Sonntag ist, passiert sonst nichts auf dem Hof. Nur die Spatzen sind wie immer eifrig dabei, den Mist nach Eßbarem zu durchsuchen. Der Hof liegt auf einem sanften Hang, den gehe ich wieder hinauf. In der Mitte verläuft schräg eine gepflasterte Straße von oben nach unten. Dem Misthaufen gegenüber stehen die Ackerwagen in exakt gerader Reihe. Die Spitzen ihrer Deichseln liegen auf dem Boden. Ich balanciere eine hinauf, halte mich dann rechts und links an den Leiterstäben fest und laufe auf der breiten Holzbohle ans hintere Ende. Dort hüpfe ich hinunter, renne wieder nach vorn und tue das gleiche noch einmal und so die ganze Reihe der Leiterwagen durch, bis ich zu den Gummiwagen komme. Bei denen geht es nicht so gut. Ich muß über den Rand steigen, und der ist hoch. Prompt bleibe ich hängen und reiße ein Loch ins Sonntagskleid. Donti wird schimpfen. Ich ärgere mich, daß heute Sonntag ist. Mit meiner Polenjacke wäre mir das nicht passiert. Immer bin ich es, die Kleider zerreißt, nie Ina! Wir bekommen immer die gleichen Kleider. Meines sieht nach kurzer Zeit wie ein Putzlappen aus, während Ina immer wie aus dem Ei gepellt herumläuft. Aber das ist eine andere Geschichte. Ich werde sie später erzählen. Sie handelt vom Ärger mit Geschwistern und davon, wie unersetzlich sie sind.

Ich gehe weiter den Hof hinauf, da sehe ich Fritzchen Liese auf seinem Roller. Fritzchen ist der Sohn vom Kutscher Erich. Er wohnt bei uns auf dem Hof über dem Kutschstall. Fritzchen ist ungefähr so alt wie ich und das einzige Kind in Pätzig, mit dem ich öfter zusammenbin, abgesehen von meinen Geschwistern oder Gästen. Fritzchen ist auch das einzige Kind, das außer uns auf dem Gutshof wohnt. Dennoch macht es selten Spaß, mit ihm zu spielen, weil er nicht mit in die Ställe geht und auch nicht zu uns ins Haus. Ich gehe auch nicht in Fritzchens Wohnung. Warum? Niemand hat es mir verboten. Es ist, als sei da eine unsichtbare Barriere. Wenn die Leute über uns Geschwister reden, sagen sie: »Das sind die Kinder von der Herrschaft.« Fritzchen hat auch keinen Reitunterricht, und am Sonntag darf er auch nicht mit mir spielen, weil er dann sein Sonntagszeug anhat. Aber ich hole meinen Roller – er ist aus Holz und hat Hartgummireifen –, und wir fahren ein bißchen zusammen auf den glattgeharkten Sandwegen. Aber eigentlich ist das Kinderkram, und bald vergeht mir die Lust. Ich könnte ins Dorf gehen und dort schauen, ob etwas Interessantes passiert. Aber das ist am Sonntag unwahrscheinlich, und die Dorfkinder spielen nicht mit mir. Meine Schwester Maria war, glaube ich, die einzige von uns, die mit der Dorfjugend richtig was unternommen hat. Mutter sagt: Maria hatte immer ihre »Mahalla«. Ich weiß nicht genau, was das heißt. Es klingt, als habe sie die Mädchen um sich geschart, und die hätten getan, was sie sich ausgedacht hat. Eine Mahalla brauche ich nicht, aber ich wünschte, ich hätte eine Freundin.

Schlachtefest

Wir sind früh am Morgen ins Kinderzimmer verbannt. Heute ist Schlachtefest.

Ein herzzerreißendes Quieken dringt bis in die äußersten Ecken des Hauses, dann noch eines und noch eines. Dann ist es still. Wir dürfen aus der Verbannung zurückkommen. Der Schlachter schneidet Schlitze in die Läufe der getöteten Schweine und steckt Haken hindurch. Nun hängt er sie an Leitern, die er gegen die Waschküchenwand lehnt. Wir dürfen zuschauen, wie er die Schweine aufschlitzt und das Geschlinge von Därmen, Magen, Herz und Leber herausholt. Alles wird sorgfältig getrennt in Holzmollen gelegt, das sind meterlange, aus Baumstämmen geschnitzte Schalen. Wir gebrauchen sie zum Schlachten und Backen. Das Blut wird in Eimern aufgefangen. Dennoch schlängeln sich Rinnsale aus Blut und Wasser zwischen den Steinen des Pflasters und versickern im Sandboden. Der Schlachter ist von außerhalb gekommen. Ich kenne ihn nicht. Er trägt eine bis auf den Boden reichende weiße Wachstuchschürze. Sie ist, wie die Hände des grobschlächtigen Mannes, blutverschmiert.

In der Waschküche herrscht emsiges Treiben. An einem Waschzuber stehen zwei Frauen, die scheinbar endlos lange, sich windende Därme durchs Wasser ziehen und ausquetschen. Eine Frau schneidet mit einem großen Messer Fleischstücke in kleine Teile, eine reinigt mit dem Wasserschlauch den Boden, eine andere dreht die Kurbel eines Fleischwolfs und steckt die kleingeschnittenen Fleisch- und Speckstücke hinein. Aus dem Locheinsatz quillt ein Bündel aus streichholzdicken Würstchen und fällt in eine hölzerne Molle. In der Mitte des Raumes steht Mutter mit hochgekrempelten Ärmeln. Sie trägt, wie alle anderen, eine lange Schürze und ein weißes, hinter dem Kopf zusammengebundenes Tuch. Mutters Arme sind bis über die Ellbogen mit Mett verschmiert. Sie knetet die Fleischmasse. Ab und zu hält sie inne, kostet ein bißchen und würzt das Fleisch mit großen Mengen von Salz, Zwiebeln, Pfeffer und anderen Gewürzen, deren Zusammensetzung ihr Geheimnis ist. Mutter nimmt ihre Aufgabe sehr ernst. Wenn sie mit einer Molle fertig ist, geht sie zur nächsten. In einer weiteren Molle liegen die saubergewaschenen Därme. Ein Darm wird herausgenommen und der Anfang auf einen kleinen Rahmen gespannt. Nun steckt eine Frau das gewürzte Fleisch in die Öffnung des Darms, eine andere faßt ihn zwischen Daumen und Zeigefinger und schiebt den Inhalt weiter. Wenn der lange Darm voll ist, bindet Mutter mit dünner Hanfschnur einzelne Teile ab, doppelt, damit sie später auseinandergeschnitten werden können. Dann wird der ganze Schlauch vorsichtig in das heiße Wasser des Waschkessels gelegt. Das Wasser darf nicht kochen, sonst platzen die Würste. Blutwurst kommt in den Magen des Schweins. Das macht Mutter selbst, denn wenn ein Magen reißt, gibt es keinen Ersatz. Sind die Würste gar, werden sie mit dem Wäscheholz aus dem Wasser gehoben und in einer Molle voneinander getrennt.

Zum Mittagessen gibt es Schlachtesuppe. Sie wird aus dem Wasser gemacht, in dem die Würste gargekocht worden sind, und erhält ihre Würze dadurch, daß doch immer irgendeine Wurst platzt. Das Beste aber am Schlachtefest ist, daß jedes von uns Kindern seine eigene, etwa handlange, graue Wurst bekommt. War es Leberwurst? Ich weiß es nicht mehr. Auf diese Wurst warten wir sehnsüchtig schon seit Tagen.

Die Mäuse

Mäuse vermehren sich so schnell wie Karnickel. Wir haben Mäuse, viele Mäuse, und außerdem Ratten. Da Vater Katzen nicht mag, haben die Mäuse es gut bei uns. Hast du schon einmal neugeborene Mäuse gesehen? Du rollst einen Stein weg, und da liegen sie: nackt und dicht gedrängt, um sich aneinander zu wärmen. Ihre Augen sind fest geschlossen. Die Mäuschen sind winzig wie Engerlinge, und du glaubst kaum, daß daraus richtige, haarige, erwachsene Mäuse werden können. Du denkst, eigentlich müßtest du sie totschlagen, damit sie dich später nicht ärgern können, aber du rollst den Stein schnell wieder darüber – erstens, weil sie dir eklig sind, und zweitens, weil dir die Mäusemutter leid tut, die natürlich schnell in ihrem Loch verschwunden ist.

In der Küche sind die Mäuse kein Problem, da kann Hönsche Fallen aufstellen. Wenn trotzdem eine auftaucht, steigen die Mägde wie von der Tarantel gestochen auf die Stühle und kreischen, als ginge es um ihr Leben. Man hört es durchs ganze Haus. Hönsche nimmt dann die Aschenschaufel und jagt die arme kleine Maus, und wenn sie sie erwischt, ergeht es ihr schlecht. Anders ist es im Stall. Natürlich locken die Ställe die Mäuse an, denn da gibt es Hafer und Schrot, Leckerbissen für jede Maus. Die Gespannführer im Ackerstall sind nicht gut auf die Mäuse zu sprechen, denn die klauen den Pferden das Futter. Deshalb achten sie darauf, daß der Stall saubergefegt ist und im Futtergang, besonders auch unter den Futterkisten, kein Häcksel liegt. Wenn die Mäuse aber vom Heuboden herunter aus der Luke fallen, nutzt das alles nichts. Dann geht unten die Jagd mit Schaufel und Besen los. Es wird mächtig geflucht. Entweder die Maus findet das Weite, oder sie wird totgeschlagen. Ich mag das genausowenig wie das Gekreische der Mägde. Was aber mache ich, wenn mir eine Maus begegnet? Ich denke, ich kann vielleicht eine fangen und in die Landschaft tragen. Dort stört sie niemanden.

Zum Pferdefüttern gebrauchen wir für den Hafer einen Kumm, eine kleine Blechschüssel, mit der man den Hafer abmißt. Pummi bekommt drei Kumm Hafer in eine Molle und dazu Häcksel, das ist kleingeschnittenes Stroh. Ich habe den Kumm in der Hand, da springt eine Maus aus der Futterkiste. Ich renne ihr mit dem Kumm in der Hand hinterher aus der Stalltür hinaus und immer weiter am Stall entlang, dann um die Ecke und den Hof abwärts. Bald werde ich sie haben. Ich komme ihr immer näher. Doch da passiert es. Ich stolpere und falle der Länge nach hin. Liegend schaue ich, wo die Maus steckt. Sie ist weg. Verflixt! Wo kann sie nur so schnell hingelaufen sein? Ein Rätsel. Rings um mich weite Hoffläche, und nirgends ist die Maus zu sehen. Ich stehe auf, hebe den Kumm vom Boden, und – so ein Ärger – da flitzt die Maus befreit davon. Ich hatte sie gefangen und wußte es nicht. Nun ist sie natürlich schneller als ich.

Unter dem Kornspeicher, in dem Meister Staek, der Hofmeister, regiert, liegt der Schweinestall, das Reich des Schweinemeisters. Wie du dir denken kannst, sind sowohl der Schweinestall als auch der Kornspeicher Paradiese für Mäuse und Ratten.

Wenn du vor dem Kornspeicher stehst, schaust du auf einen hohen Giebel, in dessen Spitze ein Kloben hängt, eine Seilwinde. Unter ihr sind untereinander drei mannshohe Brettertüren angeordnet, durch die die Getreidesäcke hinein- und

herausgehoben werden. Zwei Seile hängen von dem Kloben auf Armes Länge vor den Türen herab. Meister Staek greift sie, zieht ein Seil so lange nach oben, bis er das Ende zu fassen bekommt, legt eine »Schluppe« um das zusammengebundene Ende des Sacks, zieht sie fest und läßt ihn mit dem anderen Seil langsam nach unten schweben. Er braucht einen zweiten Mann, der den Sack entgegennimmt und ihn auf dem bereitstehenden Wagen an seinen Platz trägt.
An der Seitenwand des Kornspeichers befindet sich eine kleine Tür, die zu einer schmalen Holztreppe führt. Sie ist steil und in der Mitte tief ausgetreten. Ich steige hinauf. Die vielen kleinen Luken, die statt Fenster zur Lüftung in der Außenwand angebracht sind, stehen offen. In Reihen liegen dort flache Haufen Korn zum Trocknen. Meister Staek schippt sie mit einer riesigen Schaufel um. Es klingt schurrr-wisch, schurrr-wisch, schurrr-wisch, wie Schlurfen und Fegen abwechselnd im Takt. Wenn er die Schaufel über den Holzfußboden schiebt und das Korn durch die Luft wirft, so daß es auf dem nächsten Haufen landet, staubt es. Obwohl die Sonnenstrahlen durch die Luken hereinscheinen, siehst du kaum etwas. Heute arbeitet Meister Staek im dritten, im obersten Stock. Eine Fachwerkkonstruktion aus Ständern und Streben trägt den jeweils darüberliegenden Boden. Ich gehe wieder hinunter, da sehe ich plötzlich eine Maus. Sie rennt auf einer der Streben nach oben. Ich laufe hin und will sie packen. Mit der ganzen Hand greife ich zu. Tatsächlich, ich hab sie erwischt! Ich bin stolz wie Bolle. Aber die gefangene, kläglich quietschende Maus wehrt sich. Sie beißt mir mitten in die Hand und wird dabei ganz still. Soll ich sie loslassen? Nicht auf dem Kornboden, aber draußen. Ich renne die Treppe hinunter auf den Hof. Das ist schwierig, weil die Treppe steil ist, aber ich komme heil unten an. Inzwischen tut das ziemlich weh, was die Maus da mit mir macht. Auf dem Hof begegnet

mir ein Arbeiter. Ich öffne die Hand, um ihm die Maus zu zeigen. Zu meinem Erstaunen will sie gar nicht weglaufen. Sie hat sich zu fest in meine Handfläche verbissen. »Schlag sie an die Wand«, sagt der Arbeiter, »schlag sie an die Wand!« Er macht eine Handbewegung gegen die Speicherwand, um mir zu zeigen, wie ich es machen soll. Ich versuche es. Ich schlage mit der flachen Hand gegen die Mauer, aber die Maus läßt nicht los. Erst als ich es an der Ecke der Ziegelwand probiere, fällt sie hinunter und läuft davon.

Die schönste mir bekannte Geschichte mit Nagetieren in Pätzig aber stammt von Hans-Werner, als er noch lispelte. Die Tür zum Schweinestall ist zweiflügelig. Sie steht meistens offen und führt auf einen Gang, an dem rechts und links die Schweinetröge und Buchten stehen. Es stinkt nach Ammoniak und Schweinekot. Überall grunzt und quiekt es. Der Stall ist niedrig und hell gekalkt. Auf beiden Seiten befinden sich am Boden Kanäle, in denen die Jauche aus den Schweinebuchten heraus und den Gang entlang abfließt. In den oberen Rand dieser Kanäle sind als Abdeckung dicke Holzbohlen eingelassen, die man zum Saubermachen hochheben kann. Durch die Kanäle kommen die Ratten aus der Jauchegrube, in der sie offenbar wohnen, in den Schweinestall. Sie kommen nachts und fressen den Schweinen das Futter weg. Von mir aus müßte es auf dieser Welt keine Ratten geben. Aber sie sind nun mal da und das sogar am Tag. Wenn man die Bohlen wegnimmt, kann man sie flitzen sehen.

Nun hat Hans-Werner zum zehnten Geburtstag sein erstes Gewehr bekommen, ein Luftgewehr. Davor hat er mit der Armbrust die Hühner jagen dürfen, die sich in Mutters Staudengarten verirrten. Nun aber kann er Ratten und vielleicht sogar Spatzen schießen, aber die sind ziemlich klein, und man muß schon Glück haben, wenn man einen erwischen will, denn so genau schießt solch ein Luftgewehr nicht. Also

geht Hans-Werner in den Schweinestall, hebt die Bohlen hoch und sieht die Ratten weglaufen. Er setzt sich mit dem Gewehr schräg über den Oberschenkeln still hin und wartet. Schließlich muß er seinen Posten verlassen, denn die Mittagsglocke bimmelt. Die Eltern, alle Geschwister, die Haustöchter, die Eleven, Donti, die Hauslehrerin und die Sekretärin sitzen um den Tisch. Da fragt Max: »Na, Hans-Werner, hast du eine Ratte geschossen?« Hans-Werner antwortet mit gesenktem Kopf: »Nein.« »Hast du denn keine gesehen?« »Doch.« »Und warum hast du sie dann nicht geschossen?« »ßie lächelte ßo ßüß!« Von diesem Augenblick an wird Hans-Werner den Spott der Geschwister nicht mehr los. Jedesmal, wenn er ohne Beute von der Jagd zurückkommt, fällt ihnen die Geschichte wieder ein, und dann fragen sie: »Na, Hans-Werner, hat ßie wieder ßo ßüß gelächelt?«
Geschwister sind manchmal unausstehlich!

Pessilein

Aber nicht nur Hans-Werners Geschwister sind manchmal unausstehlich. Er selbst ist es auch. Schlechte Angewohnheiten machen ja Schule und setzen sich von einem zum anderen über die Generationen fort. Was einer einstecken muß, gibt er so schnell wie möglich an die Kleineren weiter.
Hans-Werners nächstjüngere und meine nächstältere Schwester ist Ina. Sie ist besonders schlau und kann sich Hans-Werner widersetzen. Es ist nicht leicht, sie zu ärgern. Darum trifft mich als Nächste in der Reihe die volle Ladung.
Ich habe zwei Lieblingstanten. Die eine heißt Tamee (von Tante Maria) und die andere Tante Pessi (von Spes). Beide sind Schwestern meiner Mutter und, wie sie sagt, sehr musikalisch. Mutter spielt auch Klavier, aber nur, wenn Tante Pessi nicht da ist. Sie spielt vom Blatt ab und begleitet uns beim Singen, zum Beispiel jeden Morgen bei der Andacht. »Tante Pessi ist ein Genie«, sagt Mutter, »und Tamee hat eine hervorragende Stimme.« Da kann Mutter nicht mithalten. Wenn beide zu Besuch sind, geben sie Kammermusikabende. Dann kommen die Tresckows aus Wartenberg mit dem Pferdewagen und manchmal auch andere Nachbarn.
Wir versammeln uns im Saal. Stühle sind im Halbkreis um den schwarzen Bechstein-Flügel aufgestellt, Kerzen beleuchten die Noten und eine Stehlampe die Ecke hinter dem Flügel. Die Schutzdecke aus hellgrauer Seide ist beiseite geräumt, der Deckel des Flügels geöffnet. Alle sind fein gekleidet. Tamee singt Schubertlieder, und Tante Pessi begleitet sie. Ich

sitze in der vordersten Reihe, und in meinem Kopf entstehen Bilder. Ich sehe die Mühle und den rauschenden Bach und die Müllerin und bewundere Tamee über die Maßen. Sie hat ein schwarzes Seidenkleid an und hält ihre linke Hand in der rechten. Ihre Stimme ist weich und warm, und ihre dunklen Augen leuchten liebevoll. Ich möchte gern auf ihrem Schoß sitzen und ihr immer nur zuhören. Tamee lebt auf einem Gut, das heißt Lasbeck. Einer ihrer Söhne heißt Fritz-Christoph. Mit ihm spiele ich besonders gern, weil er ein schwarzweiß geschecktes Pony besitzt. Aber wir fahren nur ganz selten nach Lasbeck.

Tante Pessi, die älteste Schwester meiner Mutter, ist ganz anders. Sie erscheint mir auf schwer erklärbare Weise nicht nur körperlich überragend, dazu unbeirrbar und unabhängig. Ihr Gewicht im Familiengefüge erstaunt mich besonders, da sie geschieden ist, und das gilt eigentlich als eine Art Makel in der Familie. Sie lebt in Berlin mit ihren drei Kindern und Tante Knienchen, einer Freundin. Die Frömmigkeit, die bei uns ausdrücklich Bestandteil des täglichen Lebens ist, akzeptiert sie als unseren Stil, steht ihr aber kritisch distanziert gegenüber. An die Auferstehung der Toten glaubt sie nicht. Ich staune, daß es möglich ist, nicht daran zu glauben, denn im Pätziger Gutshaus gilt nichts als so wahr wie die Auferstehung Jesu und das ewige Leben. Während Tamee klein und füllig gebaut ist und alles an ihr weich zu sein scheint, ist Tante Pessi stattlich, groß und knochig. Beide tragen, wie es üblich ist, einen Dutt und zum heutigen Abend lange Kleider. Wenn Tamee singt, spielt Tante Pessi leise. Ihre Finger perlen über die Tasten und untermalen die Bilder, die Tamees Gesang in mir erwecken. Zum Schluß aber schlägt Tante Pessi mit gespreizten Fingern und voller Wucht aus den Schultern in die Klaviatur. Dann wachen die, die nach dem langen Arbeitstag aus Versehen eingenickt sind,

Spes Stahlberg (Tante Pessi), um 1970

Maria von Bismarck (Tamee), um 1950

erschrocken auf, und alle merken, daß Tante Pessi Temperament hat.

Schrecklich und aufregend ist Tante Pessis Geschichte von dem kleinen und dem großen Klaus. Der große Klaus schlägt alle seine Pferde tot. »Rums«, macht das Klavier. Und der kleine Klaus scheffelt sein Geld, und die Goldstücke kullern durchs Zimmer vom tiefen C bis zum Diskant. »Wo hast du das viele Geld her?« fragt der große Klaus, und der kleine Klaus sagt: »Ich habe meine tote Großmutter in der Apotheke verkauft.« Da schlägt der große Klaus zu Hause seine Großmutter tot. »Bums«, sagt das Klavier so laut, daß wir zusammenzucken. Dann fährt der große Klaus mit der Großmutter im Galopp über Stock und Stein in die Stadt, daß das Klavier nur so scheppert. »Noch mal«, sagen wir.

So sehr ich Tamee liebe, so spielt doch Tante Pessi eine größere Rolle in meinem Kinderleben. Tante Pessi ist energisch

und bestimmend. Sie wird zu jeder Familienfeier eingeladen. Ihre Kreativität ist ein fester Bestandteil dieser Feste. Sie komponiert, dichtet, führt Regie und phantasiert wunderschön auf dem Klavier. Mutter mag es am liebsten, wenn sie um die bekannten Kirchenlieder herum spielt und sie miteinander verknüpft. Dann tauchen Worte auf und werden von anderen abgelöst. In meinem Kopf entstehen Anfänge von Geschichten, und die Ohren feiern ein Festmahl.
Neben Tante Pessis Einfallsreichtum ist ihre Autorität in der Familie besonders bemerkenswert. Alle Jugendlichen unter einundzwanzig lassen sich von ihr zu Laienspiel und Musik mitreißen. Dann organisiert sie wie ein Dirigent und hält den Taktstock fest in der Hand. Ich liebe Tante Pessi aber aus einem anderen Grund. Sie versteht mich. Sie sieht es, wenn ich traurig bin, und denkt sich etwas aus, damit ich lache. Wenn ich etwas nicht gern tue, fällt ihr ein Lied ein, damit es mir Spaß macht, und schwups! weg ist die schlechte Laune. Tante Pessi scheint mich besonders gern zu haben, und es fällt mir schwer, das zu glauben, weil ich weiß, daß mir meine großen Geschwister Längen voraus sind und meine Besonderheit darin besteht, außergewöhnlich bockig zu sein. Aber es tut gut, sich vorzustellen, daß wenigstens *ein* Mensch einen besonders lieb hat.
Tante Pessi ist die Musikexpertin der Familie. Sie sitzt kerzengerade am Flügel und prüft Kinder der großen weiteren Verwandtschaft, ob sie Talent haben. Mein musikalisches Talent ist nicht der Rede wert. Tante Pessi ist resolut, wenn sie sich etwas in den Kopf gesetzt hat. Dagegen kommt so leicht niemand an. Wenn sie etwas will, was Mutter nicht will, dann muß Mutter Vater zu Hilfe holen, um sich durchzusetzen. Tante Pessi macht es Spaß, mit mir zu spielen. Ich glaube, sie versteht schwierige Kinder besser als brave. Ich bewundere sie, weil sie es schafft, sich gegen Mutter zu be-

haupten. Möchte ich wie Tante Pessi sein? Ich denke, sie ist in meiner Partei, das macht mich fröhlich.
So nenne ich schließlich meine erste Puppe »Pessilein«. Aber zuerst hieß sie anders. Die Puppe bekam ich letztes Jahr zu meinem dritten Geburtstag. Ich taufte sie »Luise«. Kein Name hatte für mich einen so warmen und hellen Klang wie der der Königin Luise. Die Farbe Königsblau, mit goldenen und silbernen Borten verziert, schien mir diesen Namen zu umhüllen und mich gleich mit. Aber er hielt nicht lange. Wie du weißt, zanken sich Geschwister ab und zu, dann kann es passieren, daß ein Erwachsener dazwischengeht. Oft wird er den Älteren für den Streit verantwortlich machen und ausschimpfen. Natürlich findet der das ungerecht und ist wütend. Dann denkt er sich etwas aus, womit er den Kleinen ärgern kann. Er meint, danach sei die Gerechtigkeit wiederhergestellt. Offenbar war so etwas öfter passiert, denn meine großen Geschwister dachten sich einen Spottgesang auf meine Puppe aus. Sie sangen, und es klingt mir noch heute in den Ohren: »Luise, Luise – keine ist wie diese!« Entschlossen, meine Puppe vor dieser Verhöhnung zu schützen, gab ich ihr einen neuen Namen: »Pessilein«. Damit aber war ich die Plage nicht los. Ich hatte den Einfallsreichtum meiner Geschwister unterschätzt. Und so geht die Geschichte weiter:
Eigentlich spiele ich lieber auf dem Hof als in der Puppenstube. Dabei könnte sie nicht schöner sein. Sie wurde in die Ecke der Spielstube unten im Haus eingebaut, hat eine Tür, durch die nur wir Kinder passen, und ein kleines Fenster mit Fensterläden, die sich in die Spielstube hinein öffnen lassen. Wenn Erwachsene uns beim Spielen zukucken wollen, müssen sie oben über die Puppenstubenwand schauen. An der Außenwand hat sie ein hohes Fenster nach draußen. Darunter stehen Inas Puppenbetten, Wickelkommode, Schrank und ihre Puppen und daneben das weiße Himmelbett von Pessi-

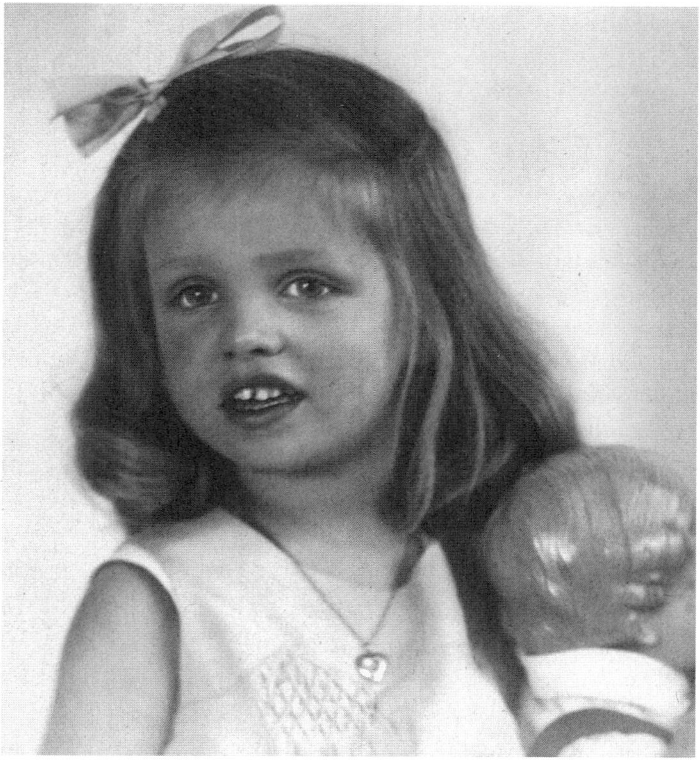

Lala mit Pessilein, 1935

lein. Ina hat zu Weihnachten ein Wunderknäuel bekommen, und jetzt sitzt sie auf einem Kinderstühlchen und häkelt und häkelt an einem Schal. Sie häkelt, um die kleinen, in buntes Papier gepackten Geschenke zu befreien, die in das Knäuel eingewickelt sind. Wir Geschwister sind natürlich gespannt wie Flitzbögen auf das Hauptgeschenk, das in der Mitte liegt. Ina kann das, ohne Ende häkeln und nicht mogeln. Man könnte ja auch einfach das Knäuel aufziehen und mal kucken, was für Herrlichkeiten darin eingepackt sind. Ina tut so etwas nicht, sie häkelt. Die Glocke läutet zum Mittagessen. Wir sausen zum Händewaschen. Zu spät kommen gibt's nicht, und den letzten, der sich hinter seinen Stuhl stellt, trifft ein strenger Blick. Nach dem Essen müssen wir schlafen, nur Sönner ist schon davon befreit, der Glückliche. Als wir nun nach dem Mittagschlaf in die Spielstube kommen, ist das Wunderknäuel völlig abgewickelt. Ein großer Haufen Wollfäden liegt locker auf dem Boden, daneben bunte Papierchen und zwischen ihnen unverhüllt und nackt wie junge Mäuse die Geschenke. Das Hauptgeschenk ist notdürftig wieder in sein Papier gedreht, Ina nimmt es. Es ist eine Armbanduhr. Ich bin wütend auf Sönner. Ina sagt: »Lala, laß man.« Aber ich bin zu zornig. Ich laufe zu Mutter und erzähle ihr, was passiert ist. Sie sagt: »Gepetzt wird nicht!« Aber seine Strafe hat Sönner wohl doch bekommen.

Am nächsten Tag bin ich wieder im Spielzimmer und spiele mit Pessilein. Da kommt Sönner und singt laut und deutlich ein wirklich gemeines Lied: »Pessileine, ganz alleine, liegt im Dreck und frißt den Speck!« Er singt es nicht nur einmal. Er hört gar nicht wieder auf damit. Was soll ich machen? Er beleidigt ja nicht nur meine Puppe. Er beleidigt meine geliebte Tante Pessi. Ich brülle ihn an, ich heule. Es nützt alles nichts, er macht weiter. Da kommt Donti und schickt Sönner hinaus. Aber Sönner singt immer noch, nur ein bißchen leiser, weil die Tür dazwischen ist. Da halte ich Pessilein die Ohren zu und kümmere mich nicht mehr darum. Da hört Sönner auf.

Storchenfest

Auf dem Dach des Kuhstalls hat Vater ein großes Speichenrad befestigen lassen. Dort brüten jedes Jahr die Störche. Manchmal balgen sich zwei Storchenpaare um den Nistplatz. Die Sieger tragen danach unentwegt kleine Stöcke zum Rad. Sie stecken sie dort ineinander und bauen ein riesiges, graues Nest. Unter dem Nest ist das Dach weiß bekleckert. Es dauert bis in den Frühsommer, dann schlüpfen die Jungen.
Am Tag, nachdem wir die Storchenjungen entdeckt haben, feiern wir das Storchenfest. Hönsche backt einen Streuselkuchen. Er ist kreisrund und so groß, daß er nicht in ihren Backofen paßt. Wir bringen ihn mit dem Ponywagen zum Bäckermeister Kuhn in die Backstube am Ende des Dorfes. Sein Ofen ist wie ein halbhohes Kellergewölbe aus Steinen gemauert und hat eine schwarze Eisentür mit einem kleinen Kuckloch, das man auf- und zumachen kann. In dem Gewölbe lodern gelb-orangene Flammen. Sobald das Holzfeuer heruntergebrannt ist, zieht der Bäckermeister die Glut mit einem Schieber heraus, so daß sie vor seine lange, weiße Schürze auf den Boden fällt. In den sauberen, heißen Raum schiebt er mit verschiedenen großen Holzbrettern an langen Stielen die Kuchen und Brote, die ihm die Leute gebracht haben. Mit einem kurzen Ruck zieht er die Schieber wieder heraus, und der Teig bleibt genau an seinem Platz im Backofen liegen. Wenn wir den Kuchen abholen, ist er dick wie ein Gesangbuch und duftet nach Butter, Zucker und Hefe. Auf ihm liegen dicke, feuchte Streusel. Manchmal ist er ein

Ackerstall, dahinter Kuhstall mit Storchennest

bißchen klietschig, das mag ich besonders. Er steht am Sonntagmorgen auf dem Frühstückstisch und in seiner Mitte auf langen, roten Beinen ein ausgestopfter Storch. Der Kuchen wird zum Frühstück gegessen oder vielleicht doch erst am Nachmittag? Jedenfalls ist es ein Fest, denn wann gibt es denn sonst Kuchen? Zum Geburtstag und anderen großen Festen und wenn besondere Gäste kommen. Deshalb warten wir gespannt auf den Augenblick, wenn die Störche aus ihren Eiern schlüpfen.

Sind die Jungen größer geworden, erscheinen sie auf dem Nestrand, schlagen mit den Flügeln, und wir können sehen, daß sie flügge sind. Dann warten alle auf den ersten Flug, denn jeder weiß, wo der hingehen wird. Schließlich wagt der erste kleine Storch den Absprung und segelt zum Brennereischornstein, um sich darauf niederzulassen. Dann wagt es der zweite und der dritte, der schafft es auch, aber er kippelt beim Anflug und fällt hinein. Wenn das passiert, läuft der Arbeiter, der es zuerst gesehen hat, zum Fuß des langen Schlots, schlägt ein Loch in den Kaminsockel, holt den kleinen Storch heraus und setzt ihn auf die Kuhweide. Dort können ihn die Storcheneltern finden.

Es gibt noch ein Fest, das hat keinen Namen. Es wird gefeiert, wenn der erste Schnee noch mittags auf dem Ackerstalldach liegen geblieben ist, dann gibt es Bratäpfel zum Nachtisch. Das geschieht irgendwann im Spätherbst. Jetzt aber ist Sommer, die Hauslehrerin ist mit der Bahn nach Berlin gefahren. Endlich Ferien!

Ferien

Der Adler ist vorgefahren, ein langes, schwarzes, niedriges Auto. Meistens steht er in der Wagenremise aufgebockt, damit die Reifen geschont werden, denn er wird selten gebraucht. Erich ist unser Chauffeur, und wenn er den Adler rausholt, zieht er seine Uniform mit Mütze an. Dann sieht er schick und fremd aus. Heute ist so ein Tag. Wimmelchen mit schwarzweiß gestreiftem Hemd und grüner Schürze verstaut unsere Sachen im Kofferraum. Mutter, Donti, Sönner, Ina, Peter und ich wollen nach Klein-Reetz fahren. Eigentlich sind das zwei Menschen zuviel für das Auto, aber Peter und ich gehen ja noch nicht in die Schule. Ich bin fünf, und Peter ist gerade ein Jahr alt geworden. Also zählen wir nicht richtig, gelten sozusagen als Gepäck. Wir fahren nicht so gern Auto, denn binnen kurzem wird uns schlecht. Erst mal werden die Fenster geöffnet, und wir müssen tief frische Luft einatmen. Wenn das nichts nützt, hält Erich an, wir werden ins Gras gelegt, bis uns besser ist, dann geht es weiter bis zum nächsten Mal. In Stargard fahren wir direkt am Polizeipräsidium vorbei. Schon am Ortseingang müssen Peter und ich zwischen Dontis, Inas und Sönners Beine kriechen, damit die Polizei uns nicht sieht. Da unten wird uns noch eher schlecht, aber es ist aufregend. Die Großen beschreiben genau, wo wir langfahren und wie das Polizeipräsidium aussieht. Mein Herz klopft bis in den Hals.

Mutter unterhält sich auf der ganzen Fahrt mit Erich. Mit ihm kann man gut reden, er scheint über alles informiert zu sein.

Gutshaus in Klein-Reetz

Erich wahrt immer den Respekt Mutter gegenüber. Seine Schläue, sein Witz, seine pädagogische Begabung und sein handwerkliches Können verschaffen ihm eine Sonderstellung auf dem Hof. Wir fahren mit offenen Fenstern, Augen zu und tief durchatmen. Erich kann ja schließlich nicht an jedem Straßenbaum anhalten.

Klein-Reetz liegt in Hinterpommern in einem Waldgebiet. Das Dörfchen schmiegt sich in den tiefsten Punkt eines Talkessels. Mehr als dieser Talkessel und der ringsherum auf den Höhen gelegene Wald gehört nicht zu Klein-Reetz. Im Tal wird Getreide angebaut. Das Dorf besteht aus etwa sechs Arbeiterhäusern und einem Gutshof, der eher ein großer Bauernhof ist. Von der kleinen Straße, die durch den Talkessel führt, zweigt eine Kiefernallee ab. Sie führt an den Arbeiterhäusern vorbei zum Gutshaus, einem grauen, eingeschossigen Gebäude. Der Hof ist gesäumt von zwei langen

Stallgebäuden, davor ein Dorfteich mit Gänsen und Enten, wie es sich dort in der Gegend gehört, denn man braucht ja Löschwasser, wenn es mal brennt. Hinter dem Gutshaus liegt ein kleiner Park mit mächtigen Bäumen, einem gepflegten Rasen und weißen Gartenbänken. Vater hat Klein-Reetz von seinem Bruder Werner geerbt. Werner ist im Ersten Weltkrieg gefallen.

In den Sommerferien fahren wir immer nach Klein-Reetz, und immer ist dort Regenwetter. Nun ist Regen ja nichts Schlechtes. Vater sagt: »Es gibt kein schlechtes Wetter, es gibt nur falsche Bekleidung.« Also Polenjacken und Gummistiefel an oder auch barfuß und raus, denn drinnen ist das Haus dunkel und langweilig. Die Fahrspuren in den Sandwegen, die aus dem Kessel heraus in den Wald führen, verwandeln sich bei Regen in kleine Bäche, die wir umleiten und mit denen wir Dämme und Stauseen bauen können. Nie gab es einen schöneren »Sandkasten« als die aus den bewaldeten Bergen herunterkommenden Wege in Klein-Reetz! Der Regen rauscht in den Blättern wie das Meer am Strand, gleichmäßig und beruhigend. Das vermodernde Holz, das Moos, die Beeren hüllen dich mit ihrem süßen Duft ein. Die Gummistiefel patschen im Wasser, es scheint, als könntest du spüren, wie die Pflanzen sich wohlfühlen und lustvoll wachsen. Nirgendwo kann ich so gut nachdenken wie im Wald bei Regen.

Fast jeden Tag fahren wir mit den Erwachsenen in den Wald. Dort gibt es eine kleine Jagdhütte, die aussieht wie das Hexenhäuschen im Märchen von Hänsel und Gretel. Als Sönner noch klein war, hat Erich sich als Hexe verkleidet und ihn dort empfangen. Sönner hat geglaubt, die Hexe sei echt. Gleich neben dem Häuschen hat der Regen in einer saftigen Wiese im schwarzen Waldboden eine Kuhle mit Wasser gefüllt. Die Sauen haben sie zu ihrer Suhle erkoren. Rings um sie ist der Boden zerwühlt. Man sieht, wie wohl sich die Sauen dort fühlen. Einer hat mal gefragt: »Was ist das?« Vater hat gesagt: »Das ist Dontis Badewanne.« Seither heißt die Kuhle »Dontis Badewanne«.

Wenn es warm ist, gibt es im Wald unzählige Pilze. Heute fahren wir zum Pilzesuchen. Alle kommen mit. Wir bilden im Wald eine lange Kette. Jeder muß aufpassen, daß er seine beiden Nachbarn nicht verliert. Aber ich gehe trotzdem verloren. Der Buchenwald ist hoch, und es ist mühsam, über die heruntergefallenen Äste zu steigen. Das Laub glänzt braun. Es riecht nach Fäulnis und frischem, feuchtem Farn. Sonnenstrahlen pieksen durch das hellgrüne Laubdach und leuchten Flecken von weichem Moos aus, die in der Wildnis wie kleine Inseln wirken. Ich stapfe vor mich hin und suche, aber ich finde keine Pilze. Da falle ich über einen Stein und tue mir weh. Das Knie blutet. Ich schaue nach meinen Nachbarn, aber die sind nicht mehr da. Ich bin allein. Ich rufe, aber niemand antwortet. Die Richtung stimmt wohl nicht, also muß ich zurück. Ich drehe mich um, aber da ist ein Fichtenwald, und durch den bin ich nicht gekommen, das weiß ich. Rechts der Buchenwald sieht bekannt aus. Ich gehe dorthin, aber bald scheint auch er mir ganz fremd zu sein. Ich denke, wenn ich immer geradeaus laufe, muß ich irgendwann auf einen Weg kommen. Aber das ist im Wald nicht so einfach, besonders dann, wenn man noch kurze Beine hat. Ich merke mir einen Baum, der geradeaus steht, und steuere auf ihn zu. Wenn ich dort angekommen bin, suche ich mir wieder einen in der gleichen Richtung.

Ich habe Glück. Tatsächlich stoße ich auf einen Weg. Es ist ein Sandweg mit tiefen Spurrillen und von Heidekraut bewachsenen Rändern. Aber in welcher Richtung liegt das Dorf? Rechts oder links? Alle Wege hier neigen sich zum Dorf hin, denke ich. Ich entscheide mich für links. Aber dann wird es schwierig, denn nach kurzer Zeit stehe ich vor einer Weggabelung. Welche Seite soll ich wählen? Beide Wege sehen ganz gleich aus. Ich bekomme Angst. Ich denke, wenn ich den richtigen Weg nehme, bin ich erlöst; wenn es aber der falsche Weg ist, gerate ich noch tiefer in den Wald hinein. Es wird langsam dämmrig. Ich stehe vor der Weggabelung und weiß nicht, was ich tun soll. Wenn es dunkel wird, muß ich allein im Wald übernachten. Unter einer großen Fichte? Aber da schlafen auch gern die Sauen.

Die Entscheidung scheint mir zu schwer. Ich fühle mich plötzlich schrecklich allein und nicht vorbereitet auf diese Situation. Was kann ich tun? Ich könnte heulen, und mir ist auch danach zumute, aber das nützt ja nichts. Schließlich vertraue ich auf mein Gefühl, überwinde mich und marschiere los. War es der rechte oder der linke Weg? Ich weiß es nicht mehr. Kurze Zeit später höre ich das Trappeln von Pferdehufen auf dem Waldboden. Alle Angst fällt wie ein schwerer Mantel ins Gras, und ich bin nur noch leicht. Mein Herz rast. Da kommt mir der Kutschwagen entgegen, der den Wald durchfährt, um mich zu suchen.

Die Scheune brennt

Neben der großen Feldsteinscheune am Fuß des Hofhangs liegt das Sägewerk. Es besteht aus einem großen Dach, unter dem das Sägegatter rattert. Schmalspurige Schienen laufen hinein und hinaus, auf denen werden Loren geschoben, niedrige Wagen, die Stämme zum Sägegatter befördern. Das Gelände des Sägewerks ist von einem Zaun umgeben. Wir Kinder dürfen nur in Begleitung hineingehen, denn es ist gefährlich. Zum Beispiel liegt dort ein hoher Berg Sägemehl. Er reicht bis ans Dach der riesigen Scheune. Wenn man auf diesen Berg steigt, um hinunterzurutschen, kann man darin auf Nimmerwiedersehen versinken. Dort bin ich nie hinaufgegangen. Aber die vielen großen Bretterstapel, einer neben dem anderen, eignen sich herrlich zum Klettern und Versteckenspielen. Das ist verboten.
Will ein Landwirt seine eigenen Ackerwagen bauen, braucht er durchgetrocknetes Holz. Es muß möglichst viele Jahre luftig und vor Feuchtigkeit geschützt liegen, eh es verarbeitet werden kann. Denn nasses Holz verzieht sich und reißt. Herr Heger, unser Stellmacher, baut die Wagen. Und der Schmied, Meister Kaselow, schmiedet das notwendige Eisen dazu. Etwas Holz liegt in der Stellmacherei, aber es gibt außerhalb des Sägewerks eine Scheune, in der alles gute Tischlerholz aufbewahrt wird.
Eines Nachts brennt diese Scheune. Es dauert eine Weile, bis wir Kinder aus den Betten und angezogen sind. Es ist stockfinstere Nacht. Der rötliche Schein des Feuers läßt das davor

stehende Inspektorhaus wie einen Scherenschnitt aussehen. Das Feuer knallt und spritzt. Den Dachstuhl hat es schon gefressen, und die Flammen lodern ungehindert in den Nachthimmel. Vater steht dort, eine dunkle, nur von vorn angeleuchtete Gestalt. Mehrere Gruppen von Schaulustigen sammeln sich, um das Spektakel zu beobachten. Wir stellen uns zu Vater.

Nun mußt du wissen, daß mein Vater in Pätzig mehr zu sagen hat als irgend jemand anderes. Was er sagt, wird getan. Deshalb erstaunt mich die nun folgende Geschichte ungeheuer. Die Feuerwehr ist eingetroffen und spritzt mit ihren Schläuchen in das prasselnde, hoch lodernde Feuer. Ein Feuerwehrhauptmann ist aus Schönfließ gekommen und hat seine Standarte neben sein Auto in die Erde gerammt. Er beobachtet das Geschehen. Das trockene Holz brennt mit solcher Gewalt, daß das bißchen Wasser, das die Feuerwehrleute mit ihren Handpumpen in die Schläuche pressen, ihm überhaupt nichts ausmacht. Es zischt ein bißchen, mehr nicht. Die Scheune hat große, braune Holztore auf beiden Seiten, die von kurzen Backsteinwänden und zwei Backsteingiebeln gehalten werden. Nun brennen die Tore lichterloh. Als sie zusammenbrechen, kann man in die Scheune hineinschauen und die Flammen beobachten, wie sie zwischen den Brettern der Holzstapel züngeln. Dort, wo der Wasserstrahl trifft, wird es einen Moment dunkel, aber sobald er seinen Ort verläßt, brennt das Holz weiter.

Der Pätziger Feuerwehrhauptmann läuft geschäftig von einem Feuerwehrmann zum anderen und teilt Befehle aus. Er ist einer der Bauern des Dorfes. Einige Männer bringen lange Stangen. Die Männer sind Arbeiter vom Gut, die auf Vaters Wort hören. Er spricht sie an und fragt, was sie mit den Stangen vorhaben. »Wir sollen die Giebel abstützen, damit sie nicht umfallen«, sagt ein Arbeiter. »Das lassen Sie man sein«, sagt Vater. Die Leute legen die Stangen auf den Boden. Da kommt der Feuerwehrhauptmann und schnauzt die Männer an, weil sie seinen Befehl nicht ausführen. Vater mischt sich ein: »Ich habe den Leuten gesagt, sie sollen die Stangen hinlegen.« »Hier habe *ich* zu sagen, was gemacht wird«, entgegnet der Feuerwehrhauptmann. Vater widerspricht ihm. »Dies ist *meine* Scheune, die brennt.«

Der Feuerwehrhauptmann wird laut und beschimpft Vater, und Vater schimpft laut zurück. Ich habe ihn noch nie schreien hören. Aber der Feuerwehrhauptmann gewinnt. Die Giebel werden abgestützt und bleiben stehen. Wir gehen zurück zum Haus. Vater kommt zu meinem Erstaunen mit. Zum ersten Mal habe ich erlebt, daß jemand gewagt hat, Vater zu widersprechen, und daß nicht getan worden ist, was er sagt. Wie ist es möglich, daß dieser Mann Vater zurückweisen darf? Ich kann es nicht verstehen, daß dieser Mann die Macht hat, Vater zurückzuweisen. Ich frage: »Vati, warum wolltest du nicht, daß die Giebel abgestützt werden?« Er sagt: »Die Versicherung zahlt nur für das Mauerwerk, wenn es umgefallen ist. Nun muß ich die Giebel abreißen und neu aufbauen und bekomme dafür keinen Pfennig Geld.«

Advent

In die letzten Wochen des Jahres, wenn Felder und Wälder, Häuser und Höfe, Straßen und Wasserflächen vereist und mit Schnee zugedeckt sind, fällt die Adventszeit. Sie hebt sich aus dem Jahreslauf heraus, ist eine Zeit für sich. Sie hat einen klar bestimmten Anfang und ein Ende, wie eine Theateraufführung. Fast jeder Mensch im Haus, auf dem Hof und im Dorf spielt einen ihm zugewiesenen Part in diesem Stück, manche haben sozusagen ein Dauerrecht auf ihre Rolle, anderen wird sie neu zugeteilt. Die Pätziger Adventszeit ist einmalig in der ganzen Umgebung.

Sie beginnt am ersten Adventssonntag, frühmorgens, wenn es noch dunkel ist. Es klingt, als würden die Engel singen. Von weitem, langsam näherkommend, hören wir aufwachend einen Chor von Frauenstimmen: »Macht hoch die Tür, die Tor macht weit / es kommt der Herr der Herrlichkeit ...« Ja, denke ich, so vielleicht nähert sich Herrlichkeit, leise und hell und voller Erwartung. Wir kennen die Verse auswendig, jedenfalls die Anfänge der Strophen, und singen innerlich mit, während sich der Chor unserer Tür nähert. Er verharrt dort einen Moment, es raschelt, unter der Türritze wird es flackernd hell, dann zieht der Chor singend weiter. Wenn er das Haus vom Keller bis zum Boden und wieder zurück zum Keller durchwandert hat, verstummt das Lied. Dann erst dürfen wir unter der Bettdecke hervorkriechen und zur Tür laufen.

In dem dunklen, langen Gang stehen vor jeder Tür Adventsrosen, mit rotem Seidenpapier zu Rosen gestaltete Wassergläser, in denen ein brennender Docht in Öl schwimmt und sie zum Leuchten bringt. Sie tauchen den Flur in ein geheimnisvoll flackerndes, rötliches Licht. Neben jeder Rose liegt ein Tannenzweig, an dem eine Weihnachtskunstkarte und allerlei Gebäck hängt, und neben diesem Zweig stehen meine Schuhe. Nun mußt du wissen, meine Schuhe werden von Wimmelchen jede Nacht geputzt, dafür stelle ich sie abends vor die Tür, wie alle anderen im Haus. Jetzt stecken sie bis an den Rand voller Pfefferkuchen. Wir suchen natürlich am Abend vorher die größten Schuhe aus, die wir finden können, um sie vor die Tür zu stellen, aber als Sönner es einmal mit seinen Gummistiefeln versucht hat, blieben sie leer. Das hat er dann nicht wieder gemacht, und wir wußten auch Bescheid. Wir holen unsere Zweige, Schuhe und Adventsrosen ins Zimmer, hängen die Zweige über unsere Betten und knabbern die ersten Pfefferkuchen, hauchdünne braune Plätzchen aus Rübensirup, Mehl und Pfefferkuchengewürzen. Dann laufen wir barfuß die Treppe hinunter und kriechen bei Vater und Mutter ins Bett.

Der Adventskranz aus Kiefernzweigen, groß wie ein Wagenrad, hängt an langen, roten Bändern überm Eßtisch in der Diele. Mutter hat ihn selbst gebunden. Die erste Kerze brennt. Ab heute ist fast jeden Abend Probe. Das Pätziger Krippenspiel ist weithin bekannt, und viele Menschen fahren Stunden bei Nacht in ihren Schlitten, um es zu sehen. Wie alle, die darin mitspielen, singen wir Kinder in der Kumpanei, dem Chor. Alle Texte der Lieder müssen auswendig gelernt werden, bevor die Proben beginnen. Nach Feierabend treffen wir uns im Bügelzimmer oben im Haus. Alle, die singen können, sind da. Die Frauen und Männer aus dem Arbeiterende, unsere Familie und die Bediensteten des Hauses, sie werden »Beamte« genannt. Nur Vater fehlt. Vielleicht weil er so schräg singt?

An einem der ersten Abende in der Adventszeit sammeln sich

alle Hausbewohner in der Diele zum Pfefferkuchenbacken. Auf dem langen, ovalen Tisch stehen zwei riesige Schüsseln mit festem, braunem Teig, den Hönsche aus der Küche hochgeschickt hat. Kuchenrollen und kleine Formen zum Ausstechen liegen bereit. Es gibt aber auch Messer, falls jemand sich eigene Figuren ausdenken will. Mutter sitzt mit einem Buch auf dem Schoß, bereit zum Vorlesen. Alles ist so geordnet, daß niemand reden muß. Riesige, schwarze Bleche liegen auf dem Tisch, um die Plätzchen aufzunehmen, und Emma wartet darauf, sie in die Küche zu tragen und frisch gefettet wieder hochzubringen. Mutter liest »Ut mine Stromtid«. Der grüne Kachelofen strahlt gemütliche Wärme aus. Der Raum ist spärlich beleuchtet. Alle wetteifern um die schönsten Entwürfe. Ein großes Blech nach dem anderen wandert in die Küche. Plötzlich klopft es an die Haustür. Alle schauen auf. Mutter legt das Buch beiseite und sagt: »Wer kommt denn da so spät noch zu uns?« Wir wissen natürlich, daß sie das nur so spielt, denn es ist der 6. Dezember. Wir erwarten den Nikolaus und haben am Nachmittag mit Dontis Hilfe jeder ein Adventslied auswendig gelernt, um gewappnet zu sein. Mutter öffnet die Tür und begrüßt den Nikolaus. Er ist riesig. Sein Pelzmantel reicht bis auf den Fußboden. Die zotteligen Bärenhaare sind mit Schnee bezuckert. Unter Nase und Mund sitzt ein gelblicher Bart. Gewaltige Brauen verdecken seine Augen. Man kann ihn kaum sehen. Über der Schulter trägt er einen Jutesack, den er sichtlich erleichtert auf den Fußboden stellt. »Sind denn hier auch Kinder?« fragt er. Keiner rührt sich. Der Nikolaus kramt in seinem Handschuh einen Zettel hervor. »Also, hier soll ein Hans-Werner wohnen, ist der hier?« Hans-Werner löst sich von seinem Stuhl und geht zögernd zu ihm. »Ich hab gehört, du hast neulich gebockt, weil du dein Essen aufessen solltest. Stimmt das?« Hans-Werner senkt den Kopf und nickt schuldbewußt. »Kommt das öfter vor?« Hans-Werner nickt wieder und hält den Kopf noch etwas tiefer. »Dann muß ich wohl meine Rute gebrauchen. Ich tu das gar nicht gern, Hans-Werner. Hast du denn ein Lied gelernt?« Hans-Werner nickt und sagt mit gesenktem Kopf sein Lied auf. »Na, das macht einiges wieder gut«, sagt der Nikolaus, und Hans-Werner kriegt nur ein bißchen mit der Spitze vom Reisigbesen, den der Nikolaus mitgebracht hat, aufs Gesäß geklopft. Dann greift er tief in seinen großen Sack und holt ein paar Pfefferkuchen und einen rotbackigen Apfel für Hans-Werner heraus. Der schlüpft erleichtert wieder auf seinen Stuhl. Ina ist die nächste. Der Nikolaus sagt, sie könnte etwas weniger naseweis sein. Das freut mich. Ihr Lied ist eindeutig länger als das von Hans-Werner. Ich komme mit einer Verwarnung wegen der vielen zerrissenen Kleider davon, und Peter ist noch zu klein. Er kriegt seinen Apfel so.

Ich habe mir diesmal vorgenommen, genau aufzupassen und herauszufinden, ob der Nikolaus tatsächlich mit einem Esel oder Maultier kommt. Aber er fordert alle auf, ihm noch ein Adventslied zu singen, weil er gehört hat, daß in Pätzig so schön gesungen wird. Wir legen uns richtig ins Zeug, und während wir noch singen, faßt der Nikolaus seinen Sack am falschen Ende. Alle Äpfel und Pfefferkuchen, die noch darin verborgen waren, fallen auf den Boden. Wir springen auf und greifen uns so viel, wie wir nur können. Als ich mich aufrichte, ist er verschwunden, und ich habe wieder nicht gesehen, was er vor seinen Schlitten gespannt hat.

Vater kommt heute abend spät vom Hof. Er tritt durch die Tür aus dem dunklen Flur. Den Nikolaus hat er verpaßt. Er setzt sich auf Mutters Platz und löst sie beim Vorlesen ab.

Die Fenster des Bügelzimmers schauen nach hinten aus dem Haus über die Gärtnerei hinweg. Ein weiter Blick durch den Park über Wiesen zum Wald. In diesem Zimmer steht eine Mangel, ein Holzgestell, in der Mitte eine Kurbel, die große

Zahnräder in Bewegung setzt. Auf einem Schlitten auf armdicken Rundhölzern, die von Rahmen in ihrer Position gehalten werden, liegen handballgroße Feldsteine, und wenn wir wollen, dürfen wir uns dazusetzen. Die Bettwäsche wird mit dem Rand unter den Schlitten geschoben und der Schlitten mit der Handkurbel über die Bettwäsche befördert. Daneben stehen Frauen an Tischen und bügeln den ganzen Tag. Vor Weihnachten sitzen dort die Näherinnen. Sie arbeiten nicht für uns, sondern für die Dorfschulkinder, denn jedes Schulmädchen erhält zu Weihnachten eine Schürze. Sie ist immer kornblumenblau mit einer bunten Blumenborte, die von Jahr zu Jahr wechselt. Am Heiligen Abend nachmittags um zwei Uhr versammeln sie sich in diesem Raum mit besonders stramm geflochtenen Zöpfen und sorgfältig gewaschenen Ohren. Mit ihnen kommen die Handwerker, Vorarbeiter, Dienstmädchen und Alten zur Bescherung. An einer Wand sind schmale Tische aufgereiht, auf ihnen Pappteller mit Pfefferkuchen, Nüssen und Äpfeln und ein Geschenk für jeden, an der anderen Wand stehen Bänke für die Alten. Zwischen den Fenstern prangt ein von uns Kindern bunt geschmückter Weihnachtsbaum. Die Jungen bekommen Schlittschuhe oder Taschenmesser, die Dienstmädchen ein Stück für die Aussteuer, die Handwerker Handschuhe oder einen Schal, die Belesenen Bücher. Die Schüler singen mehrstimmig, die Konfirmanden sagen Gedichte auf, Vater liest die Weihnachtsgeschichte, und Mutter überreicht jedem sein Geschenk. Die Kinder und Mädchen nehmen es mit einem Knicks oder Diener, die Älteren mit einem »Besten Dank und fröhliche Weihnachten« entgegen.

Vorher aber, und dies ist zweifellos das Hauptereignis der Adventszeit, findet schließlich nach allem Auswendiglernen und Üben das Krippenspiel statt. Alle erwarten mit Spannung, wer die Maria spielen darf. Diesmal ist es Mutters Sekretärin, Fräulein Jandrig, Jandi genannt. Manche Rollen sind in festen Händen. Zum Beispiel ist Brennmeister Brose immer der erste alte Hirt. Er beginnt die Hirtenszene mit den an Michel gerichteten Sätzen: »Kannst du nicht mit am Feuer schaffen? Du hörst wohl schlecht? Müßt ihr jungen Bengels denn immer süßen Rahm im Topfe haben? Auf dem Felde wollt ihr abseits traben, den Zöpfen nach!« Und Michel erwidert: »Schaut doch in die Sterne, heute sind sie nicht so wie sonst.« Wir kennen jedes Wort, und Meister Kaselow, der Schmied, der den ältesten Hirten spielt, ist so eins mit seiner Rolle, daß ich mir sicher bin, einer der Hirten auf dem Feld bei Bethlehem war so wie er.

Es gibt drei Hirten, drei Könige, drei Engel, drei Kinder und Maria und Josef. Jede Rolle ist heiß umworben. Ich möchte auch mal Kind sein. Mutter achtet sehr darauf, daß wir nicht bevorzugt werden. Aber diesmal darf ich ein Kind spielen.

Wir sollen mit Kerzen singend in die dunkle Kirche einziehen. Es ist schwer, der Kumpanei beizubringen, »Kommt und laßt uns Christum ehren« zu singen und dabei zu schreiten, ohne daß ein Marsch daraus wird. Wir üben es Abend für Abend. Schließlich ist der Tag der Aufführung gekommen.

Vor der Kirche warten im Dunkeln die Kutscher mit ihren Pferden und Schlitten, schwach beleuchtet von den Kerzen in ihren Wagenlaternen. Drinnen sitzen dicht an dicht Menschen in Wintermänteln auf den schmalen Holzbänken. Die Kumpanei stellt sich in einem Bogen vor dem Altar auf. Davor findet das Spiel statt. Alle können jeden Text auswendig. Jedes Lied kehrt an seiner Stelle Jahr für Jahr wieder. Das Krippenspiel ist Teil von uns, Weihnachten ohne Krippenspiel unvorstellbar.

Weihnachten

Draußen liegt eine dicke Schneedecke. Vater fährt in den Wald, um einen Weihnachtsbaum auszusuchen. Er nimmt mich mit. Ich bin fünf Jahre alt. Wir sitzen warm verpackt in Pelzen im zweispännigen Pferdeschlitten, nur die Nasen frieren. Die weite Landschaft ist in Weiß getaucht. Die Kufen gleiten fast lautlos, erst wenn die Pferde traben, fangen sie an zu singen. Die Geschirre knatschen, und die Pferde schnaufen. Es ist ungewöhnlich still um uns, denn es hat in den letzten Tagen nicht aufgehört zu schneien. Dazu ist es bitterkalt. In der Eichenallee knarren die Äste der Bäume im Wind. Mein Großvater hat sie gepflanzt, und ich liebe diese Allee, weil sie hügelauf, hügelab in leichten Biegungen zum Wald hinführt, als sei er ein großartiges Schloß.

Im Wald bietet sich uns ein bizarres Bild. Die Fichtenschonung, die Vater gepflanzt hat und deren kleine Bäume noch nicht kräftig sind, haben ihre Zweige unter der weiß glänzenden Last gesenkt, und sogar ich kann sehen, daß nur noch wenig Schnee fallen muß, um einige von ihnen abzubrechen. Vater hält an und sagt: »Du kannst mir helfen. Ich will die Zweige von ihrer Last befreien.« Wir gehen von Baum zu Baum und schütteln den Schnee von den Zweigen. Er landet zum Teil im Kragen, aber es ist schön zu sehen, wie die Fichten ihre Zweige heben, wenn er sie nicht mehr herunterdrückt. Wir fahren weiter zu den Waldarbeitern, die dabei sind, Bäume zu fällen. Vater findet die Spitze einer großen Fichte, die voller Zapfen hängt. Sie sind schon der halbe

Weihnachtsbaumschmuck. Die Waldarbeiter werden die Fichtenspitze heute abend zu uns bringen, denn bei uns im Schlitten ist nicht genug Platz für sie.
Heute ist der Abend vor Weihnachten, der unheilige Abend. Die Erwachsenen hören überhaupt nicht zu, obwohl ich doch gerade jetzt besonders gut ihre Hilfe brauchen könnte, Geschenke fertigzubasteln. Zwar fahren wir in der Weihnachtszeit einmal in die kleine Nachbarstadt Bad Schönfließ, um mit dem Inhalt unserer Spardosen Geschenke für die Hausbewohner einzukaufen. Aber Vater und Mutter freuen sich mehr über etwas Selbstgemachtes. Nie werden wir frühzeitig fertig, und immer fehlt im letzten Augenblick noch etwas. Schließlich werden die Geschenke in Zeitungspapier eingewickelt. Mit Buntstift wird der Namen des zu Beschenkenden darauf geschrieben. Im finsteren Flur neben dem Saal steht ein Wäschekorb, in dem schon einige Zeitungspapierpäckchen liegen. Wenn der Korb voll ist, holt Vater ihn ins Weihnachtszimmer und leert ihn dort aus. Mehrmals muß er herauskommen, weil der Korb überquillt. Wir dürfen nicht in den Saal hinein und natürlich nicht linsen. Es ist so geheimnisvoll und aufregend, wir können es kaum ertragen.
An diesem Weihnachtsmorgen bin ich so gespannt auf mein Geschenk wie noch nie. Vater hat Andeutungen gemacht. Was ich diesmal zu Weihnachten kriege, muß etwas ganz Besonderes sein. Ich kann die Warterei nicht mehr aushalten! Ich beschließe, gegen alle guten Sitten zu verstoßen und vorher ins Weihnachtszimmer zu kucken. Vater ist für einen Moment fortgegangen. Nur einen Spaltbreit öffne ich die Tür zum Saal. Er ist verdunkelt. Der riesige Baum verdeckt die breite Tür zur Saalkammer und reicht bis an die hohe Decke. Ringsum an den Wänden stehen Tische, die mit weißen Bettlaken verhüllt sind. Es riecht nach Tannengrün und frischem

Sägemehl. Ich weiß genau, wo mein Tisch steht, vorne links. Aber auch er ist zugedeckt. Ich kann nichts erkennen. Meine Augen suchen weiter. In der Mitte des Raums, vor dem Baum mit der Krippe, steht das Sofa, und davor liegen Kissen, auf denen wir sitzen werden, wenn Vater die Weihnachtsgeschichte vorliest. Der Duft von Pfefferkuchen und Äpfeln erreicht jetzt meine Nase, und ich höre im gußeisernen Kanonenofen hinter der spanischen Wand aus Blech ein Feuer prasseln. Aber da, an der Rückwand des Sofas! Mir bleibt die Luft weg. Ein Pferdestall mit hölzernen, handgroßen Pferden und einem Leiterwagen. Mein Herz klopft. Der kann nur für mich sein. Schnell schließe ich die Tür und laufe weg. Mein größter Wunsch wird in Erfüllung gehen. Ich bekomme einen Pferdestall mit Pferden! Ich kann es nicht fassen, bin außer mir vor Freude. Aber in das Glück mischt sich mein schlechtes Gewissen. Ein unangenehmer Druck im Magen und im Nacken dämpft meine Seligkeit. Auf einen Schlag haben sich die Spannung, die Aufregung, die Erwartung in irgendwelche Mauselöcher verkrochen. Und da stehe ich mit meiner Freude und kann sie noch nicht einmal mit jemandem teilen.

Zur Christmette um vier Uhr nachmittags ziehen sich alle festlich an. Im Dämmerlicht gehen wir durch die Kastanienallee und die kleine Pforte in der Feldsteinmauer zur Kirche. Die Glocken läuten. Es gibt keine Straßenlaternen und keine Taschenlampen. Der Schnee leuchtet. Die dunklen Äste der Kastanien bilden ein Gitterwerk unter dem Himmel. Peter und ich gehen an Mutters Händen. In der Kirche sind die Kerzen am mächtigen Weihnachtsbaum angezündet. Die Kerzen auf den schmiedeeisernen Leuchtern an den Wänden und in der Apsis und der Messingkronleuchter im Zentrum reichen aus, um das Kirchenschiff in ein dämmrig festliches Licht zu tauchen. Niemand braucht ein Gesangbuch. Es riecht nach Bie-

nenwachskerzen, Tannengrün und Mottenpulver. Ein kleiner Bullerofen hält zumindest den Frost draußen. Oder irre ich mich da, und es gab gar keinen Ofen in der Kirche?
Pastor Reck sitzt uns gegenüber im Pastorengestühl. Wenn ich ihn sehe, fühle ich mich wohl, ein bißchen wie unter Strom. Ich freue mich so, daß mir fast Tränen in die Augen steigen. Manchmal, wenn Pastor Reck auf der Kanzel steht, denke ich darüber nach, ob er vielleicht der liebe Gott ist.
Als wir die Kirche verlassen, ist es draußen schon stockdunkel. Auch in unserem Haus brennt kein Licht, und niemand macht es an, als wir hereinkommen. Wir tasten uns bis zur Saaltür vor. Jeder sucht sich im Dunkeln einen Stuhl. Niemand spricht ein Wort, bis Mutter das erste Lied anstimmt. Alle Weihnachtslieder, die wir kennen, und das sind viele, werden nun gesungen. Der Raum füllt sich mehr und mehr, bis schließlich alle Hausbewohner da sind. Nur Vater fehlt. Wir wissen, wo er ist. Er allein darf jetzt im Weihnachtszimmer sein. Wir warten mit gespitzten Ohren darauf, daß die kleine Glocke in seiner Hand bimmelt. Aber es bleibt still. Die Ritze unter der Saaltür wird heller und heller. Die Spannung steigt auf ihren Höhepunkt. Beim ersten Klingeln springen wir von unseren Stühlen. Aber für ein bis zwei Lieder ist immer noch Zeit. Dann endlich das zweite und bald darauf das dritte Klingeln. Die Tür öffnet sich weit. Wir stimmen »Ihr Kinderlein kommet« an. Vater steht in der Mitte und macht Platz für den Blick auf die Pracht des Weihnachtsbaumes im Lichterschein. Zweimal mannshoch mit weit ausladenden Ästen, geschmückt mit weißen Papierlilien, silbernem Lametta, roten Äpfeln als Gewichte für die Kerzenhalter. Das Wichtigste aber liegt unter dem Weihnachtsbaum. Die Geschenke? Nein. Der Krippenaufbau. Wie viele Quadratmeter Hügel, Gebirgs- und Wüstenlandschaft sind das? In der Mitte steht der Holzstall mit Maria, Joseph und dem Christuskind in der Krippe, dazu

Ochs und Esel aus Pappmaschee. Von links kommen die Hirten mit ihren Herden über Hügel, vorbei an Seen aus Spiegelscherben. Sie wandern über Holzbrücken, die kleine Lamettaflüsse überspannen, und ruhen sich in Felshöhlen aus. Sie lagern ihre Schafe zwischen Holzzäunen und führen sie zum Stall von Bethlehem. Hinter den Hirten erhebt sich ein Bergmassiv, auf dessen Spitze Schnee aus Mehlkleister und Salz die Krönung der Landschaft bilden. Von der rechten Seite nähern sich die Könige. Aufrecht schreiten sie durch Wüstensand. Sie kommen mit Elefant, Kamel und Pferd, ebenfalls aus Pappmaschee. Sie sind prächtig gekleidet und tragen glitzernde Geschenke. Sie sind noch weit weg vom Krippenstall. Vor ihnen liegen von Palmen umgrenzte Oasen zwischen kahlen Felsen. Vater legt besonderen Wert auf die Gestaltung der Wüste, denn er war in Palästina und weiß, wie sie aussieht. Die Palmen macht er aus Kiefernzweigspitzen. Hinter den Königen erheben sich hohe Felsengebirge, und keiner weiß, wie sie da herüberkommen konnten.
Alle Hausbewohner setzen sich vor die Krippe, dann liest Vater die Weihnachtsgeschichte. Ich höre sie heute schon zum vierten Mal. Zuerst in der Morgenandacht, später bei der Feier für Schulkinder und Angestellte, dann in der Christmette und nun endlich vor der Krippe unterm Weihnachtsbaum. Zum Glück hat das darauffolgende Lied nur drei Strophen. Jetzt endlich kommt die Bescherung. Beim Kleinsten fängt sie an. Das weiße Tuch wird vom Tisch gezogen, und alle schauen zu, wie er sich freut. Peter hat einen Roller bekommen. Und ich? Unter meinem Tuch liegen nur Kleinigkeiten. Aber ich weiß ja, das ist nicht alles. Sie führen mich zum Pferdestall. Ich stürze mich darauf und fange an zu spielen, aber irgend etwas muß Mutter gemerkt haben, denn plötzlich fragt sie: »Lala, hast du gelinst?« Ich sage: »Nö.«

Vater

Über meinen Vater, deinen Urgroßvater, zu schreiben, fällt mir schwer. Wie kann ich einen Menschen schildern, der so wichtig für mich ist und den ich doch nur ein paar Jahre erlebt habe? Die Geschichten über ihn haben das, was ich selbst erlebte, überlagert. Immer wieder frage ich mich, wieviel von den begeisterten Berichten über diesen Mann der Wahrheit entspricht und wieviel den Kindern erzählt wurde, um sie über den Verlust ihres Vaters hinwegzutrösten. Immer wieder habe ich Menschen, die ihn kannten, gefragt: Was waren eigentlich seine Schwächen?

Ich war neun, als mein Vater vor Stalingrad fiel. Ich hatte ihn in den drei Jahren vorher nur wenige Male gesehen, nämlich dann, wenn er kurz zum Heimaturlaub aus dem Feld kam. Dann war er vielbeschäftigt und konzentriert, weil unzählige Fragen, die den Hof betrafen, geklärt werden mußten. Der entspannte Vater, wie wir ihn von früher her kannten, der Vater, der sich Löcher in den Bauch fragen ließ und Gespräche mit den Kindern suchte, schien verflogen. Die Geschichten, die ich euch jetzt erzählen will, stammen aus der Zeit vor dem Krieg, als die kleine Dorfwelt in Pätzig noch in Ordnung war.

Es ist Sonntagmorgen, und wie an jedem Sonntagmorgen flöten wir »Christ lag in Todes Banden« vor der Tür zum Elternschlafzimmer. Wir laufen die steile Treppe im Schlafzimmer hinunter, uns entgegen schallt ein tiefes »Guten Morgen, ihr Affenschwänze!« Dann liegen wir in Vaters Bett und hören

zu. Wer zuletzt kommt, muß auf der Ritze liegen. Der Platz ist unbeliebt, denn dort steckt Vaters Pistolentasche, und die drückt im Rücken. Vater erzählt von Schönrade, dem Gut seiner Eltern, auf dem er aufgewachsen ist.
Als Vater klein war, hatte Schönrade eine Pferdezucht und einen besonders schlauen Stallknecht, der Petz hieß. Als die Pferdekoppeln gebaut worden waren, hatten die Leute die Koppeltore vergessen. Die Pferde konnten nicht hinein- und nicht herauskommen. Da hat Petz eine Kanone geholt und hat die Pferde in die Koppel geschossen. Eines Tages ging eine der Kanonenkugeln daneben und hat ein Loch geradewegs durch die Erde hindurch bis nach Afrika gebohrt. Dort haben die Afrikaner sich gefreut, denn sie hatten noch nie eine Kugel gesehen. Da hat Petz in das Loch hineingerufen, wenn die Erde sich das nächste Mal gedreht habe, sollten sie die Kugel wieder heraufschicken. Da haben die Afrikaner zurückgerufen, das gehe nicht, denn die Kugel sei jetzt der Thron ihres Königs. Da hat Petz ein paar Wagenheber in das Loch geworfen und hinterhergerufen, sie sollten ihren König auf die Wagenheber setzen. Da haben die Afrikaner sich gefreut und die Kugel zurückgeschickt.
So sind Vaters Geschichten. Und wenn wir sagen: »Aber das geht doch gar nicht, Vati«, dann lacht er und denkt sich etwas anderes aus.
Beim Sonntagsfrühstück, wenn es weichgekochte Eier gibt, stellt einer von uns heimlich seine leere Eierschale neben Vaters Eierbecher, dann schaut er plötzlich hin, ist erstaunt, daß da noch ein Ei steht, freut sich, schlägt es auf, sieht, daß es leer ist, kuckt in die Runde und sucht mit seinen Augen nach dem, der ein schlechtes Gewissen hat. Der fühlt sich ertappt, springt auf, um sich hinter seinem Stuhl zu verstecken, und wird doch noch von der durch die Luft fliegenden Eierschale getroffen.

Beim Mittagessen im Saal, wenn Gäste da sind, sitzt Mutter am Kopfende und Vater an der Längsseite des langen, ovalen Tisches links neben ihr. An dem langen Tisch reihen sich die Gäste, die Haustöchter, die Hauslehrerin, die Eleven, die Sekretärin und schließlich die Kinder aneinander. Die Kinder müssen gerade sitzen, die Hände rechts und links neben den Teller legen, so daß der Unterarm noch im Freien hängt, und sie müssen den Mund halten, das heißt still sein, es sei denn, sie werden etwas gefragt. Gäste und die Hausangestellten fügen sich in die Ordnung. Vater führt die Unterhaltung. Er spricht über Politik, oder er erklärt Pätzig. Vater redet laut und gern, und es kommt selten vor, daß ihm jemand widerspricht. Richtig komisch ist es, wenn Vater einen Witz erzählt. Er fängt an zu erzählen, und je näher er der Pointe kommt, desto mehr verziehen sich seine Gesichtsmuskeln, und sein Gesicht wird knallrot, und ehe irgend jemand wissen kann, worüber, fängt er an zu lachen. Er kann den Witz nicht zu Ende erzählen, weil er so lachen muß, und die Tränen kullern ihm aus den Augen, und alle lachen mit, aber nicht über den Witz, sondern über Vater.

Als ich gerade Laufen und Sprechen gelernt hatte, rief er mich manchmal beim Sonntagsfrühstück längs über den Tisch zu sich. Donti hob mich aus dem Hochstühlchen, und ich kurvte auf dem weißen Tischtuch um Blumensträuße, Butternäpfe, Marmeladentöpfe, Zuckerdosen und Sahnekännchen bis hin zu seinem Platz, um dort ein in Kaffee getauchtes Zuckerstückchen in den Mund gesteckt zu bekommen. Gewärtig der allseitigen Bewunderung bückte ich mich eines Sonntags beim Rückweg, ergriff ein silbernes Sahnekännchen, leerte es und stellte fest: »Sahne schmeckt gut!« Ich vermute, es war mein letzter Sonntagsausflug auf dem Tisch.

Vor dem Schlußgebet, wenn der Nachtisch aufgegessen ist,

Hans von Wedemeyer

ruft Vater manchmal zu uns Kindern am unteren Ende des Tisches herüber: »Na, wer will übers Knie gelegt werden?« Natürlich wollen wir alle. Es geht der Reihe nach, die Ältesten zuerst. Vater rutscht mit seinem Stuhl zurück. Nun ist auf seinen Oberschenkeln Platz. Seine Reithose ist aus kleinkariertem Stoff mit beige gefärbtem Lederbesatz, der von den Innenseiten der Knie bis hinunter in die rötlichbraunen Reitstiefel reicht.
Ich bin an der Reihe. Ich lege mich über seine Oberschenkel, werde zurechtgerückt, und nun fällt Vaters große rechte Hand auf mein Hinterteil. »Tut's weh?« »Nein!« »Mehr?« »Ja!« Die Hand fällt wieder, diesmal etwas härter. »Noch mehr?« »Ja!« Und wieder fällt die Hand. Jetzt tut es weh. Aber ich werd mich doch nich lumpen lassen. »Tut's weh?« »Nei…n!« Und wieder ein bißchen mehr. Ich denke, egal, wie doll Vater draufhaut, nie werde ich sagen, er soll aufhören. Ich weiß, er will, daß ich lerne, die Zähne zusammenzubeißen. Und jeder von uns will ihm beweisen, daß er oder sie das kann. Außerdem haut Vater niemals so doll, daß es wirklich schlimm ist. Jedesmal, wenn Vater schließlich aufhört, bin ich ein kleines Stückchen stolzer auf mich, und Vater ist es auch. Es gibt in Pätzig nur zwei Dinge, die wirklich zählen: daß wir Gott achten und daß Vater stolz auf uns ist.
Fast nichts ist begehrter, als von Vater mitgenommen zu werden. Jeden Tag morgens, nachmittags und abends reitet oder fährt er übers Feld oder in den Wald. Er beobachtet Getreide, Kartoffeln, Zuckerrüben, Gründüngung, wie und wo sie wachsen. Er besucht die Arbeiter auf dem Feld, redet mit ihnen, überrascht sie auch manchmal beim Faulenzen. Er beobachtet die Frauen beim Rübenverziehen und im Herbst beim Kartoffelbuddeln, die Gespanne beim Pflügen und beim Säen mit der Drillmaschine. Er beobachtet den Wald, das Reh-, Schwarz- und Rotwild, die Wildenten, Reiher und Kra-

niche, entscheidet, wo eine neue Schneise geschlagen und ein Hochsitz, wir sagen Kanzel, repariert werden muß. Er überlegt, wann das Jungvieh und die Fohlen auf die Weiden getrieben werden, wo eine neue Schonung gepflanzt und wo Holz eingeschlagen werden soll. Er sieht, wo nicht sachgemäß mit dem Gerät umgegangen wird und wo jemand Material vergeudet. Er fährt nach Karlshöhe, dem Vorwerk, auf dem wir Schweine züchten, und nach Neuhof, wo unser Jungvieh steht. Er kontrolliert die Vorfluter, die Ausgänge der Drainagen, und entscheidet, welche Fruchtfolgen für die einzelnen Schläge, so heißen die großen Ackerflächen, günstig sind, damit der Acker trägt, und wie man der Quäken Herr werden kann. Sie sind das schlimmste Unkraut. Wenn Vater über den Acker geht, um zu sehen, wie weit die Quäken aus der Erde herausgewachsen sind, sagen die Leute: »Der Herr muust allwedder!« Sie sagen das, weil er sie an eine Katze erinnert, die auf Mausefang aus ist. Wenn wir wieder auf dem Wagen sitzen und über die Felder fahren, wo uns niemand hört, fängt Vater an zu singen. Seine Stimme klingt tief und vergnügt. Drei seiner Lieblingslieder?

»Lustig ist das Zigeunerleben, fahria, fahria ho.
Brauchst dem Kaiser kein Zins zu geben, fahria, fahria ho.
Lustig ist es im grünen Wald,
Wo der Zigeuner Aufenthalt.
Fahria, fahria, fahria, fahria, fahria, fahria ho.«

Und ein anderes:

»Es leben die Soldaten
So recht von Gottes Gnaden.
Der Himmel ist ihr Zelt,
Ihr Haus die weite Welt.
Falleri fallera –
Wer fällt, der bleibet liegen,
Wer steht, der kann noch siegen.

Wer übrigbleibt, hat recht,
Und wer entflieht, ist schlecht.
Falleri fallera –
Das Hassen und das Lieben
Sind mir ins Herz geschrieben.
Es bleibt uns keine Wahl,
Der Teufel ist neutral.
Falleri fallera –«
Das dritte singe ich am liebsten mit:
»Alle Birken grünen in Moor und Heid,
Jeder Brambusch leuchtet wie Gold,
Alle Heidlerchen jubeln vor Seligkeit,
Und der Birkhahn kullert und tollt.
Meine Augen gehen wohl hin und her
Übers braune, weißflockige Moor,
Übers grüne, goldschimmernde Heidemeer
Und steigen zum Himmel empor
Zum Blauhimmel hin, wo ein Wölkchen zieht
Wie ein Wollgrasflöckchen so leicht,
Und mein Herz, es singt ein leises Lied,
Das auf zum Himmel steigt.
Ein leises Lied, ein stilles Lied,
Ein Lied so leicht und so lind
Wie ein Wölkchen, das über den Blauhimmel zieht,
Wie ein Wollgrasflöckchen im Wind.«
Nimmt Vater dich mit, erklärt er dir die ganze Zeit, was er sieht und denkt, und du kannst ihn soviel fragen, wie du willst. Er wird dir jede Frage beantworten. Er bringt dir bei, wie man Hafer von Gerste und Lupinen von Luzerne unterscheidet. Und wenn du Lupizerne sagst, weil es so schwer ist, Lupinen und Luzerne auseinanderzuhalten, läßt er es durchgehen. Er erzählt dir, welche Mühe es macht, der Quäken Herr zu werden und einen Acker, der aus lauter Hügeln

besteht und von Wasserlöchern durchsetzt ist, richtig zu düngen. Dabei erwartet Vater, daß du wie ein Luchs aufpaßt, ob vor uns auf dem Weg irgendein Hindernis liegt. Dann mußt du wie der Blitz vom Wagen springen, vorlaufen, den Stein oder Ast aus dem Weg räumen und dich im Fahren wieder hochziehen. Es muß gelernt sein, im Fahren runter- und wieder raufzukommen. Du faßt mit der linken Hand das vordere Schild des Wagens, trittst mit dem rechten Fuß auf die sich drehende Radnabe, läßt sie in der Fußbeuge rotieren, reichst mit dem linken Fuß auf die Erde und läufst ein paar Schritte mit. Beim Aufsteigen hältst du dich mit den Händen an Schild und Sitz fest und trittst im Lauf auf die Nabe.

So etwa könnte ein Gespräch mit ihm gelaufen sein:
»Dieses Land war zum größten Teil Sumpf. Unsere Vorfahren haben es urbar gemacht.«
»Was heißt urbar?«
»Ich will dir eine Geschichte erzählen: Vor vielen Tausenden von Jahren hat das Eis von Norden her einen Wall aus großen Eisbrocken, Sand und Geröll vor sich hergeschoben. Als es bis in diese Gegend gekommen war, endete die Eiszeit. Da taute das Eis. Die größeren Eisbrocken, Sand und Geröll blieben dort liegen, wo sie gerade angekommen waren. Dort, wo die Eisbrocken lagen, entstanden Tümpel und um sie herum Hügel und flaches Land. Dann sind auch die Eisbrocken aufgetaut, und zurück blieben Wasserlöcher zwischen Hügeln und große, ebene Flächen, die sich mit Wasser füllten. Dann dauerte es wieder viele Jahrtausende. Vögel sind über das Land geflogen und haben Samen fallen lassen, andere Tiere sind gekommen, ihr Dung, Wind, Regen und Sonne haben das Land fruchtbar gemacht. Danach haben die Sümpfe, die Inseln in ihnen, die Tümpel und Sandberge Tiere aller Art zu sich gelockt. Nach den Eisbären siedelten sich hier Wölfe an,

und als diese nach Osten zogen, kamen das Rotwild und die Sauen, das Rehwild, die Füchse, Hasen, Rebhühner, Reiher, Kraniche, Störche, Enten, die Nachtigallen und Spatzen und viele, viele mehr.«

»Erzählst du ein Märchen?«

»Ich erzähle dir die Geschichte von Pätzig.«

»Ist damals, als die Störche anfingen, bei uns zu brüten, auch der schwarze Storch hierher gezogen?«

»Ich kann dir nicht sagen, wann der schwarze Storch kam, aber vergiß nicht, daß du niemand von ihm erzählen darfst, denn es gibt ihn nur noch an wenigen Stellen auf der Welt. Wenn es bekannt würde, daß er hier lebt, würden Menschen kommen, um ihn zu sehen oder sogar zu fangen.«

»Wo ist sein Nest?«

»Es ist mitten im Sumpf, und außer Mutter und Förster Prochnow weiß nur noch ich, wo er es gebaut hat.«

»Und wie ging es dann weiter?«

»Die Wasserflächen verwandelten sich in Sümpfe. Das gefiel den Vögeln und dem Wild. Dann aber kamen die Menschen. Sie brauchten Nahrung und dafür Ackerland. Darum legten sie die meisten Sümpfe trocken. Sie haben Entwässerungssysteme gebaut, die das Wasser in den Senken sammelten und in die Tümpel und restlichen Sümpfe ableiteten. Und das ist die Antwort auf deine Frage: Wildes Land zu Ackerland machen, das heißt urbar machen.«

Vater sagte: »Bllrr«, da hielt der Schimmel an. Er sprang vom Wagen auf den Acker. Mit weiten Schritten ging er den Hügel hinab und machte in einer Senke halt. Dort beugte er seinen breiten Rücken, griff in das Ende eines Tonrohres und befreite es von Unkraut und Schlamm.

»Warum machst du das?«

»Es genügt nicht, Land urbar zu machen, man muß es auch pflegen, sonst wird es wieder Wildnis. Das da unten ist das

Ende einer Drainage. Die Drainagen versanden, und die Abflüsse verdrecken. Wenn Drainagen nicht mehr ziehen, weil sie verdreckt sind, müssen sie neu verlegt werden, sonst wächst dort Schilf statt Weizen.«

»Woher kommen die vielen Steine am Wegrand?«

»Die Steine waren früher einmal Felsbrocken. Sie lagen in Skandinavien. Das Eis hat sie hergeschoben und gerollt und dabei rund geschliffen. Die Vorfahren haben, nachdem das Land trockengelegt war, beim Ackern viele Steine aus dem Boden geholt und damit die Kirche, die Schmiede, die Gartenmauer und die große Feldscheune gebaut. Auch die Fundamente unserer Häuser, das Hofpflaster, die Wege und Straßen sind aus solchen Feldsteinen. Alles hat das Eis hierhergeschoben, damit wir Arbeit und Baumaterial haben.«

»Wieso liegen immer noch und jedes Jahr wieder Steine im Acker?«

»Der Regen dringt in die Erde ein. Dann kommt der Frost, das Wasser friert, dabei dehnt es sich aus und drückt die Steine nach oben.«

»Darf ich dich noch was fragen?«

»Frag mir ein Loch in den Bauch, so groß, daß der Himmel durchkuckt und die Vögel ein Nest drin bauen.«

»Warum steht der Roggen oben auf den Hügeln gerade und dünn und in den Senken so dicht und fett, daß er sich hinlegt?«

»Der Regen wäscht den guten, fetten Boden von den Hügelkuppen in die Senken. Wir versuchen, den Boden beim Pflügen nach oben zu kippen, aber es bleibt dabei, unten ist der Boden immer zu fett, und oben ist er zu mager.«

»Wo haben die Menschen, die das Land urbar gemacht haben, vorher gelebt?«

»Der Preußenkönig wollte sein Land entwickeln. Dazu brauchte er Bauern und Landarbeiter. So lud er Hugenotten, das waren Christen, die wegen ihres Glaubens verfolgt wurden, ein, die Neumark zu besiedeln. Er versprach ihnen Land, Arbeit und daß sie bei ihm glauben dürften, was sie wollten.«

»War dein Urgroßvater auch ein Hugenotte?«

»Nein.«

»Wie kommt es dann, daß wir hier sind?«

»Der Preußenkönig hatte unter seinen Untertanen Offiziere, Beamte und andere, denen er zu Dank verpflichtet war. Denen hat er größere Stücke Land geschenkt. Dort haben diese Menschen Güter aufgebaut. Eins davon ist Pätzig.«

»Hat der König dir Pätzig geschenkt?«

»Nein, manche dieser Beschenkten waren schlechte Landwirte. Sie stellten Verwalter ein und machten sich ein lustiges Leben in Berlin. Einige dieser Güter verkamen, weil ihre Besitzer sich nicht um sie kümmerten. Oder die Besitzer starben. Mein Vater hat Pätzig für mich gekauft.«

»War Pätzig verkommen, als du es geschenkt bekamst?«

»Nein, ich habe mich in Pätzig verliebt. Pätzig war immer ein landschaftlich reizvolles, aber sehr schwieriges Gut, darum konnte mein Vater es günstig kaufen.«

»Woher hatte dein Vater das Geld, um Pätzig zu kaufen?«

»Vom Gut Schönrade. Dort ist das Land eben und fruchtbar. Er ist ein vorzüglicher Pferdezüchter und tüchtiger Landwirt. Damit hat er das Geld verdient.«

»Autsch, warum ziepst du mich?«

»Damit du spürst, wie der Baum sich fühlt, dem du gerade ein Blatt abgerissen hast.«

»Warum heißt der Sandweg, auf dem wir gerade fahren, Heerstraße?«

»Weil die Königin Luise mit ihrem Heer hier durchgezogen ist.«

»Nennt man alle Straßen, über die ein Heer gezogen ist, Heerstraße?«

»Die Königin Luise wurde vom ganzen Volk geliebt, und wo sie vorbeifuhr, standen die Leute am Wegrand und zogen den Hut vor ihr, und die Frauen und kleinen Mädchen machten einen Knicks, und deshalb wollten die Menschen, daß die nachfolgenden Generationen an die Königin und ihren Heerzug erinnert werden.«

Von da an dachte ich jedesmal an die geliebte Königin, wenn ich diesen Weg entlang ritt, und es scheint mir noch heute, als habe er einen unsichtbaren königsblauen Schimmer.

Vater macht einen Fehler

Es ist Sommer in Pätzig. Vater ist da, er will durch den Wald in Karlshöhe reiten und hat zum ersten Mal beschlossen, mich mitzunehmen. Ich bin immer noch fünf. Wenn du durch das Arbeiterende fährst, vorbei am Försterhaus, kommst du auf einen Sandweg, der mehrere Spuren hat, weil der Sand weich und tief ist. Wir fahren und reiten nicht durchs Arbeiterende, denn dieser Teil des Dorfes gehört sozusagen den Arbeiterfamilien. Wir wollen sie nicht stören. Wir benutzen eine kleine Allee, die hinter den Häusern entlang zum Karlshöher Weg führt. Linker Hand liegen die Bauernfelder und rechter Hand Viehweiden, die zum Gut gehören. Das Vorwerk besteht aus einem einzelnen Gehöft, eigentlich nur aus einer Kate. Karlshöhe ist auf Sandboden gebaut. Vater hat hier, als ich geboren wurde, eine Kiefernschonung gepflanzt, die hat er Werburg-Schonung genannt. Im Vorwerk Karlshöhe ist die Pätziger Schweinezucht untergebracht. Neben dem einfachen Arbeiterhaus gibt es dort viele hundehüttenartige Buden, umgeben von Bretterzäunen, innerhalb derer die Schweine im Dreck wühlen. Die Schweinemeistersfrau ist ein bißchen komisch im Kopf. Als Mutter das erste Mal nach Peters Geburt in Karlshöhe war, kam sie an den Kutschwagen, machte einen Knicks und sagte: »Unsre gnädge Frau, die is ne gute Sau, mit sieben gnädge Ferkel«, dann machte sie wieder einen Knicks und überreichte ihr einen Feldblumenstrauß. Dorthin will Vater mit mir reiten und schauen, wie es der Werburg-Schonung geht.

Vater sitzt auf der Guten Sieben. Er hat sie so genannt, weil er den Leuten im Dorf zeigen will, daß die Sieben keine schlechte Zahl ist. Vater und Mutter halten nichts von Aberglauben. Schwarze Katze von rechts nach links, keine Wäsche zwischen Weihnachten und Neujahr, Warzen besprechen, dreimal auf Holz klopfen ist alles Aberglaube und schadet den Menschen. Mir paßt das, denn wenn die Dreizehn eine böse Zahl wäre, dann wäre ich am falschen Tag geboren. So aber kann ich, wenn ich mich anstrenge, beweisen, daß die Dreizehn zu den ganz normalen Zahlen gehört. Genauso, wie Vaters Pferd zeigt, daß die Sieben kein Unglück bringt. Die Gute Sieben, eine junge, kräftige Apfelschimmelstute, eher grau als weiß, hat ein bißchen Araberblut und ist eine vielversprechende Zuchtstute. Außer Vater darf niemand sie reiten. »Es gibt drei Dinge mit ›pf‹ die man nicht verleiht«, sagt Vater, »seinen Pfüllfederhalter, seine Pfrau und sein Pferd!«

Da ich mein Pferd noch nicht sicher im Griff habe, nimmt Vater eine Longe, damit Pummi nicht mit mir abhaut. Er hakt sie beim Pony in die Trense und bindet sie sich um den Arm. Pummi hat nämlich, ähnlich wie ich, einen ganz gehörigen Dickschädel. Meine Aufgabe ist es, ihn mit meinen Hacken zu treiben, daß sein Kopf so weit vorn ist wie der von der Guten Sieben. Aber mit der hat Vater selbst genug zu tun. Er achtet kaum auf mich. Mein Herz hämmert, mein Gesicht glüht vor Aufregung und Freude.

Wir verlassen den Sandweg und reiten in eine Waldschneise zwischen der Werburg-Schonung und dem Kiefernhochwald. Vater reitet vor, weil die Schneise eng wird, ich an der Longe hinterher. Da passiert es. Vater muß sich unter einem tief herabhängenden Kiefernast bücken und einen weiteren Ast beiseite halten, damit er ihm nicht ins Gesicht schlägt. Der Ast wird weit nach vorn gezogen, löst sich von Vater, schnellt zurück und haut Pummi mit voller Wucht gegen den

Kopf. Pummi erschrickt und geht rückwärts. Die Gute Sieben macht einen Satz nach vorn und galoppiert davon. Unter dem Ast zwischen hohen Grasbüscheln und Kienäpfeln liegt Vater auf dem Boden. Ich erstarre vor Schreck. Was habe ich jetzt verbrochen! Ich habe mit Pummi Vater vom Pferd gezogen. Ich bin schuld, daß er runtergefallen und die Gute Sieben weggelaufen ist. Was wird jetzt passieren? Das Schlimmste wäre, wenn Vater sagen würde, daß ich doch noch zu klein zum Ausreiten bin. Mühsam steht er auf. Er hat sich weh getan, das sehe ich. Er löst die Longe von seinem Arm, bindet sie und damit Pummi und mich an einem Baum fest und geht ganz langsam und vorsichtig auf die Gute Sieben zu, die ein Stück weiter gemächlich grast. Er redet immerfort mit ihr, um sie zu beruhigen, und als er sie am Kopf gefaßt hat, lobt er sie und sagt ihr, was für ein gutes Pferd sie ist. Ich wage nicht, etwas zu sagen. Wird er mit mir schimpfen? Ich rechne damit. Aber nichts dergleichen geschieht. »Ich hätte die Longe nicht an meinem Arm festbinden dürfen«, sagt er, setzt sich auf sein Pferd, und wir reiten weiter. Ich fühle mich leicht und bin noch ein Stück glücklicher als vorher, weil ich Vater bewundere.

Mutter

Ihr Vater starb kurz nach ihrer Geburt. Ihre Mutter, eine ungewöhnlich starke Frau, litt unsäglich an dem Verlust ihres Mannes. Sie ließ seinen verwesenden Leichnam in der Familiengruft aufbahren und hielt dort monatelang jeden Abend mit all ihren Kindern am Sarg Andacht, bis ihr Bruder sie eines Tages ernsthaft zurechtwies. Sie übernahm nach dem Tod ihres Mannes die gesamte Verantwortung für die große Familie und die beiden landwirtschaftlichen Betriebe Kiekow und Klein-Krössin. Es ist leicht, sich vorzustellen, daß die gerade geborene Tochter in den ersten Monaten ihres Lebens äußerst wenig mütterliche Beachtung erfuhr. Dennoch beschrieb sie ihre Mutter, wann immer sie von ihr erzählte, betont als ihre beste Freundin.
Über ihre frühe Kindheit sprach sie nie, so als gäbe es keine Erinnerung daran. Erst der Erste Weltkrieg mit seinen Nöten für die Mutter, die Scheidungsgeschichte ihrer ältesten Schwester und schließlich ihre eigene Verlobung waren in ihrem Gedächtnis wichtige Marksteine. Sie wurde als junge Frau nach kurzer Krankenpflegeausbildung in den mütterlichen Betrieb zurückgerufen, um dort im Büro die Bücher zu führen. Es schien, als hätte ihr eigenes Leben, in jedem Fall aber ihr eigenes Glück, erst mit ihrer Verlobung angefangen. Du kennst diese Geschichte vielleicht aus ihrem Buch »In des Teufels Gasthaus«. Wenn sie sie erzählte, klang es, als sähe sie sich als das Aschenputtel im Märchen, das vom Prinzen entdeckt und auf sein Schloß geführt wird.

Ich habe Mutter, als ich klein war, fast nur morgens bei der Andacht am Flügel spielend, bei den Mahlzeiten am gegenüberliegenden Ende des langen Tisches und abends vor dem Einschlafen beim Vorlesen und Beten an meinem Bett erlebt. Nur beim Vorlesen und Beten war sie in meiner Nähe, aber ich entsinne mich nicht, auf ihrem Schoß gesessen oder je mit ihr geschmust zu haben. Meine Beziehung zur ihr wuchs in der Zeit, als Vater im Feld war und ich sie öfter mit dem Einspänner fuhr. Dann erzählte sie, so wie Vater, von der Geschichte des Gutes, der Fruchtfolge auf den Äckern, der Art der Düngung, den Sorgen um die richtige Witterung und anderen landwirtschaftlichen Dingen.

Wenn sich einer von uns verletzt hatte, legte sie fachkundig einen Verband an, und als ich einmal operiert wurde, war sie es, die mir ein Tuch über das Gesicht legte. Sie träufelte etwas darauf und ließ mich von hundert rückwärts zählen. Ich schaffte es bis neunundachtzig. Als es dann plötzlich scheußlich weh tat, mußte ich erneut bei hundert anfangen. Ich habe vergessen, wie weit ich diesmal kam. Nach Operationen erwartete uns ein großes Geschenk. Nach dieser bekam ich eine Fahrpeitsche. Sie war im Herrenzimmer im Kronleuchter versteckt, einem Gebilde aus zwei Abwurfstangen – vielleicht weißt du, daß dem Hirsch jedes Jahr ein neues Geweih wächst und man manchmal das vom Vorjahr im Wald finden kann. Zwischen den Stangen kuckte ein blaues Heinzelmännchen hervor, das den Zeigefinger Schweigen gebietend an die Lippen legte. Wenn wir etwas ausgeplaudert hatten, schickte sie uns dorthin mit dem Auftrag, es uns genau anzusehen. Als ich die Fahrpeitsche dort entdeckte, fand ich, daß sich die Operation gelohnt hatte.

Mutter war höchst geachtete Autorität im Haus und auf dem Hof. Im Abstand von etwa je zwei Jahren brachte sie sieben Kinder zur Welt. Sie stand in Friedenszeiten Haus, Stauden-

Ruth von Wedemeyer mit ihren Kindern Peter, Lala und Ina auf dem Kutschwagen

garten und Gärtnerei vor. Im Krieg kam die Verantwortung für den Hof, seine Arbeiterfamilien und Angestellten und das Patronat der Kirche hinzu. Sie schonte sich nie, klagte nie, wurde nicht laut, war die Disziplin in Person. Sie saß tagsüber vorwiegend an ihrem Schreibtisch, Briefe schreibend oder mit großer Sorgfalt rechnend. Ging sie durchs Haus, hing über ihrem angewinkelten Arm ein kleiner Korb voller Schlüssel für die vielen Türschlösser des Hauses.
Obwohl sie keine große Reiterin war und selbst von unserem sanftesten Pferd Hannibal ab und zu unsanft auf den Boden

gesetzt wurde, ritt sie während des Krieges fast täglich über die Äcker, um ihrem Mann im Feld aus eigener Anschauung berichten zu können. In einem Kriegswinter ging sie fast verloren, als ihr Pferd auf dem zugefrorenen Haussee einbrach. Sie war eine mutige Frau. Als die Nazis den »Stahlhelm«, eine deutsch-nationale dörfliche Schutztruppe, auflösten, versteckte sie heimlich nachts die Gewehre unter den Fußbodenbrettern auf unserem Boden, nachdem sie sie vorher sorgfältig geölt und in Packpapier eingewickelt hatte. Niemand, nicht einmal Vater, wußte, wer sie weggenommen hatte.

Den »Dorftrottel«, so einen Menschen gab es früher in fast jedem Dorf, einen Menschen, der in mancherlei Hinsicht zu beschränkt war, um selbständig sein Leben zu regeln, ließ sie zweimal im Jahr in der Brennerei gründlich waschen. Er hieß Kalle Snider. Er schlief im Pferdestall, und der Kutscher versorgte ihn mit Essen. Gründlich gereinigt, wurde er von Kopf bis Fuß neu eingekleidet und durfte danach zu ihr ins Wohnzimmer kommen, um sich bei ihr zu bedanken und sie zu umarmen. Wenn jemand im Dorf krank wurde und Pflege brauchte, kümmerte sie sich um ihn. Wurde sie nachts zu Hilfe gerufen, dann klopfte der Nachtwächter Schmäk mit seinem langen Stock an die Fensterläden des Schlafzimmers und leuchtete ihr mit seiner Laterne den Weg zum Kranken und später wieder zurück. Während des Zweiten Weltkriegs brachte sie den russischen Kriegsgefangenen, die in Pätzig arbeiteten, zu Weihnachten trotz des Verbots der Behörden Geschenke und zusätzliche Portionen Essen. Sie nahm uns zu den Besuchen mit, wir sangen Weihnachtslieder, und die Russen antworteten mit ihren stimmungsvollen Gesängen. An einem dieser Weihnachten übergaben die Gefangenen ihr kunstvolle, etwa doppelt handgroße Skulpturen, die sie aus gekautem Brot geknetet und dann angemalt hatten, unter anderem eine naturgetreue Rose mit vielen hauchdünnen

Blättern auf einem ovalen Brett und ein Hufeisen mit kleiner Peitsche und Sporen quer darübergelegt. Darüber freute sie sich sehr.

In Pätzig habe ich sie nie weinen sehen, nie schimpfen hören. Sie stellte sich bei Streitigkeiten zwar in der Regel hinter die jeweilige Autoritätsperson, dennoch bekamen wir unser Recht. Ich denke, sie lebte das Bild, das sie von sich hatte. Sie sah sich als »Vaters Ruthenfrau«, ihm, König und Vaterland verpflichtet. Daß sie sich ihren Kindern verpflichtet fühlte, war selbstverständlich, erwähnt wurde es nicht. Hingegen spielten ihre Frömmigkeit und die sich daraus ergebende Verantwortung für die Kirche und die »Leute« eine große Rolle. Sie inszenierte das Krippenspiel, in dem das halbe Dorf und natürlich auch wir ein Teil waren. Sie sorgte dafür, daß Traditionen eingeführt und jedes Jahr bis ins kleinste genauso wie immer wiederholt wurden. Sie organisierte Laienspiele für die verwandte und befreundete Jugend. Die vielen Gäste, die Pätzig besuchten, wurden von ihr betreut, die Haustöchter angeleitet, das Gutsbüro, die Küche, die Dienstboten überwacht und ihre Aufgaben geordnet. Vorbild sein, Rückgrat haben, Sparsamkeit, Fleiß, Verschwiegenheit, Königstreue waren für sie unabdingbar. In dem Bemühen, ihrer Rolle gerecht zu werden, wirkte sie auf manche etwas steif und unnahbar, und weil sie sich dessen bewußt war, versuchte sie mit in meinen Augen etwas übertriebener Höflichkeit und Freundlichkeit auf Menschen zuzugehen. Sie freute sich besonders an Geschichten, in denen sie ihren Mut bewiesen hatte. Einige dieser Geschichten kannst du in ihrem Buch nachlesen. Es war typisch für sie, daß sie ihre Kinder Anfang 1945 mit einem polnischen Arbeiter auf die Flucht in den Westen schickte, selbst aber in Pätzig blieb. Wenn sie schon gegen die Anordnungen der Behörden verstieß – es war verboten zu trecken –, so konnte sie doch in ihrem

Selbstverständnis die »Leute« nicht im Stich lassen. Erst als diese sie ausdrücklich darum baten, weil sie sich selbst durch ihre Anwesenheit gefährdet sahen, floh sie mit ihrer Sekretärin im Schneehemd bei Nacht. Da waren die Russen schon im Dorf. Kurz darauf stand unser Haus in Flammen und brannte nieder.

Zukunftsträume

Jeder im Haus hat Zukunftsträume. Max zum Beispiel macht sich darüber Gedanken, auf welchem Weg er seine Braut in ihre neue Heimat bringen wird. Bisher ist noch keine Braut in Sicht. Aber irgendwann wird er den Zweispänner nehmen, sie von der Bahn abholen und hinter dem Haus an Kirche, Schule und Gärtnerei entlang zum Hof fahren. Er wird da an der Stelle, wo die Feldsteinmauer aufhört, die den Staudengarten begrenzt, anhalten, und sie wird über die Hecke hinweg ihren ersten Blick auf das hellgelbe Gutshaus mit seinen grünen Fensterläden und dem tiefgezogenen, roten Dach werfen, das ihr wie ihm gehören wird. Sie wird die Veranda und die hohen, weißen Flügeltüren zum Damenzimmer sehen, und er wird ihr sagen: »Das wird dein Zimmer sein.« Dann wird er um den Teil des Gartens herumfahren, der nur aus Sträuchern und Wegen besteht. Am Anfang des Arbeiterendes wird er einbiegen, dort, wo die Wiese beginnt, auf der die Wäsche getrocknet wird. Sie ist so groß wie ein Fußballfeld, mit kurzgehaltenem Gras. Nah am dahinter liegenden Sumpfgebiet erhebt sich ein Hügel, unter dem sich der Eiskeller verbirgt. Er wird ihr vom Obst- und Gemüsegarten erzählen, vom Strächergarten mit seinen Wegen, auf denen die kleinen Kinder geschützt auf ihren Ponys reiten können, und vom Staudengarten, den ihre zukünftige Schwiegermutter so liebt. Er wird ihr den Eiskeller und den Barren zeigen, an dem man mit dem Pferd einfache Sprünge üben kann. Er wird ihr den »Haussee« zeigen, den man hinter der Trockenwiese

sehen und nicht sehen kann, denn er ist gar kein See, sondern ein großer Sumpf, den man nur bei scharfem Frost, wenn er dick zugefroren ist, betreten darf. Aber auch dann ist er für Kinder streng verboten, denn das Moor gärt und entwickelt dabei Wärme, und deshalb gibt es immer wieder brüchige Stellen im Eis. Wenn dort jemand einbricht, ist er wahrscheinlich für immer verloren. Aus dem Haussee steigt der Duft von Wasser und Moor und morgens der Frühnebel; von dort kommt aber auch das Eis für den Eiskeller. Dort wird es im Winter gebrochen und im Eiskeller gestapelt. Weit hinter dem Haussee erhebt sich Wald. Schließlich wird Max am neu gebohrten Brunnen einbiegen und vor dem Haus vorfahren.
Wovon Ina wohl träumt?
Sönner träumt von einem Kübelwagen, einer Art Blechwanne auf Rädern. Sönner spielt jetzt oft Soldaten mit seinem Freund Rüdi und anderen Jungen in Wartenberg. Rüdi ist der Anführer, und wenn Sönner einen Kübelwagen hätte, könnte er damit nach Wartenberg fahren, dann wäre seine Position dort bedeutend gestärkt.
Was ich mir erträume, will ich dir verraten. Vielleicht kannst du es dir schon denken? Ich träume immer, wenn ich zum Mittagschlaf in meinem Bett liegen muß, und das passiert jeden Tag. Ich darf dabei weder spielen noch lesen. Donti hakt die Fensterläden zu, und wir müssen »schlafen«, ob wir's können oder nicht. Schwatzen dürfen wir natürlich auch nicht. Donti hört jedes Wort.
Heute liege ich unter meiner Decke, Sonnenstrahlen kriechen durch die Stäbe der dunkelgrünen Fensterläden und breiten sich fächerförmig aus. Unzählige Staubkörnchen tanzen in ihrem Licht. Vor meinem Fenster schlurfen und schaben die Harken der Frauen, die die Wege für den Sonntag herrichten. Ich denke mir Geschichten aus. Sie handeln von Pferden. Eine Herde galoppiert über Weiden und ich mit ihr. Prächtige

Vollblutstuten mit ihren Fohlen begleiten mich, die mit allen Vieren zugleich vom Boden abspringen und anschließend mit den Hinterhufen in die Luft keilen. Ein schwarzer Hengst mit hoch erhobenem Haupt treibt die Herde. Jährlinge, die ihm nur widerwillig gehorchen, brechen aus, und ich folge ihnen und treibe sie zurück. Ich öffne Gatter und schließe sie, führe die Herde ans Wasser und wache, daß keines zu Schaden kommt. Manchmal reite ich in meinen Träumen auch allein durch Felder und Wälder, eins mit meinem Pferd und bis in die Zehenspitzen glücklich, und wieder kann ich mir nicht vorstellen, daß ich je in meinem Leben etwas anderes tun werde, als mit Pferden zu leben und zu arbeiten.

Gleich werde ich dich zu dem Platz mitnehmen, der mein allerliebster Lieblingsplatz auf dem Hof ist. Jedes von uns Kindern hat seinen eigenen Lieblingsplatz. Peter zum Beispiel kann stundenlang neben der Dreschmaschine stehen und ihr zusehen, obwohl es arg staubt und die Maschine und der Trecker, der sie antreibt, einen Höllenlärm machen. Am Ende des Hofes, dort, wo der Hofhang in den Sumpf übergeht, steht die Schmiede und ihr gegenüber das wohl größte Gebäude des Hofes, die Feldscheune. Sie hat sechs große Durchfahrtstore, drei hinten und drei vorn, und sie ist ganz und gar aus Feldsteinen gebaut. Darüber breitet sich ein ziemlich häßliches Tonnendach, das mit Teerpappe gedeckt ist. Wenn gedroschen wird, sind die Tore aufgeklappt. Die Dreschmaschine, sie ist ein großer Holzkasten, steht vor einem der Tore. Der Lanz-Trecker ist mit ihr durch einen Treibriemen verbunden. Er treibt zehn bis fünfzehn verschiedene kleine und große Räder an, die durch breite Riemen aneinander gekoppelt sind. Einer läuft über die Dreschmaschine hinaus zu einem Förderband, das letzte Gerät im langen Gespann. Es reicht von der Dreschmaschine bis tief in die Scheune hinein. Man kann es so einstellen, daß die Strohballen, die es befördert, bis unters Dach transportiert werden. Beim Trecker wacht der schwarz verschmierte Schlosser mit einer kleinen Ölkanne in der Hand. Er sorgt dafür, daß alle Eisenteile gut geölt sind. Oben auf der Dreschmaschine stehen vier bunt gekleidete Frauen mit hinten zusammengebundenen weißen Kopftüchern um einen quadratischen Holzkasten. Der hoch mit Korn beladene Leiterwagen wird möglichst dicht an die Maschine herangefahren. Dann klettert der Gespannführer oben hinauf und stakt mit einer langen Forke die Garben hinüber zu den ersten beiden Frauen. Die drehen sie und reichen sie den nächsten Frauen, die die Bindeschnur mit einem nach innen gebogenen Messer durchschneiden. Dann fällt das Korn geordnet in die Maschine, wenn sie die Garbe frißt, jault sie auf. Wenn die Arbeiterinnen eine Handvoll Schnüre gesammelt haben, geben sie sie hinunter zu Meister Staek. Der hat gerade einen Jutesack mit der Aufschrift »Rittergut Pätzig« an ein Rohr geklemmt. Nun öffnet er einen Schieber, und das Korn schießt in einem Strahl in den Sack und füllt ihn. Anschließend stellt er ihn auf eine Waage und nimmt mit einer Handschaufel ein bißchen von dem Korn weg oder füllt etwas nach, dann verschnürt er den Sack mit einem der Bindfäden. Ein anderer Arbeiter kommt, geht rückwärts in die Knie, lädt sich mit Hilfe von Meister Staek den Sack auf den Rücken und trägt ihn auf einen »Gummiwagen«. Der Trecker tuckert, die Dreschmaschine heult, der Höhenförderer rattert und transportiert das in Ballen gepreßte Stroh in die Scheune. Dort stehen Arbeiter in brütender Hitze unter dem Pappdach und stapeln die schweren Strohbunde zu Mieten. Peter steht und steht und kann nicht genug bekommen, und ich gehe mit dir in den Kutschstall. Denn der Kutschstall ist *mein* allerliebster Lieblingsplatz.

Der Kutschstall

Ich gehe unter der Bimmel hindurch geradeaus den Weg entlang, der schließlich aus dem Hof hinaus zum Bauernende führt. Links streckt sich ein Gebäude aus rotem Ziegelstein mit hohem Dach, der Kutschstall. Hätte dieses Gebäude große, weiße Fenster und eine Freitreppe zum Hofkarree hinunter, wäre es wohl das Herrenhaus, denn es thront über dem abschüssigen Hofgelände, als sei es sein Wächter. Es hat aber nur kleine, vergitterte, oben abgerundete Stallfenster und ist zum Hof hin geschlossen, als wolle es von ihm nichts wissen. Vorn an der Giebelwand des Gebäudes gelangt man in den Autoschuppen, aber das Tor ist verriegelt, denn dahinter verstaubt aufgebockt der Adler.

In der Wagenremise am rechten Ende des Gebäudes sind die Kutschwagen aufgereiht: ein Einspänner, Spinne genannt, ein Zweisitzer, ein Viersitzer, der Achterwagen und ganz hinten versteckt ein schwarzes Coupé, das nie benutzt wird und in dem wir manchmal, wenn Erich nicht aufpaßt, Königin Luise spielen. In der Mitte des Gebäudes stehen die Kutschpferde, rechts zuerst die Gute Sieben, neben ihr Hannibal und Kato. Sie sind ein Gespann. Beide sind braun mit schwarzem Schwanz und schwarzer, kurzgeschorener Mähne. Du kannst sie nur auseinanderhalten, wenn du weißt, daß Hannibal die Zunge links heraushängen läßt und Kato seinen Schweif schief nach rechts hält, sonst sehen sie aus wie Zwillinge. Ihr Fell glänzt vom guten Futter und vom vielen Putzen. Der Schwarze Peter neben Kato ist das Reitpferd des

Inspektors, das heißt unseres Verwalters. Herr Döpke ist ein schlanker, strenger, wortkarger Mann mit einem hageren, glattrasierten Gesicht. Er trägt immer dunkle Reithosen und eine Schirmmütze. Er wohnt mit seiner Frau in einem Häuschen mit großem Garten neben dem Kornspeicher. Der Schwarze Peter ist ein ziemlich wilder Rappe, aber Herr Döpke kommt gut mit ihm zurecht. Ganz hinten stehen zwei Gespanne von Ackerpferden hinter einer Box mit Heu und ihnen gegenüber schließlich Pummi in der letzten Bucht. Und hier im Kutschstall bin ich so gern wie sonst nirgendwo.

Nun fragst du dich vielleicht, was diesen einfachen Pferdestall zu meinem Lieblingsplatz macht. Kann ich es dir beschreiben? Es ist dämmrig im Stall und riecht nach Pferdeäpfeln und Pferdeschweiß, nach frischem Stroh und Heu, das Wiesenblumen und Würze in sich birgt. Es riecht nach Hafer und Schuhcreme und Sattelseife und Mist.

Du sitzt auf der Futterkiste, hörst die Zähne der Pferde das Korn zermahlen, hörst sie den Staub aus dem Häcksel schnauben und mit den Ketten klirren. Die Hufeisen klingen auf dem Ziegelboden hell und auf dem Stroh dunkel, wenn sie sich bewegen. Die Pferdeäpfel fallen weich, der Strahl des Urins trifft auf den Stein wie ein Wasserstrahl aus einem dicken Schlauch. Die Wärme von ihren Leibern begegnet der frischen Luft, die vom Tor hereinströmt. Du sitzt und fühlst dich eins mit ihnen, wie der Fisch sich mit dem Wasser eins fühlt oder der Bussard mit der Luft. Alle diese riesigen Tiere mit ihren großen Augen, den wachen, beweglichen Ohren und samtweichen Nüstern, mit dem seidigen Fell und den gehorsamen Beinen und Hufen sind deine Freunde. Wenn du vernünftig mit ihnen umgehst, sie gut behandelst, mit ihnen redest, wenn du sie verstehst, werden sie alles für dich tun, was in ihrer Macht steht. Sie werden dafür sorgen, daß es dir gutgeht. Nie werden sie schimpfen, nie ein böses Wort sagen, nie ungeduldig werden. Sie werden warten, wenn du es willst, dich tragen, deinen Wagen ziehen. Sie werden Schritt gehen, traben und galoppieren, wenn du es von ihnen verlangst. Sie werden über Zäune und Gräben springen, und wenn du dabei hinunterfällst, werden sie achtgeben, daß sie nicht auf dich treten, und es vermeiden, dir weh zu tun. Wenn du so klein bist, wie ich es gerade noch bin, kannst du unter ihren Bäuchen hindurchkriechen, ohne daß sie nach dir treten. Wenn du vorher »Ho« rufst, damit sie sich nicht erschrecken, kannst du hinter ihnen entlanggehen, ohne daß sie ausschlagen. Sie werden den Fuß heben, wenn deine kleine Hand danach greift, und den Kopf neigen, wenn du daran ziehst. Du kannst auch, wenn du etwas Schönes erlebt hast, deine Arme um ihren starken Hals schlingen und ihnen die Neuigkeit ins Ohr flüstern, und wenn dich jemand geärgert hat, kannst du zu ihnen laufen und an ihrem Hals heulen, als wäre das Pferd deine Mutter. Kannst du jetzt verstehen, warum ich am liebsten im Pferdestall bin?

Die Schule

Ich bin sechs. Im ersten Schuljahr gehe ich in die Dorfschule, danach ist es üblich, daß wir Kinder aus dem Gutshaus von einer Hauslehrerin unterrichtet werden. Von mir aus müßte es keine Schule geben und auch keine Lehrer oder Lehrerinnen. Die Zuckertüte, der erste Schultag, das bunte Lesebuch, die Tafel, von der der Schwamm an einem Bindfaden herunterhängt, der Griffel im hölzernen Kasten, dessen Deckel man zur Seite schiebt, der Ledertornister, den schon die Geschwister getragen haben und mit dem man sichtbar von einem Tag zum anderen vom Kleinkind zum Schulkind emporsteigt, all das ist interessant und angenehm. Dann aber, wenn man die ganze Tafel voller »i« schreiben muß und Donti nicht eher zufrieden ist, bis sie alle kerzengerade und genau in den beiden mittleren der vier Sütterlinreihen stehen, wird die Schule lästig und hindert mich, dort zu sein, wo ich eigentlich hingehöre, auf dem Hof.

Das Klassenzimmer in der Dorfschule riecht nach Schmalzstullen, Schweiß, Pfeifenqualm und Tinte. Die Großen sind vor uns da. Wir »I-Männchen« sitzen an den ersten Pulten. Lehrer Starke unterrichtet vier Klassen gleichzeitig. Wenn er mit uns redet, müssen die Großen hinten still sein. Das sind sie manchmal nicht. Sie flüstern so leise wie möglich. Lehrer Starke wird nie laut. Er fängt einfach an zu zählen. »Eins, zwei, drei ...«, und schon erhebt sich ein Schwätzer und kommt nach vorn. War es der? Oder hat Lehrer Starke einen anderen gesehen? Er zählt weiter: »... vier, fünf ...«, da

Lehrer Gerhard Starke und seine Frau Elise, 1945

kommt schon der nächste. Wenn alle Erwischten vorn sind, stellen sie sich in einer Reihe auf, strecken beide Hände mit der Handfläche nach oben vor, und jeder bekommt mit dem Weidenstock Schläge. Ist er bei »eins« aufgestanden und nach vorn gegangen, saust der Stock nur einmal auf die Hände, ist er erst bei »sechs« gekommen, sind sie auf dem Rückweg knallrot. Lehrer Starke schlägt nie fest zu, nur so viel, daß der Übeltäter es sich überlegt, ob es lohnt, wieder zu schwatzen. Wer nicht gelernt oder seine Schularbeiten vergessen hat, muß in der Ecke neben der großen, schwarzen Tafel stehen, so daß Lehrer Starke ihn im Auge hat, wenn er darauf schreibt. Redet er mit der Klasse, sieht er in den Gesichtern der Schüler wie in einem Spiegel, ob der Übeltäter in der Ecke Faxen macht.

Die Jungen sind natürlich die lautesten und frechsten Schüler. Darum gehört ihnen auch das Privileg, zu Anfang des

Schuljahrs den Weidenstock zu besorgen. Dann gibt es eine Stunde schulfrei für sie, und am Ende kommen sie jeder mit einem frisch geschnittenen Weidenstock und präsentieren ihn Lehrer Starke. Um zu prüfen, ob der Stock etwas taugt, wird er gleich an dem Überbringer zum ersten Mal ausprobiert. Der beste Stock wird in die Ecke gestellt und fortan benutzt. Die Jungen sind stolz, wenn ihr Stock gewinnt. Wenn aber dann einer sich schlecht benimmt oder seine Schularbeiten nicht gemacht hat, dann tritt der Stock nicht nur als Zeigestock in Aktion. Deshalb packen sich schuldbewußte Schüler sicherheitshalber morgens schon Zeitungspapier in die Hosen. Ich bringe es eines Tages auch so weit, daß ich mich bäuchlings über das Pult legen muß, und bekomme den Weidenstock ohne Papierpolster zu spüren. Ich bin das einzige Mädchen in der Schule, das das geschafft hat. Ich weiß nicht mehr genau, bei welcher Gelegenheit. Es könnte sein, daß es nach folgender Geschichte passierte.

Eine Fliege zu verschlucken oder Tinte zu trinken gehört zu den selbstverständlichen kleinen Mutproben, die man bestehen muß, wenn man nicht von den Mitschülern ausgelacht werden will. Regenwürmer müssen eigentlich nur die Jungen schlucken, damit läßt man kleine Mädchen in Ruhe. Für mich aber haben sich die großen Jungen etwas Besonderes ausgedacht, um sich einen Spaß zu machen.

Es gibt einen Schüler, der schon in der zweiten Klasse als Dorftrottel gilt. Er ist schlecht in der Schule, kommt ungewaschen in den Unterricht, und nicht selten wird er am Morgen von Lehrer Starke zur Pumpe geschickt, um sich Gesicht und Ohren zu säubern. Natürlich riecht er, und niemand will neben ihm sitzen. Eines Tages heißt es plötzlich im Klassenraum, keiner weiß so recht, wer damit angefangen hat: »Lala traut sich nich, den Otto zu küssen.« Ich denke: »Die sind ja gemein« und dann: »Warum soll ich den Otto denn nicht

küssen?« Es ist klar, ich bin von Donti herausgeputzt und säuberlich zur Schule geschickt worden. Mir braucht keiner in die Ohren zu kucken, ob sie auch gewaschen sind, meine Fingernägel haben keine Trauerränder, und Läuse hat man bei mir auch noch nicht in den Zöpfen gefunden. Bei Otto ist das anders, und das gerade machte ja den Spaß aus, den die großen Jungen sich davon versprechen, wenn sie mich dazu kriegen, Otto zu küssen. Soll ich, soll ich nicht? Mir tut Otto leid. Sie haben ihn ausgewählt, weil er der Klassentrottel ist, und wenn ich mich weigere, wird er noch mehr gehänselt. Außerdem kann ich ein für allemal beweisen, daß ich kein Feigling bin. Ich sage also: »Warum soll ich Otto nicht küssen, klar mach ich das.« Lehrer Starke kommt herein, und alle sind sofort mucksmäuschenstill.
Zur großen Pause laufen wir auf den Schulhof. Diesmal werden die Schulbrote in den Tornistern vergessen. Die Großen organisieren eine dichte Wand von Schülern im Kreis um Otto und mich. Auf »Los!« schenke ich Otto einen dicken Schmatzer auf die Backe, so laut, daß alle ihn hören können. Das Gejohle ist überwältigend und wird natürlich von Lehrer Starke vernommen. Der kommt ans Fenster und will wissen, was da los ist. Vielleicht war dies der Grund für die Tracht Prügel, die ich von ihm bezog. Ich weiß es nicht mehr. Ich weiß aber genau, was Donti sagte, als sie es erfuhr. Sie sagte: »Schämst du dich nicht, Lala?«

Die Kirche wird umgebaut

Die Kirche steht direkt neben der Schule, nur etwas höher auf dem Kirchhügel. Sie ist alt, klein und dunkel und hat Mauern aus Feldsteinen mit schmalen Spitzbogenfenstern. Vater will sie umbauen. Manche meinen, er sollte lieber erst Wasser in die Kloräume vom Gutshaus legen lassen, aber Vater gehört zu den Michaelsbrüdern, das ist eine Bruderschaft, die es sich zum Ziel gesetzt hat, die evangelische Kirche zu reformieren. Vater und Mutter halten das für wichtiger. Der Wert von Luxus ist in Preußen ja umstritten. Einer der Michaelsbrüder, er heißt Langmaak, ist Architekt. Er macht einen Entwurf für einen Anbau an der Stirnseite der Kirche. Als die Arbeiter die Wand hinter dem Altar abreißen, entdecken sie eine Gruft, das ist ein unterirdischer Keller, in dem früher mal Menschen beerdigt wurden.

Die Schule summt von Vermutungen, was da unten wohl zu finden ist. Vielleicht Schätze? Keiner kann es abwarten, direkt nach dem Unterricht dort hinzugehen und nachzukucken, doch wird allem Vorhaben durch Lehrer Starkes strenges Verbot ein Ende bereitet. Die Schüler trotten brav nach Hause, aber ich halte es vor Neugier nicht aus. Ich schleiche mich durchs Gebüsch von hinten an die Kirche heran und dann hinein ins Kirchenschiff. Hinter der Stelle, wo der Altar stand, kann ich durch den aufgebrochenen Boden in ein Gewölbe schauen, dort liegen Stangen und Schutt und vielleicht Särge. Ich weiß es nicht. Vor die Öffnung hat jemand zwei gekreuzte Bretter genagelt. Ich traue mich nicht weiter. Liegen

Die Kirche nach dem Umbau

dort irgendwelche Ritter? Wer hat die Gruft gebaut? Wie haben diese Menschen in Pätzig gelebt? Wohnen dort unten jetzt Ratten? Warum wollen die Eltern nicht, daß ich mir das ansehe? Ich wage nicht zu fragen, weil ich ja unerlaubt dort war.

Die Gruft wird zugemauert und darüber eine halbrunde Apsis an das Kirchenschiff angebaut. In deren Rückseite außen läßt Vater die Feldsteine ein wenig vorragen, so daß ein großes Feldsteinkreuz entsteht. Davor möchte er mit Mutter begraben werden. In der Apsis entstehen neue Spitzbogenfenster. Sie erlauben der Sonne, den Altar anzuleuchten, der nun erhöht im Halbrund steht. So fällt auch Licht auf die gen Himmel weisenden Holzstreben, die das Dach tragen. Die Barockverzierung des Altars wird nun das Seitenportal schmücken. Hinter dem Altar wird ein übermannshohes Holzkreuz stehen, so groß wie das, an dem Jesus gestorben ist. Der Stellmacher baut es. Du kennst wahrscheinlich nur Tischler und Zimmerleute. Der Stellmacher ist Tischler und Zimmermann in einem. Er kümmert sich auf dem Hof um alles, was aus Holz gemacht wird. Sein Beruf ähnelt dem Josephs, des Vaters von Jesus. Als Vater beschließt, das Kreuz selbst aus der Stellmacherei zu holen und auf dem Rücken in die Kirche zu tragen, hat er sicher auch daran gedacht. Er sagt: »Ich will wissen, wie schwer das Kreuz gewesen sein mag, das Jesus tragen mußte.«

Sönner, Ina, Peter und ich

»Geschwister sind eine Gabe Gottes«, sagt Mutter. Daß sie mir manchmal eher wie eine Plage Gottes erscheinen, muß wohl an mir liegen. Fast alle meine Geschwister sind älter und können alles besser als ich. Manchmal haben sie die Güte, sich mir zuzuwenden und nett zu sein. Dann darf ich mitkommen oder darf etwas für sie tun. Peter ist der einzige, den *ich* durch die Gegend schicken kann, denn er ist kleiner als ich. Peter ist mein Kumpel. Er tut vertrauensvoll und willig, was ich sage, und wenn es etwas Unerlaubtes ist, wozu ich ihn anstifte, ist er bereit, die Strafe einzustecken, ohne mich zu verpetzen. Was machte ich ohne Peter?

Mit Sönner ist es ähnlich wie mit mir. Er ist auch schwierig zu regieren. Als er noch kleiner war, nahm Vater ihn, wenn er bei Tisch bockte, hinten am Gürtel und trug ihn in die Saalkammer. Dabei ruderte er schreiend mit allen Vieren in der Luft, und auch aus der Saalkammer hörte man ihn noch laut brüllen. Diese ist ein besonders ärgerlicher Aufbewahrungsort für bockige Kinder. Sie ist sozusagen die Verlängerung des Saals und durch eine hohe, weiße Flügeltür zu erreichen. In ihr werden die herrlichsten Vorräte aufbewahrt, nur kommt ein Kind nicht an sie heran, denn mitten durch den Raum läuft ein Lattenzaun, der bis an die Decke reicht. Die Lattentür ist mit einem Schlüssel aus Mutters Schlüsselkorb abgeschlossen. Im vorderen Teil der Saalkammer sind ausschließlich langweilige Dinge wie Geschirr und Besteck aufbewahrt. Ich bin häufiger dort.

Sönner läßt sich inzwischen von der Saalkammer nicht mehr beeindrucken, denn er ist schon zwölf, und außerdem ist Vater nicht da, und Mutter weiß sich nicht so gut zu helfen. Da sperrt sie ihn ins »kleine Klo«, einen winzigen Raum neben dem Badezimmer unter der Treppe, die zum Anziehzimmer der Eltern hinaufgeht. »Badezimmer« klingt etwas zu vornehm für dieses Loch. Es ist das Ende des dunklen Flurs, durch eine Bretterwand abgetrennt. Darin steht eine Badewanne auf Füßen und ein runder Badeofen, der mit Holz gefeuert wird. Das kleine Klo kann man von außen zusperren. Es beherbergt nur einen Blecheimer mit Deckel. Hier nun, unter der Treppe, muß Hans-Werner im stockdunklen Raum seine Strafe absitzen. Da Mutter viel zu tun hat, vergißt sie ihn dort, und erst als er beim Abendbrot nicht auftaucht, fällt ihr ein, wo sie ihn hingesteckt hat. Sie findet ihn schlafend auf dem Ziegelfußboden.
Da ich schon zur Schule gehe, hält Hans-Werner mich nun für würdig, ihm dann und wann zu helfen. Zum Beispiel in diesem Winter. Es liegt kein Schnee, aber die Wasserflächen sind von einer dünnen Eisschicht überzogen. Hans-Werner will ausprobieren, wie lange er es im kalten Wasser aushält. Wir nehmen die Fahrräder und fahren zu einem Tümpel in der Leutekoppel, auf der im Sommer die Kühe der Arbeiterfamilien grasen. Er erklärt mir, was er vorhat. Ich bin dafür zuständig, ihn notfalls zu retten. Er sagt: »Ich springe vom Ufer auf das Eis und breche es damit kaputt. Es kann sein, daß ich unter das Eis rutsche und das Loch nicht wiederfinde, dann mußt du mir helfen rauszukommen.« Ich habe keine Ahnung, wie ich das schaffen soll, aber ich fühle mich geehrt. Er traut mir zu, ihn zu retten. Daß Ina vielleicht klug genug war, den Dienst auszuschlagen, oder Sönner schon vorher wußte, daß sie es ablehnen würde, kommt mir nicht in den Sinn. Ich bewundere meinen großen Bruder.

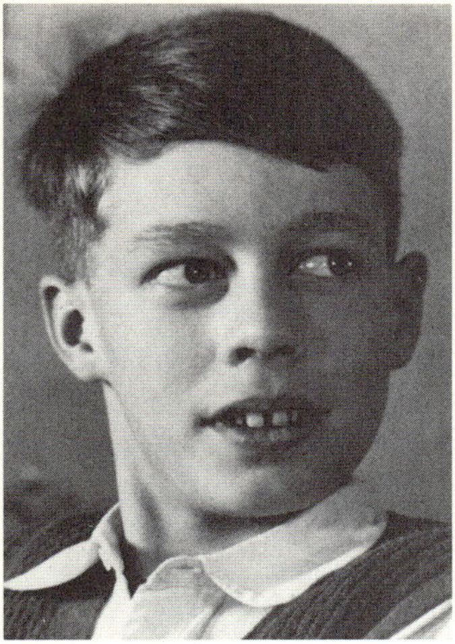
Sönner

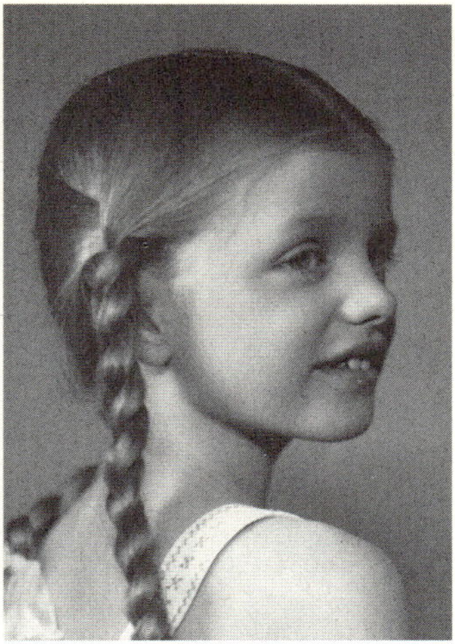
Ina

Hans-Werner zieht seine Wintersachen aus. Die Badehose hat er schon an. Er nimmt Anlauf und springt mit einem großen Satz von der Böschung auf das Eis. Es birst, und Wasser und dünne Eisscheiben spritzen zu mir hoch. Ich muß nicht lange warten, bis er wieder auftaucht, und vergesse vor Aufregung, die Sekunden zu zählen, wie er es mir aufgetragen hat. Er ist blitzschnell wieder am Ufer. »Wie lange war ich drin?« Ich schäme mich, weil ich gepatzt habe, aber Hans-Werner nimmt mir das nicht übel. Ich glaube, er ist stolz, weil er sich getraut hat, ins kalte Wasser zu springen. Als wir nach Hause radeln, werde ich verpflichtet, niemandem davon zu erzählen.
Da Hans-Werner ein Junge ist, muß er frühzeitig lernen, Reden zu halten. Im Frühjahr hat Maria Geburtstag. Hans-Werner, das Gelächter der Geschwister vorausahnend, will nicht reden. Aber er überwindet sich, steht auf, stellt sich hinter seinen Stuhl. Ruth-Alice sitzt ihm gegenüber. Dem

Lala

Peter

ersten üblichen Satz soll ein zweiter persönlicher angefügt werden. Hans-Werner beginnt: »Wir freuen uns alle sehr, daß Maria heute Geburtstag hat.« Und er fährt fort: »Und ich wollte mich bei Maria bedanken, daß sie sich in letzter Zeit Mühe gegeben hat, etwas netter zu mir zu sein …« Eigentlich schließt die Rede mit »… und darum soll sie leben hoch, hoch, hoch!« Aber Ruth-Alice grinst. Er verläßt den Saal mit herzzerreißendem Gebrüll.
Ina ist meine Rivalin. Sie ist schlauer und schneller, ich bin kräftiger. Ich denke: Ina ist das Kind, wie es sich die Erwachsenen wünschen, wenn man davon absieht, daß sie zu klein und zu dünn ist. Ich bin ungezogen, widerborstig, unordentlich und wild. Wenn ältere Onkel zu Besuch kommen und uns irgend etwas fragen, gibt Ina sofort eine schlagfertige Antwort. Ich bin so schüchtern, daß mir vor Angst, ich könnte etwas Falsches sagen, überhaupt keine Antwort einfällt,

und darüber ärgere ich mich. Abends vorm Schlafen kommt Mutter zum Beten an unsere Betten. Wir sagen: »Lieber Gott, behüte …« und zählen alle unsere Lieben der Reihe nach auf. Ina fallen immer viel mehr Menschen ein, die sie liebhat. Manchmal räche ich mich an ihr und tue ihr absichtlich weh. Ich habe dir schon erzählt, daß Ina hauptsächlich im Haus spielt und ich auf dem Hof. Eines Tages komme ich ins Herrenzimmer, dort sitzt Mutter an ihrem Schreibtisch. Ina kniet auf dem Teppich und schreibt auf einem Blatt Papier. Mich ärgert es, Ina so friedlich in Mutters Nähe zu sehen. Ich fasse von hinten ihre Zöpfe und ziehe sie rückwärts herüber, bis sie schreit. Ina schreit nicht leicht. Sie kann gut die Zähne zusammenbeißen. Da kommt Mutter hinter ihrem Schreibtisch hervor und schimpft mich aus.

Es gibt eine Geschichte von Ina, die mir und allen anderen großen Eindruck macht. Als Großmutter Kleist in Stettin ihre Enkelkinderpension aufmacht, darf Ina sie besuchen. Sie schaut in den Wäscheschrank und entdeckt, daß dort die gesamte Bettwäsche mit der Innenseite nach außen geordnet liegt. Die hatte man so gelegt, weil sie sich dann leichter auf die Bettdecken und Kissen ziehen läßt. Ina weiß das nicht und denkt, daß das nur verkehrt sein kann, denn in Pätzig liegt die Außenseite außen. Also dreht sie die gesamte Bettwäsche um und legt sie ordentlich wieder zurück. Die Erwachsenen lachen und sind begeistert.

Du weißt, daß ich meine Geschwister jetzt, da ich alt und deine Großmutter bin, nicht mehr als Rivalen empfinde, sondern von Herzen liebhabe. Damals war das anders. Damals stritten wir um die Anerkennung der Erwachsenen. Die drei großen Geschwister, Ruth-Alice, Max und Maria, gingen im Internat zur Schule und kamen außer an Festtagen nicht nach Hause. An diesen Tagen nahmen sie von uns Kleinen kaum Notiz.

Unter den vier Kleinen aber gab es diese Konkurrenz. Wer

ist der Beste, Stärkste, Schnellste, Tüchtigste, Schlauste, Mutigste, Hilfsbereiteste und so fort. Sönner war eindeutig der Stärkste, Ina die Schlauste. Aber was war ich, und was war Peter? Schule interessierte mich nicht. Mich interessierten erstens Pferde, zweitens Pferde, drittens Pferde.

Weißt du, was und wie das ist, wenn man ein Pferd in der Hand hat? Ich erzähl es dir. Du arbeitest mit einem Pferd jeden Tag. Du lernst es kennen, versuchst zu verstehen und zu denken wie das Pferd, wirst eins mit ihm, achtest darauf, daß du nicht zuviel und nicht zuwenig von ihm forderst. Du hast eine weiche Hand, so daß es sein Maul nicht verhärtet, und eine feste Hand, damit es merkt, daß du sein Herr bist. Du gibst ihm Zügel, das heißt Freiheit, sobald es gehorcht. Du korrigierst aber jeden Ungehorsam sofort, damit er sich nicht einschleift. Du achtest darauf, daß es auf ebenem, weichem Gelände trabt und auf Steinpflaster Schritt geht. Deine Aufmerksamkeit ist ungeteilt ihm zugewandt. Das Pferd spürt, daß du es mit deinen Gedanken und deiner Konzentration festhältst. Und schließlich, schließlich kommt der Augenblick, da macht es genau, was du willst und was ihm guttut. Es krümmt seinen Rücken, so daß die Last leichter wird, es krümmt seinen Hals und kaut auf der Trense. Es wird geschmeidig und locker und streckt seine Beine, du fühlst dich fast schwerelos. In der Sprache der Pferdekenner nennt man das: »Du hast das Pferd in der Hand.«

»Meine« Pferde kannten mich, und wenn ich sie ritt oder fuhr, übertrug sich mein Wille auf sie, ohne daß ich viel dazu tat. Das war meine Begabung, aber damals wußte ich nicht, daß dies genau soviel wert war wie die Begabungen meiner Geschwister. Ich hatte Pferde in der Hand wie Pipi Langstrumpf ihren Schimmel, aber ich habe es nicht für so wichtig gehalten. Sönners Stärke, Inas Intelligenz und Peters Treue schienen mir viel mehr wert.

Peter fällt in die Schafherde

Frühjahr 1939. Ich werde sieben, und Peter ist drei Jahre alt geworden. Wir sind inzwischen so groß, daß wir ohne Donti zusammen auf dem Hof spielen dürfen. Alle, die dort arbeiten, sind sozusagen unsere Kindermädchen. Jeder paßt auf, daß wir nichts Verbotenes oder Gefährliches tun, jeder fühlt sich verantwortlich für uns, und wir wissen sehr wohl, was erlaubt ist und was nicht. Aber an alles können die Erwachsenen nun auch nicht denken, und manchmal fehlt ihnen die Phantasie, sich vorzustellen, auf was für dumme Ideen Kinder kommen können.

Wenn ich über den Hof gehe, fühle ich mich immer beobachtet. Alltags scheinen die Gebäude Augen zu haben. Alltags gehören alle, die auf dem Hof arbeiten, zu mir. Ich kann jederzeit mit ihnen rechnen, jeder würde mir helfen, wenn ich Hilfe bräuchte. Manche Arbeiter nehmen es allerdings kommentarlos hin, wenn ich mit meinen Gummistiefeln in der Jauche am Misthaufen patsche oder im Sägewerk auf einen Holzstapel klettere. Alltags fühle ich mich sicher in der Nähe dieser hinter Scheunentoren und in Ställen beschäftigten und auf ihre Arbeit gerichteten Augen und Ohren. Aber sonntags ist das anders. Sonntags ist der Hof wie leergefegt von Menschen. Wenn Peter nicht bei mir ist, fühle ich mich dann alleingelassen auf dem Hof, wie ein kahler Baum auf dem Feld oder ein ausgesetzter Hund.

Heute ist Alltag. Heute will ich mit Peter die Schafe in einem der beiden Schafställe besuchen. Wir denken, wir können

Der Schafstall

dort Luzerneheu für die Gute Sieben klauen. Meistens wandert der Schäfer mit seiner Herde über die Felder und Wiesen. Heute sind die Mutterschafe mit ihren neugeborenen Lämmern im Stall. Eine große, blökende Menge in sauberem Stroh. Die hohen Holztore stehen offen. Ein Gatter aus waagrechten Holzlatten hindert die Tiere daran, wegzulaufen. Wir sind immer noch so klein, daß wir vom Tor aus durch das hohe Gatter nur wenig sehen. Der Schafstall ist wie eine Scheune, ein großer, spärlich beleuchteter Raum mit einigen hundert Schafen drin. So sehr ich mich immer wieder mühe, sie zu zählen, gelingt es mir doch nie, weil sie ständig durcheinanderlaufen. Und weil es noch keiner geschafft hat, Schafe in einer Herde zu zählen, rät Donti mir, es abends im Bett zu versuchen, damit ich müde werde, wenn ich nicht einschlafen kann. Probier es mal. Es hilft tatsächlich.
Der Schäfer ist in seinem Haus. Das finden wir gut, denn die-

sem schweigsamen und mit seinem auf die Erde hängenden, weiten Mantel und breitkrempigen Hut etwas unheimlichen Mann gehen wir gern aus dem Weg. Wohlige Wärme und der süßlich strenge Geruch der Muttertiere empfängt uns im Stall. Wir beschließen, die Leiter zum Heuboden hinaufzuklettern. Vielleicht kann man von oben durch die Luke einen besseren Blick auf die Herde ergattern. Dort angekommen, macht es uns Spaß, den Schafen Heu hinunterzuwerfen und zu beobachten, wie sie gelaufen kommen und fressen. Wir machen es uns im weichen Lager gemütlich, obwohl wir wissen, daß es verboten ist, im Heu zu spielen. Man trampelt den Tieren nicht im Futter herum! Plötzlich höre ich Peter jämmerlich weinen und zwar unter mir. Wie ist er dahin gekommen? Ich schaue hinunter. Er liegt mitten zwischen den Mutterschafen. Die nähern sich ihm vorsichtig, um ihn zu beschnuppern. Ich klettere schnell die Leiter hinab und renne zum Schäferhaus. Der Schäfer trägt Peter aus dem Stall und den langen Weg den Hofhang hinauf zum Gutshaus. Peter ist nichts passiert, abgesehen von dem Schreck, und dieses Mal kriege *ich* die Schimpfe.

Mein siebter Geburtstag 1939

»Geh aus, mein Herz, und suche Freud, in dieser schönen Sommerzeit, an deines Gottes Gaben.« An meinem Geburtstag wache ich immer vom Singen auf. Alles, was Beine hat und im Haus wohnt, trifft sich vor der Kinderzimmertür. Jeder hat eine Blume aus dem Garten in der Hand und Mutter eine Kerze. Sie wecken mich mit einem Choral auf. Geburtstage haben ihren festen Ablauf, eine Tradition, die sich bis zu dir und allen meinen Enkelkindern fortgesetzt hat. Aber dieser Geburtstag wird anders verlaufen als vorgesehen. Um meinen Teller am Frühstückstisch liegt ein Kranz aus Gänseblümchen und Vergißmeinnicht. In Vasen auf dem langen Eßtisch im Saal duftet der Flieder. Ruth-Alice hat mir einen Kranz aus Maiglöckchen geflochten und ihn mir schon vor der Andacht auf den Kopf gesetzt. Ich mag nicht Hauptperson sein. Es macht mich unsicher, und ich möchte mich am liebsten verkriechen. Heute bin ich Hauptperson. Das heißt, genaugenommen, diesmal doch nicht ganz, denn zum Mittagessen kommt Onkel Franz-Just. Er hat am gleichen Tag wie ich Geburtstag. So werden wir beide zusammen gefeiert. Ich freue mich auf Onkel Franz-Just. Als ältester Bruder meines Vaters hat er vom Großvater Schönrade, das Stammgut der Wedemeyers, geerbt. Dorf und Gut Schönrade liegen in fast grenzenlos weiter Ebene bei Friedeberg in der Neumark. Der Boden dort ist fruchbar und leicht zu beackern. Neben das Gutshaus hat Großvater für seine Frau ein pompöses Schloß gestellt. Dort fühle ich mich nicht so wohl. Davor aber liegen

in geräumigem Karree die Ställe seiner großen Pferdezucht, für mich atemberaubend interessant!
Nach dem Frühstück gehen wir zur Bescherung ins Damenzimmer, einen hellen Raum in der Mitte des Hauses. Du erreichst es vom Eingang her durch die Diele, in der wir normalerweise essen, und durch eine hohe Flügeltür. Aus dem Damenzimmer schaust du durch die weißgerahmte Sprossenflügeltür und zwei Fenster rechts und links davon nach hinten in den Garten. Fenster und Türen reichen bis unter die Decke und tauchen den Raum mit ihren weißen Tüllgardinen in helles Licht. Ein weiter Blick, gesäumt von mächtigen Bäumen, geht über ein kronenförmiges Buchsbaumbeet, eine sich anschließende Rasenfläche, die Gärtnerei und von Gräben durchzogene Weiden weit hin bis zum Wald. Auf diesen Weiden wachsen im Frühjahr unzählige Himmelschlüsselchen, die Mutter so liebt und von denen wir Arme voll pflücken, wenn die Zeit gekommen ist.
Vor dem hohen, weißen Kachelofen sind nebeneinander die Geburtstagstische von Onkel Franz-Just und mir aufgebaut, gedeckt mit weißen Tischtüchern, und auf jedem steht der Napfkuchen mit genau so vielen Kerzen, wie wir alt sind. Das weiß ich schon vorher. Was ich nicht weiß, ist, welche Geschenke auf dem Tisch liegen. Sie werden nicht eingepackt. Das wäre Verschwendung. In Pätzig wird das Sprichwort »Wer den Pfennig nicht ehrt, ist des Talers nicht wert« in jeder Kleinigkeit beachtet. In dem abschließbaren Biedermeier-Vitrinenschrank gegenüber dem Kachelofen werden die Fotoalben, die Gästebücher und unsere Sparbüchsen aufbewahrt. Die Sparbüchsen werden nur zu Weihnachten geöffnet. Dann kaufen wir mit dem Geld Geschenke. Für Süßigkeiten und anderen unnützen Kram dürfen wir es sowieso nicht verwenden. An der Wand vor dem Fenster steht das Biedermeiersofa mit dem ovalen, einbeinigen Tisch davor. Er

ist mit Schellack poliert und trägt eine weiße, dicke Moltonauflage unter dem Tischtuch. Darüber hängt das große Ölgemälde, das Vater und Mutter als junges Ehepaar auf ebendiesem Sofa darstellt. Vor dem Damenzimmer ist die Veranda. Dort sitzen wir im Sommer abends mit Haustöchtern, Sekretärin, Gästen und wer sonst noch da ist und singen »Kein schöner Land in dieser Zeit …« oder »Singet eine Nachtigall zur Abendzeit am Wasserfall …« und andere Abendlieder. Danach spricht Mutter das Abendgebet: »… und es senke sich auf uns herab dein Erbarmen. Dein ist der Tag, und dein ist die Nacht …«

Aber jetzt ist es morgens, und ich bin gespannt wie ein Flitzebogen auf das, was ich geschenkt bekommen werde. Alle warten vor der Tür, während Vater die Kerzen anzündet und die Glocke läutet. Dann stimmen wir »Lobe den Herrn, den mächtigen König der Ehren« an und schreiten, das Geburtstagskind zuerst und dann dem Alter nach alle anderen, durch die geöffnete Tür hinein. Onkel Franz-Just kennt die Regel wohl nicht so genau, so geschieht es, daß ich allein an der Spitze der Geburtstagsgemeinde durch die Tür marschiere. Und was sehe ich da? Ich bleibe wie angewurzelt stehen. Angebunden an das Bein eines der Geburtstagstische sitzt ein Dackel. Ich juchze vor Freude und stürze mich auf den Hund. Mit keinem entfernten Gedanken hätte ich es für möglich gehalten, daß ich einen Hund bekomme. Was für eine Freude. Der Hund ist jung und unsagbar niedlich. Er hat schwarzes Fell auf dem Rücken und hellbraune Haare am Bauch. Seine Augen blitzen, seine Schlappohren schwingen, und seine winzige, schwarze Schnauze ist zum Küssen süß.

Ich habe nicht damit gerechnet, daß der Hund meinen Freudenschrei als Angriffsgeheul mißdeutet. Als ich mit wenigen Schritten bei ihm ankomme und ihn in die Arme nehme, um ihn zu drücken, denkt er, ich will ihm weh tun, und beißt. Er beißt mich kräftig in den Arm, so tief, daß der Unterarmknochen herausschaut. Jod wird geholt und mein Arm versorgt. »Das war ein Irrtum«, sagt Vater, »der Dackel ist nicht für dich, er ist das Geburtstagsgeschenk für Onkel Franz-Just.«

Der Hütehund

Nun werden auch wieder frühmorgens nach dem Melken die Leutekühe von einem alten Mann auf die Leutekoppel getrieben. Da der Mann nicht mehr so schnell laufen kann, hat er einen Hund, der für ihn die Hauptarbeit erledigt. Er soll um die Herde herumlaufen und aufpassen, daß keins der Tiere den Weg oder die Straße verläßt und etwa auf dem Getreidefeld grast. Pfiff, so heißt der Hund, ist ein kleiner, schwarzer Kläffer, der den Kühen in die Waden beißt, wenn sie ihm nicht gehorchen, und der alte Mann kann der Herde gemütlich mit seinem langen Stock in der Hand folgen, weil er weiß, Pfiff paßt auf.
In diesem Jahr nun ist Pfiff gestorben, und der alte Mann ist traurig, nicht nur, weil der Hund ihm fehlt, er weiß auch nicht, wie er nun die Kühe zur Weide bringen soll. Da hat er eine Idee. Er besorgt sich einen neuen schwarzen Hund, nennt ihn Pfiff II und fragt mich, ob ich dem Hund zeigen will, was er tun muß, damit die Kühe nicht vom Weg abweichen. Natürlich will ich.
Am nächsten Morgen nach dem Melken werden die Kühe aus dem Stall gelassen. Sie wissen schon, in welche Richtung sie laufen sollen: den Hofhang hinunter an der Schmiede, der Feldscheune und den Schafställen vorbei zur Warnitzer Chaussee. Der alte Mann drückt mir die lange Leine, an deren Ende Pfiff II angebunden ist, in die Hand, und los geht's. Nichts besonderes geschieht, bis wir an der Chaussee ankommen. Pfiff II geht es zu langsam, er zieht mich hinter

der Herde her, sagt aber keinen Mucks. »Jetzt mußt du vorlaufen und verhindern, daß sie in den Wartenberger Weg abbiegen«, sagt der alte Mann. Ich renne los, an der Herde vorbei. Pfiff II kläfft. Die Kühe fangen an zu traben. Ich muß schneller sein als sie. Pfiff II kläfft und zieht an der Leine. Aber die Kühe sind schlau genug. Sie bleiben auf der Chaussee. »Ho«, ruft der alte Mann, »ho, Lala, ho.« Die Kühe verlangsamen ihren Gang, und ich bleibe stehen. »Du mußt erst ›Lauf!‹ sagen und dann losrennen. Geh jetzt langsam vor. Und wenn die Kühe von der Straße abweichen, sag ›Lauf!‹ und laß den Hund sie zurücktreiben.« Ich jage rechts und links der Herde mit Pfiff II jede Kuh, die es wagt, das satte Grün auf dem Feld anzufassen. Der Hund hat großen Spaß daran, die Herde zu bändigen, aber er versteht nicht, warum er sie dann wieder in Ruhe lassen soll. Ich bin jedesmal völlig außer Atem, wenn die Kühe schließlich in der Koppel sind und das Tor zugesperrt ist. Pfiff II ist viel schneller als ich. Jeden Morgen und jeden Abend treiben wir von nun an gemeinsam die Kühe. Nach einer Woche lassen wir Pfiff II von der Leine. Er tut seinen Dienst, als hätte er es schon immer getan.

Die große Pfütze

Es gibt einen Weg, der von einem sagenumwobenen kleinen Hügel aus in den Wald führt. Der Hügel heißt Butterberg und besteht aus kleinen und großen Steinen im Sand. Es heißt, dort oben soll eine Raubritterburg gestanden haben. Als sich die Ritter ihrem zügellosen Leben zu arg hingaben, versank die Burg im Erdboden und mit ihr der zusammengeraubte Schatz. Doch nie hat ihn jemand heben können, obwohl manch einer es versucht hat.

Der Weg läuft durch eine große Pfütze. Sie verbindet zwei der Sumpfgebiete, die im Wald eingebettet liegen. Je nachdem, wieviel es geregnet hat, ist die Pfütze groß oder sehr groß. Wir müssen nicht unbedingt durch die große Pfütze fahren, es gibt auch andere Wege, aber es macht Spaß, besonders wenn Gäste da sind. Wir singen dann laut: »Jetzt fahrn wir übern See, übern See, jetzt fahrn wir übern See ...« und freuen uns, wenn die Gäste das Lied nicht kennen und Fehler machen. Vater singt am lautesten.

Es hat geregnet. Die Pfütze hat sich in einen See verwandelt, der sich rechts und links im Sumpf ausweitet. An einer Seite laufen die Fahrspuren hinein, an der anderen hinaus. Die Jäger und Reiter tragen bei uns langschäftige Stiefel. Das ist im Pätziger Sumpfgebiet angebracht, damit man keine nassen Füße bekommt. Die Damen haben natürlich keine Stiefel an, denn sie erwarten ja eine gemütliche Kutschfahrt durch den Sommerwald. Heute hält Vater vor der Pfütze an. Er erzählt den Gästen, das sei nun Pech, leider müßten sie zu Fuß

Der Achterwagen

durch die Pfütze laufen, weil sonst der Achterwagen allzu tief einsänke und die Pferde es nicht schafften, ihn hindurchzuziehen. »Aber da kriegen wir ja ganz nasse Füße«, protestieren die Damen. Vater sagt: »Ich denke, die Herren werden sich bereit erklären, die Damen übers Wasser zu tragen.« Die Damen zieren sich etwas, aber dann überlassen sie sich ihrem Schicksal. Den Herren scheint das zu gefallen. Sie nehmen die juchzenden Damen in ihre Arme und tragen sie ans jenseitige Ufer. Wir Kinder dürfen fahren und Vater natürlich auch. Nur wir wissen, daß er Spaß gemacht hat.
Die Sommerferien sind zu Ende. Unsere Lehrerin ist aus Berlin zurückgekehrt, die leidige Schule fängt wieder an. Peter und ich hecken einen Plan aus. Wir gehen zu unserer von uns wenig geschätzten Lehrerin und laden sie freundlich zu einer Kutschfahrt im Ponywagen ein. Der Ponywagen ist ein niedriger, viersitziger Einspänner. Über den Rädern hat

er breite, geschwungene Schutzbretter. Er ist so breit gebaut, daß es noch niemandem gelungen ist, ihn beim Fahren umzukippen.

Die Lehrerin ist entzückt. So nett sind wir noch nie zu ihr gewesen. Sie hegt keinen Verdacht. Am Nachmittag fahren wir vor, und sie steigt ein. Es gibt Hohlwege in Pätzig, einer ist der Wartenberger Weg. Sie entstehen dadurch, daß die Wagenräder sie nach und nach in einen Hügel hineinschneiden. Im Winter sammelt sich dort der Schnee, wenn der Wind ihn über die kahlen Felder treibt. Aber jetzt ist Sommer. Neben den Wegen laufen Pfade, auf denen die Fußgänger und Radfahrer unterwegs sind. Der Radweg in Richtung Wartenberg ist gut festgefahren, denn es ist der Weg zum Achtersee, in dem wir baden dürfen. Er hat sich nicht in den Hügel eingeschnitten, sondern verläuft sachte mit dem Hügel bergan und auf der anderen Seite wieder hinab. Die freundliche Kutschfahrt nähert sich ihrem Ziel, dem Hohlweg. Wir lassen Pummi in der rechten Radspur gehen. Zwei Räder des Wagens laufen nun in der Mitte des Weges, die anderen auf dem Fußweg. Zuerst passiert gar nichts. Dann aber – je höher die Räder auf dem Fußweg steigen, desto schräger wird der Wagen. Die Lehrerin klammert sich an das Schutzholz und schreit: »Halt, Kinder, halt!« Sie hat schreckliche Angst. Wir tun, als wäre es aus Versehen passiert, und entschuldigen uns höflich. Sie möchte so schnell wie möglich wieder nach Hause.

Ich hintergehe die Familie

Schon im letzten Jahr durfte ich auf Pummi reiten, wohin ich wollte. Eines Tages war er weg, und ein anderes Pony stand an seiner Stelle im Stall. Es ist braun wie Pummi und heißt Putz. Putz ist von Pummi kaum zu unterscheiden, ein kleines, braunes Pferd, bockig und stur.

Am Ostermontag dieses Jahres ist herrliches Sonnenwetter. Erich spannt die Pferde an. Die Eltern, Gäste, Haustöchter, kleinen Kinder, Donti, Jandi, kurz alle, außer den älteren Geschwistern, steigen in die Wagen zur Fahrt in die Höllenberge, einem hügeligen Waldgebiet. Zum ersten Mal darf ich in diesem Jahr mit den »Großen« vorausreiten, um Ostereier zu verstecken. Im geheimen hecke ich einen Plan aus. Schokoladeneier, Bonbons und Kekse sind eine Seltenheit und bei mir ganz schnell weg. Ina besitzt kurz vor Ostern immer noch Süßigkeiten von Weihnachten. Ich bringe diese Genügsamkeit nicht auf. Nun tragen die Reitpferde große Tüten mit Eiern aller Art in den Satteltaschen. Wir reiten in den Wald. Wir binden unsere Pferde an Bäumen fest. Jeder bekommt ein Gebiet zugeteilt und eine Tüte in die Hand. »Merk dir genau, wo du die Eier hinlegst, damit du nachher nachsehen kannst, ob alle gefunden worden sind.« Das will ich wohl tun, denke ich. Einige verstecke ich besonders gut. Niemand wird sie finden. Als die restliche Familie ankommt, wird mir ein Gebiet zugewiesen, das ich nicht kenne. Ich bekomme also die gleiche Chance, Eier zu finden, wie die anderen.

Am nächsten Tag werfe ich gleich nach dem Frühstück die

Der Ponywagen

blaue Satteldecke über Putz, schnalle sie fest und reite wieder in die Höllenberge. Diesmal werde ich mehr Eier haben als sonst. Es ist kein Kunststück, die Gegend, wo wir gestern waren, und mein Gebiet wiederzufinden, aber die Eier, die ich allzugut versteckt habe, sind fort. Mein schlechtes Gewissen bleibt.

Was Neues vom Jahr und die Raupen

Jede Frucht aus dem Garten wird eigens gefeiert, wenn sie das erste Mal im Jahr auf den Tisch kommt. Egal, ob es Erdbeeren sind oder Frühkartoffeln oder der Weißkohl im Herbst. Wenn Gäste kommen, macht das Feiern besonderen Spaß. Wir holen sie mit dem Ponywagen von der Bahn ab und denken uns schon, daß es zum Mittagessen etwas Neues aus der Gärtnerei geben wird, denn wenn Gäste da sind, gibt es immer etwas Außergewöhnliches, irgend etwas, das sie in diesem Jahr noch nicht gegessen haben.
Es war ja damals nicht so wie heute, wo es zu jeder Jahreszeit Tomaten und Salat im Supermarkt zu kaufen gibt. Zubereitet wurde das, was gerade in der Gärtnerei wuchs. Am Mittagstisch recken wir unsere Hälse, um zu sehen, was Wimmelchen auf der Gemüseplatte hereinbringt. Spinat! Keiner von uns mag Spinat, denn wir haben, als wir klein waren, so viel davon gegessen, daß wir jetzt lieber nur Kartoffeln nehmen würden. Wir müssen ihn natürlich trotzdem essen, egal ob er uns schmeckt oder nicht. In dem Moment, als Wimmelchen, dessen linker Arm mit einer weißen Serviette über der Manschette angewinkelt hinter dem gebogenen Rücken liegt, dem ersten Gast mit der rechten Hand den Spinat anbietet, ruft einer von uns laut über den langen Tisch: »Was Neues vom Jahr!« Er wendet sich seinem Tischnachbarn zu, zieht dessen Ohrläppchen lang und wiederholt: »Was Neues vom Jahr!« Dieser muß nun die Belehrung auf gleiche Weise ins offene Ohr des Nächsten weitergeben.

Wir achten genau darauf, daß der männliche Gast, der neben Mutter am Kopfende sitzt, Mutter am Ohrläppchen ziehen muß, denn das ist dem im allgemeinen ziemlich unangenehm. Das Ohrläppchenziehen geht einmal um den Tisch herum, und jeder sagt dazu: »Was Neues vom Jahr!« Die Gäste kennen dieses Spiel meistens nicht, manche genieren sich schrecklich, wenn sie Mutter oder Vater am Ohrläppchen ziehen sollen, und wir freuen uns.

Spaß macht auch etwas, das wir »Budenzauber« nennen. Es trifft ausschließlich beliebte Gäste, aber von denen gibt's ziemlich viele. Wenn der Gast das Haus zu einer Fahrt über die Felder oder in den Wald verlassen hat, schleichen wir uns in sein Zimmer und stellen es auf den Kopf. Die Waschschüssel wird mit Wasser halb gefüllt und statt der mittleren der dreiteiligen Matratze ins Bett gestellt, das Laken darüber straff gezogen und die Decke mit dem Plumeau wieder ordentlich darüber gelegt. Mit der Seife werden Striche auf den Spiegel gezeichnet – eine besondere Kunst –, die vortäuschen, er sei zerbrochen worden. Wir ziehen die Ärmel des Nachthemds nach innen und verknoten sie dort. Die schwarzen Schuhe werden mit der Zahnpasta weiß gefärbt, die Strümpfe in den Anzugtaschen versteckt oder mitsamt dem Rasierpinsel zu einem Püppchen umgestaltet. Manchmal gelingt es auch, über der Zimmertür innen einen Mechanismus anzubringen, der über dem Eintretenden ein Glas Wasser entleert. Aber das ist schwer hinzukriegen, und zuerst wird man dabei selbst naß. Der Phantasie sind keine Grenzen gesetzt. Einziges Gebot: Es darf nichts kaputtgehen! Bei diesem Spiel kann man herausfinden, ob der Gast Spaß versteht.

In der Gärtnerei neben den Erdbeeren wächst der Weißkohl. Die Gärtnerin braucht Hilfe. Ich werde dazu verdonnert, mit ihr zusammen Raupen von den Kohlköpfen zu sammeln. Kohlweißlinge fressen große Löcher in die Kohlblätter. Wahrscheinlich war ich wieder mal ungezogen. Ich mag Tiere und sehe nicht ein, warum diese nicht auch etwas von dem Weißkohl haben dürfen. »Was soll ich mit den Raupen tun?« frage ich die Gärtnerin. »Zwischen den Fingern zerquetschen«, sagt sie. Das finde ich eklig und gemein. Ich nehme ein schlappes, gelbes Kohlblatt und versuche damit, die erste hellgrüne Raupe, die auf einem Kohlkopf herumkriecht, zu fassen und zu zerquetschen. Mein Magen zieht sich zusammen. Bis in den Unterkiefer hinauf und um die Schulterblätter herum verspannen sich meine Muskeln. Ich möchte laut protestieren. Aber mit dieser Frau ist kein Kompromiß auszuhandeln. Sie wird nicht nachgeben. Da sagt sie auch schon: »Wenn du ein Kohlblatt nimmst, geht es zu langsam, nimm die Finger.« Die Raupen zerplatzen zwischen meinem Daumen und Zeigefinger, und der kalte Inhalt ihrer kleinen Körper quillt heraus und klebt und schmiert auf meiner Hand. Mit jeder Raupe, die ich finde, wird mir die Arbeit widerlicher. Schließlich darf ich aufhören. Ich gehe nach Hause und tue etwas, das eigentlich bei uns verpönt ist. Ich gehe zu Mutter und petze. Es hilft sogar. Am nächsten Tag muß ich nicht wieder in der Gärtnerei helfen.

Nur noch ein anderes Mal fällt mir ein, wo es mir gelungen ist, eine Arbeit zu verweigern. Auf dem Hof gibt es unzählige Spatzen. Sie sitzen auf den Stalldächern und kommen in Schwärmen und picken jedes Korn auf dem Boden in Blitzesschnelle auf. Ihr Lieblingsplatz ist der riesige Misthaufen vor dem Kuhstall. Manche von ihnen sind frech genug, in die Ställe zu fliegen und dort in den Gängen nach Körnern zu suchen, die beim Füttern hinuntergefallen sind. Ihre Nester kleben unter den Dachüberständen, und wenn ihre Jungen aus den Eiern geschlüpft sind, gibt es ein vielstimmiges Spatzenkonzert auf dem Hof. Aber so weit ist es an diesem Nachmittag noch nicht. »He, Lala, ich hab Arbeit für dich!«

Ein Gespannführer ruft mich zu sich. »Hier, nimm die Leiter und hol die Spatzeneier aus den Nestern. Du kannst sie einfach runterschmeißen, essen will die doch keiner.« Eigentlich ist es selbstverständlich, daß ich tue, was mir einer von den Leuten auf dem Hof aufträgt. Diesmal sage ich nein. Und wieder akzeptiert Mutter meine Weigerung.

Zirkus, Zigeuner und Kino

Was haben Zirkus, Zigeuner und Kino miteinander zu tun? Sehr selten, so selten, daß das ganze Dorf daran teilnimmt, kommen in unsere abgelegene Gegend Fremde.
Wenn die Kinder aufgeregt durch Pätzig rennen und rufen: »Die Zigeuner kommen!«, laufen die Bauers- und die Arbeiterfrauen und die Mägde aus dem Gutshaus auf die Wiesen, raffen die Wäsche in ihre Körbe und tragen sie schnell nach Hause. Vor der Küche erscheint der Scherenschleifer, und die Küchenmagd bringt ihm alle Messer und Scheren, auch Mutters lange Papierschere von ihrem Schreibtisch und Dontis Nagelschere. Am Brunnen schräg unter dem Kinderzimmerfenster stehen die Zigeunerfrauen und waschen ihre Wäsche. Wir stellen uns zu den Zigeunerkindern, bis eines sich ins Gebüsch unseres Gartens hockt. Da laufen wir zu Donti und petzen: »Die haben gar keine Unterhosen an!« Donti sagt: »Das ist so bei den Zigeunern, damit die Mütter nicht soviel waschen müssen.« Wenn die Zigeuner das Dorf verlassen haben, kehrt wieder Ruhe ein.
Ganz selten kommt der Kinomann. Er baut seinen Apparat im großen Saal vom Gasthof Frädrich auf, und wenn der Film »jugendfrei« ist und wir nicht gerade in Ungnade gefallen sind, dürfen wir hin. Ich entsinne mich nur an einen einzigen Film deutlich, den ich sehen durfte. Es war eine Geschichte vom Kaiser, deren prachtvolle Bilder in mir blieben und im Nachmittagschlaf wieder auftauchten. Da ich aber einige Wochenschauen sehr genau erinnere, war ich wohl

öfter im Kino. Manchmal setzte sich der Kinomann neben die Leinwand ans Klavier und spielte zum Film. Es müssen wohl Charlie-Chaplin-Filme gewesen sein.

Am schönsten aber ist es, wenn im Sommer der Wanderzirkus kommt. Die Zirkusleute bauen ihr kleines Zelt hinter der Schäferei auf dem Feld auf. Es ist ein Einmaster.

Ich bin überglücklich, weil Vater mit uns in den Zirkus geht. Ich sitze neben ihm. Wir lachen uns schief über den Clown, und ich würde am liebsten den kleinen Affen behalten, der dem Zirkusdirektor auf der Schulter herumturnt. Jetzt kündigt der Direktor eine Nummer an, bei der alle mitmachen dürfen, die sich trauen. Er führt ein Maultier herein und fordert die Zuschauer auf, dem Publikum zu zeigen, daß sie reiten können. Einige größere Jungen melden sich und springen in die Arena. Der erste steigt auf, das Maultier keilt sofort hinten aus, und der Junge fliegt in hohem Bogen wieder hinunter. Dem nächsten und übernächsten geht es genauso. Keiner hält sich länger als zwei Schritte auf dem Tier. Ich schaue zu Vater. Ich erwarte, daß er aufsteht und dem Zirkusdirektor zeigt, daß er sich nicht abwerfen läßt. Ich möchte zu gern vor den Dorfjungen beweisen, daß mein Vater reiten kann, denn natürlich würde Vater auf dem Maultier sitzen bleiben. Also drängle ich: »Vati, bitte zeig ihnen, daß du es kannst!« Aber Vater steht nicht auf. Ich bin enttäuscht.

Hochzeit von Ruth-Alice und Klaus

Juni im Jahr 1939. Ich bin sieben. Das größte Fest, das Pätzig je erlebt hat, steht bevor. Hundert Gäste sollen kommen, oder vielleicht noch mehr? Die gesamte Familie weit und breit ist eingespannt und eingeladen. Die Kirche ist fertig umgebaut. Hell und festlich erstrahlt sie in neuem Glanz. Das Gutshaus schwirrt wie ein Bienenkorb. Seit Monaten wird geplant und vorbereitet. Der Eiskeller wurde schon im Winter bis an den Rand mit Eisschollen gefüllt. Es ist Hochsommer, und die Speisen und Getränke sollen eisgekühlt serviert werden. Zusätzlich werden Kühlaggregate im leer geräumten Hühnerstall aufgestellt, denn es soll zu der Kinder größtem Erstaunen Speiseeis geben, etwas in Pätzig noch nie Dagewesenes.
Das erste Stockwerk des großen Kornspeichers wird nach und nach leergeräumt und gefegt. Dort soll eine lange Tafel aufgebaut werden und das Festessen stattfinden. In der Küche wird eingemacht, eingelegt, gepökelt, geräuchert, gekocht und gebacken. Mutter entwirft Gästelisten, Einladungen, Tisch- und Menükarten und bittet Nachbarn um Unterkünfte. Das Haus wird, wie jedes Jahr, einmal von unten bis oben geputzt. Alle Bücher- und Wäscheschränke von innen, alle Betten, alle Teppiche, Gardinen, alle Vorratskammern und Schränke, kurz: Das ganze Haus wird einmal auseinandergenommen, saubergemacht und wieder zusammengesetzt. Wimmelchen poliert das Silber und die Messingklinken, die Schuhe und alles, was man blankputzen kann, bis es blitzt.

Die Mägde, bei uns heißen sie »Mädchen«, waschen und lassen Wappentischtücher und Wappenservietten auf dem Rasen in der Sonne bleichen, und dann stärken sie sie besonders steif. Die Stauden hat Mutter schon im Herbst umgesetzt. Jetzt trimmt der Gärtner den Rasen, die Dorffrauen harken die Wege säuberlicher als sonst. Vor dem Haus sollen die Polyantha-Rosenbeete reich blühend und duftend die Ankunft der Gäste verzaubern. Die Krone, ein Buchsbaumbeet in der Form einer Königskrone hinter dem Haus, wird mit Hunderten von Salvien bepflanzt. Sie sollen knallrot und üppig den Vordergrund für die geplanten Aufführungen abgeben.

Diese Aufführungen spielen für alle eine überaus große Rolle. Sie werden von meiner geliebten Tante Pessi eingeübt. Ihre älteste Tochter Raba hat sie gedichtet, wir Kinder spielen. Bei anderen Gelegenheiten führt Mutter Regie. Im letzten Jahr haben wir das Märchen »Die Gänsemagd« der Gebrüder Grimm aufgeführt. Falada, ein sprechendes Pferd, wird darin getötet und sein Kopf an den Bogen des Stadttores genagelt. So geschieht es auch bei uns. Ein großes Papptor wurde aufgebaut und ein ausgestopfter Pferdekopf an dessen Spitze befestigt. Junge Mädchen in hellen, weiten Röcken tanzten unter dem Pferdekopf hindurch. Ich habe nicht aufgepaßt und mir gemerkt, was sie sonst noch taten, weil mir das Pferd so leid tat, dessen Kopf dort hing.

Diesmal spielen wir Worte. Ina ist die Zuversicht, und ich bin das Lachen. Wir bekommen große Kartonschilder schräg über den Oberkörper gehängt, auf denen steht, was wir sind. Wir spielen Szenen aus dem Leben von Ruth-Alice und Klaus. In der Kastanienallee werden Mengen von Holzbänken angefahren und die Kastanien mit Lampions behängt. Hier soll die Kapelle zum Tanz aufspielen. Kein Mensch erwartet Regen zu diesem einmaligen Ereignis.

Hochzeitszug mit zehn Brautführerpaaren

Ich bekomme drei Aufgaben zugeteilt. Ich soll Kuchen ausfahren, ich darf zusammen mit Ina Brautschleppe und Schleier tragen, und ich darf bei der Aufführung mitspielen. Hönsche hat für jede Familie im Dorf einen Napfkuchen gebacken. Ina, Peter und ich spannen den Ponywagen an und bringen die Kuchen ins Dorf. An manchen Gehöften wacht der Hofhund. Ina traut sich auch dann rein. Wir machen einen Knicks und sagen: »Einen schönen Gruß von unseren Eltern« und überreichen den Kuchen. Es macht Spaß.
Heute proben wir für die Aufführungen. Plötzlich herrscht große Aufregung. Mutter ist außer sich. Tante Pessi hat festgestellt, daß die Gäste so weit von uns Kindern entfernt sitzen werden, daß sie uns nicht verstehen können. Sie will die Salvien aus der Krone rupfen, damit wir näher an den Zuschauern spielen können. Mutter ist entsetzt und verzweifelt, denn sie hat sich so bemüht, die Blumen zum genau richtigen

Ina, Ruth-Alice, Klaus mit Lala auf dem Schoß, Hans-Werner und Peter, ganz rechts Ruth von Wedemeyer

Zeitpunkt zum Blühen zu bringen. Vater muß schlichten. Er läßt vom Stellmacher eine Bühne über die Krone bauen. Alle sind wieder zufrieden.
Der Tag der Hochzeit ist da. Nun werden wir von Donti schön gemacht. Wir tragen weiße Kleider mit blauen Schärpen um den Bauch, die hinten in einer großen Schleife gebunden sind. Es sind die Wappenfarben von Klaus' Familie. Unsere sind gelb-schwarz, die eignen sich nicht. Klaus in Soldatenuniform mit Stahlhelm und Ruth-Alice in langem, weißem Kleid mit Schleppe, Schleier und Myrtenkranz führen den Brautzug an. Er geht vom Haus durch den Staudengarten zur Kirche. Ein fast endloser Zug von Verwandten in Fräcken und langen Kleidern schreitet feierlich durch die

Aufführung zur Hochzeit: Herbert und Maria von Bismarck zitieren aus den Briefen Otto von Bismarcks an seine Braut Johanna

Blumenpracht. Die Seidenschleppe ist an Ruth-Alices Taille festgenäht und hat extra Schlaufen zum Anfassen für Ina. Darüber liegt der lange Schleier. Er wird vom Myrtenkranz auf Ruth-Alices Kopf gehalten und reicht bis in meine Hände. Vielleicht betrachte ich ihn als Zügel. Jedenfalls behauptet Ruth-Alice später, ich hätte ihr fast den Schleier vom Kopf gezogen. Der Augenblick schien ihr zu feierlich, um mich sofort zu korrigieren. Wir schreiten also durch das mit Tannengrün umkränzte Portal in die Kirche. Die Dorfjugend steht davor Spalier. Auf dem Rückweg streut Peter Blumen.

Es ist ein sonniger, heißer Sommertag. Die zusätzlichen Diener, von Nachbarn ausgeliehen, stehen mit weißen Handschuhen und weißen Kniestrümpfen in ihren Livreen bereit.

Sie tragen die Farben der Wappen ihrer Herrschaft und blankgeputzte Messingwappenknöpfe. Erich soll sie einweisen. Die festlich gedeckte, mit Blumenschmuck verzierte Tafel auf dem Kornboden ist schon am Abend vorher fertiggestellt und von Mutter für gut befunden worden. Aber, o weh! Nun sehen die Diener etwas Schreckliches. Die Mäuse, die sich ja auf dem Kornspeicher zu Hause fühlen, haben über Nacht die wertvollen Tischtücher angefressen. Der Schaden ist nicht mehr zu beheben. Der Blumenschmuck wird neu arrangiert.

Nach der Trauung setzen sich die Gäste um die Tafel. Das Essen nimmt seinen Lauf: Königinnensuppe, Gänseleberpastete, Rehrücken und gemischter Salat, Eis. Eines der zehn Brautführerpaare reicht Braut und Bräutigam den ersten Gang mit einem selbstgedichteten Vers. »Nun sei du seine Königin, ersetze ihm die Truppe und würze ihm mit mildem Sinn auch täglich seine Suppe.« Zur Gänseleberpastete erhebt sich das nächste Paar: »Es sprach zur Gans der Gänserich: ›Nein, meine Leber laß ich nicht! Ich lasse meine Leber nicht! Nein, meine Leber laß ich nicht!‹ Da macht dem Gänserich die Gans den allerschönsten Hochzeitstanz. Und sein Begräbnis ist, ich wette, die Gänserich-le-ber-pas-tette!« Zum gemischten Salat sagt die Brautjungfer Ali: »Das Leben ist auch mal gemischt, doch daraus machen wir uns nischt!« Auf jedes Gericht folgt eine lange Rede von Herren in gestärkten Hemden und Frack. Der strahlende Tag hat einen Nachteil. Es ist brütend heiß auf dem Kornboden. Die Nachricht, daß es Speiseeis geben wird, hat nicht nur bei den Kindern die Runde gemacht. Alle freuen sich. Schließlich werden die Eisbomben herangetragen. Aber der Weg ist weit bis zum Kornspeicher und die Mittagshitze auf ihrem Höhepunkt. Das Eis schmilzt. Als es bei der Festtafel ankommt, schwimmt es in Soße. Die aufgeregte Brautjungfer gießt der

Braut die Soße aufs Kleid mit den Worten: »Kühle ist das Eis und süß, es wird dir schmecken, Ruth-Alice«, und als es schließlich bei uns am Katzenende serviert wird, ist es nur noch Soße. Aber alle nehmen es gelassen hin, denn wir freuen uns an dem herrlichen Fest in Sonnenschein und Frieden.
Zum Abschluß am Abend tanzen die Paare in bunten, langen Kleidern und eleganten Uniformen, Fräcken und dunklen Anzügen unter Lampions in der Kastanienallee zur Musik der Kapelle. Spiele wie Korbwalzer, Quadrille und die von unserem Vetter Alla mit seinem Schifferklavier angeführte Polonaise beziehen auch den »Drachenfels« mit ein. So wird die Versammlung der alten Tanten und Onkel am Rand der Tanzfläche genannt, deren besondere Funktion es ist, Publikum für gelungene Tanzfiguren und elegante Bewegungen zu sein. Nur eine Mißgeschick passiert noch. Wir spielen Fangen auf den Bänken. Da rutscht Peter aus und fällt auf den Kopf. Er hat eine Gehirnerschütterung und muß ins Bett.
Von der Aufführung am Nachmittag schwirrt mir heute noch ein Satz durch den Kopf. Er heißt: »Überall muß Absicht sein.« Einer von uns hat wohl die Absicht gespielt. Warum nur ist er so in meinem Gedächtnis haftengeblieben?

Hans-Werner hat Geburtstag

Manchmal, wenn wir etwas ganz Besonderes zum Geburtstag geschenkt bekommen, liegt nur ein kleiner Zettel neben dem Napfkuchen auf dem Geburtstagstisch. Auf diesem Zettel steht ein Ort. Heute, an Hans-Werners Geburtstag, steht darauf: »In der rechten Kitteltasche von Meister Kaselow«. Meister Kaselow arbeitet in der kleinen Feldsteinschmiede am Fuß des Hofhangs. Er ist der Schmied. Hans-Werner hat sich ein Fahrrad gewünscht. Er hofft, daß er der Erfüllung seines Wunsches nah ist, und saust los. Auf dem Hof ist Betrieb. Einer der Arbeiter ruft: »Na, Hans-Werner, hast du Geburtstag?« Hans-Werner hat keine Zeit für eine Antwort. Er rennt zur Schmiede. »Na, Jung, hast du heut Geburtstag? Was haste dir denn gewünscht?« »Ein Fahrrad.« »Na dann such ma schön.« »Haben Sie einen Zettel in Ihrer linken Kitteltasche?« »Hab ik dat? Ma kucken.« Er kramt in seiner Tasche. Sönner tritt von einem Bein aufs andere, denn er hat es eilig. »Tatsächlich!« ruft der Schmied. Er faßt mit spitzen, rußgeschwärzten Fingern in seine Tasche und gibt Sönner den zweiten Zettel. Darauf steht: »Am Hoftor«. Dort hängt der nächste Zettel. Darauf steht: »In der Stellmacherei zwischen den Schrauben«. So wird Sönner von den Zetteln kreuz und quer über den Hof geschickt. Mit jedem neuen Zettel kommt er seinem Ziel näher. Ein Hofarbeiter unterbricht die Suche und sagt: »Mensch, kuck doch mal nach oben.« Sönner sieht nach oben. Dort unterm Dachvorstand des Kornspeichers hängt ein nagelneues Fahrrad am Sackaufzug.

Hans-Werner mit seinem neuen Fahrrad

Wartenberg

Pätzig hat keinen See. Aber Wartenberg hat den Achtersee, und dort dürfen wir zum Baden hinfahren. Wir tragen Laibchen aus geflochtenen Binsen oder Korkgürtel, damit wir nicht untergehen, denn der See ist tief.
In Wartenberg wohnen Tresckows. Sie sind Freunde der Eltern, und manchmal gibt es dort Feste, zu denen viele Nachbarn aus den umliegenden Gütern kommen. Vor dem herrschaftlichen Haus fahren Kutschen aus der ganzen Umgebung auf. Die Kutscher stehen später abseits und reden miteinander. Es gibt ja keine Tageszeitung. Dort ist die Nachrichtenbörse. Hannibal und Kato sehen sich zum Verwechseln ähnlich, und das ist schick. Erich hat die Hufe der Pferde mit schwarzer Schuhcreme poliert. Die Kutscher konkurrieren miteinander wie die Kinder, die jetzt draußen spielen, während die Erwachsenen im Haus bei Mokka und Zigarre über Politik reden. Da entdecke ich etwas. Auf Katos Kopf krabbeln kleine Tiere. Ich laufe zu Erich und erzähle ihm davon. Erich kommt mit mir und schaut sie sich an. Er sagt: »Das sind Läuse.« Er ist ungewöhnlich kurz angebunden, geht und läßt mich einfach stehen. Als wir schließlich nach Hause fahren und ich auf dem Bock neben ihm sitze, sagt er: »So was darfste mir nich noch mal antun, Lala.« Erst verstehe ich Erich nicht, bis er mir erklärt, daß ich ihn schrecklich vor seinen Kollegen blamiert habe. Läuse im Kutschstall dürfen nicht vorkommen. Am nächsten Tag wird der Kutschstall frisch gekalkt, und ich darf nicht mithelfen.

Wir werden »gebunden«

Das Korn ist reif: zuerst die Wintergerste, dann der Roggen, der Hafer, der Weizen. Riesige Felder, die so weit sind, daß ihre Enden am Horizont verschwinden. Flächen trockener, wogender Halme. Ein leichter Wind streicht über die Ähren. Ich stelle mir vor, daß das Meer sich ähnlich bewegt, aber ich habe das Meer noch nie gesehen. Wir nennen diese Felder Schläge, Schlag eins, Schlag zwei, drei und so weiter. Ernte ist immer trocken, heiß und staubig. Ernte ist Ferienzeit, emsige, unruhige, spannende Zeit auf dem Hof und auf den Feldern. Schnitter, das sind Saisonarbeiter, die bei uns aus Frankreich und Polen kommen, ziehen in die Schnitterkasernen ein, langgestreckte, niedrige, graue Gebäude im Schäferende. Die Frauen der Landarbeiter, die sonst Haus, Mann, Kinder, Hühner, Schwein und Garten versorgen, erscheinen frühmorgens mit ihren weißen Kopftüchern auf dem Hof, so wie ihre Männer und Söhne. Alle, die arbeiten können, werden jetzt gebraucht.

Heute wird das Korn angeschnitten. Vater und Mutter lassen die Spinne vorfahren. Das geht so: Vater sagt es Wimmelchen, dem Diener. Wimmelchen sagt es Erich, dem Kutscher. Erich sagt es Berger, dem Knecht. Berger schirrt das Pferd an, das heißt, er zieht ihm das Geschirr und die Trense über, so wie Donti mir mein Kleid. Erich spannt an, das heißt, er holt den Wagen aus der Remise, führt das Pferd davor und schnallt es fest. Dann setzt er sich auf den Bock, das ist der Kutschersitz, und fährt am Gutshaus vor. Dort steht Wimmelchen bereit, um Vater zu melden: »Herr Rittmeister, es ist vorgefahren.« Erich bleibt am Kopf des Pferdes stehen, bis alle im Wagen sitzen und Vater die Zügel übernimmt. Vater trägt Fahrhandschuhe. Seine linke Hand greift die Leine, bevor er aufsteigt und auf dem Bock Platz nimmt, die rechte ist für die Peitsche. Bei schlechtem Wetter knöpft er mit ihr den Tambour, das ist eine am Kutschwagen befestigte Lederdecke, an den Bock, damit Gesäß und Beine trocken bleiben. Ina, Peter und ich dürfen mitfahren. Peter sitzt vorn zwischen den Eltern, Ina und ich quetschen uns hinten auf den kleinen Rücksitz. Auf Schlag eins gibt es viele »Löcher«, diese schilf-, strauch- und baumumwachsenen Tümpel, die das Ackern schwer machen. Dort beginnen die Schnitter. Als wir ankommen, haben sie schon mit der Sense einen Streifen Korn rings um das Feld abgemäht. Um eine größere Fläche zieht bereits ein Pferdegespann mit dem Mähbinder Kreise. Der spuckt die gebündelten Garben aus und läßt sie auf den Stoppeln liegen. Frauen gehen ihm nach, bücken sich, nehmen zwei Garben, klemmen sie sich unter die Arme und treffen sich, um sie in Hocken zusammenzustellen; diese sehen aus wie Zelte aus Korn, und tatsächlich benutzen Landstreicher sie manchmal als Schutz vor Regen und in der Nacht. Wenn das große Feld fertig gemäht ist, erhebt sich auf ihm eine goldgelbe Zeltstadt, die sich über Hügel und Täler immer winziger werdend in die Weite und Breite ausdehnt.

Wir haben jedoch ein anderes Ziel. Dort, wo die Tümpel eng beieinander liegen, arbeiten die Schnitter mit ihren Sensen. Von fern hörst du schon das Hech-hich-hech-hich-hech-hich der Schleifsteine, die an den Sensenblättern entlanggezogen werden. Dort stehen die Schnitter mit geradem Rücken und gespreizten Beinen und ziehen, in Reihen hintereinander arbeitend, die Sensen durchs Korn. Frauen mit bunten, langen Röcken und weißen Kopftüchern bücken sich, greifen mit der

Landarbeiterfrauen bei der Ernte

rechten Hand ein Bündel Halme vom Boden, um es als Band zu benutzen. Dann heben sie aus dem am Boden liegenden Korn, soviel sie umarmen können, herauf und binden es mit den Halmen zu einer Garbe zusammen.

Vater hält bei ihnen an. Wir bleiben im Wagen sitzen. Nun kommen die Schnitter und die Frauen und stellen sich neben unserem Wagen auf. In ihren Händen halten sie bunte, breite Seidenbänder. Eine Frau sagt ein Gedicht auf. Es handelt von der Mühe des Landwirts und seiner Arbeiter, vom Pflügen, Eggen, Säen, von Wachstum und Gedeihen, von Unwetter und mancher Not. Es spricht von dem Segen, der das Korn für Mensch und Vieh bedeutet, von Brot und Futter, von Streu und Dünger. Es erwähnt die Pflichten der Herren und der Knechte. Es schließt mit einem Segenswunsch an die Herrschaft und dem Dank, der bei alledem dem Herrgott gebührt. Dann binden sie die langen Bänder mit einem Sträußchen

Ähren um unsere Arme. Ich muß mich von dem hohen Sitz hinten am Wagen tief hinunterbücken, damit sie meinen Arm erreichen können. Jeder der Schnitter bekommt einen Geldschein. Die Frauen danken mit einem Knicks, die Schnitter mit der Mütze in der Hand und einem Kopfnicken. Wir fahren weiter über das Stoppelfeld. Alle sind fröhlich. Ich fühle mich ausgezeichnet und hervorgehoben mit meiner Schleife am Arm.

Wenn das Korn eingefahren ist, kommt der Schäfer mit seiner Herde.

Die Hungerharke

Der Hofmeier teilt die Gespanne ein. Heute wird eingefahren. Das geerntete Korn steht seit Wochen in Hocken auf den Stoppelfeldern. Heute fahren die Gespannführer hinaus, um es in die Scheune zu bringen. Jedem Wagen werden zwei Frauen und außer dem Gespannführer noch ein Bursche zugeteilt.

Ich habe Ferien und will unbedingt auf dem Feld helfen. Aber das ist mit Hindernissen verbunden. Ich möchte natürlich etwas mit Pferden tun. Gestern, als es anfing, habe ich von morgens bis abends »von – zu« gefahren. Das geht so: Du bekommst auf dem Feld die Zügel und die Fahrpeitsche in die Hand, gehst neben dem Wagen her und sagst »hü«, wenn die Hocke aufgeladen ist, und »ho«, wenn die Pferde an der nächsten Hocke stehenbleiben sollen. Das geht den ganzen Tag lang: ho und hü und ho und hü. Wenn ein Kind da ist, hat der Gespannführer mehr Zeit, mit seiner extralangen Forke die Garben aufzustaken und sie den Frauen, die oben auf dem Wagen packen, anzureichen. Aber wenn es dem Kind langweilig wird, kann es nicht einfach tschüs sagen und nach Hause laufen. Täte ich das, würde ich meinen Ruf verderben. Die Leute würden sagen: »Lala ist nicht zu gebrauchen, die läuft mitten in der Arbeit weg.«

Heute möchte ich Hungerharke fahren. Der Hofmeier, dem ich meine Absicht vortrage und zum Nachdruck erkläre, daß Mutter es erlaubt hat, redet sich raus: »Dat kannste doch nich, Lala.« Ich sage entschlossen: »Doch.« Er nimmt die

Mütze ab, kratzt sich am Kopf und behauptet: »Ich hab aber gar kein Pferd für dich.« Ich schaue in den Ackerstall. Da steht »Katze«, ein Beipferd, das dritte Pferd in einem Gespann. »Warum kann ich nicht Katze nehmen?« »Die brauch ich nachher noch woanders.« »Kann ich sie dann heute mittag haben?« »Mal sehn, was sich machen läßt.«
Mittags bin ich wieder da. Katze hat den Stall nicht verlassen. Irgend etwas stimmt nicht. »Kann ich jetzt Katze nehmen?« »Wenn et unbedingt sein muß.« Der Stall ist leer und auch der Hof, als ich schließlich mit Katze den Hofhang hinunterziehe und sie, unten angekommen, vor die Hungerharke spanne. Alle sind damit beschäftigt, die Ernte unter Dach zu bringen, denn jeder Sonnentag ist ein Geschenk, das genutzt werden muß. Vor der großen Feldsteinscheune verschluckt die Dreschmaschine heulend die in sie hineingestopften Garben.
Ich zockle den Wartenberger Weg hinauf bis zum Butterberg. Dort wird Getreide eingefahren. Beim Aufladen der Garben fällt immer etwas vom Korn auf die Stoppeln, deshalb ist es üblich, sie mit der Hungerharke noch einmal zu kämmen. Auf diesem Feld ist wenig liegengeblieben, darum harkt hier niemand. Die Hungerharke hat schmale Eisenräder. Sie sind im Durchmesser so hoch wie ich. Ich sitze auf einer durchlöcherten Blechschale, die von einer starken Feder getragen wird. Links neben der Schale ist ein Hebel. Wenn ich den hinunterdrücke, hebt sich die Harke hinter mir und hinterläßt im Fahren einen Haufen Kornhalme. Diese Haufen werden im Laufe des Harkens zu Reihen. Habe ich eine Reihe hergestellt, harke ich sie quer zu dem Wagen hin, der gerade beladen wird, und die Männer werfen das Ergebnis meiner Arbeit mit ihren Forken hinauf.
Sofort merke ich, was der Hofmeier gemeint hat, als er sagte: »Dat kannste doch nich, Lala.« Der Hebel hat eine Sperre, die ich nur mit beiden Händen lösen kann. Ich lege mir die Leine

um den Hals und versuche es. Da aber stellt sich heraus, daß ich es nicht schaffe, den Hebel nach unten zu drücken. Meine Kraft reicht nicht. Was tun? Ich rufe »ho« und springe hinunter. Die Stoppeln pieksen in meine nackten Fußsohlen. Mit beiden Händen ziehe ich den Hebel nun mit meinem ganzen Körpergewicht nach unten. Tatsächlich, er bewegt sich. Ich rufe »hü«. Katze geht vorwärts, die Harke entlädt sich, ich lasse den Hebel los und damit die Harke herunter und steige wieder auf. So geht das, bis ich schließlich eine große Ladung zum Fuhrwerk ziehe. Ich lege den Haufen neben die nächste Hocke und fahre weiter. Als ich mit der zweiten Ladung ankomme, sehe ich, daß die Leute meinen Haufen liegengelassen haben. Beim nächsten Mal geschieht das gleiche. Ich frage und erhalte keine Antwort. Schließlich fahre ich nachdenklich und ärgerlich mit der Hungerharke zum Hof zurück.

Ich gehe zu Erich. »Erich, warum lassen die Leute die Haufen liegen, die ich geharkt habe?« »Das mußt du so sehn, Lala«, sagt Erich, »die Leute lieben ihre Pferde genauso wie du deine Putz. Und wenn Katze nu mal een Tag frei hat, dann wolln se nich, daß du mit ihr herumkarjuckelst.«

Erntefest und Erntedankfest

Am letzten Sonnabend im August ist Erntefest. Danach ziehen die Schnitter zurück in ihre Heimat. Die letzte Fuhre Getreide steht startbereit auf dem Hof. Darauf sitzen Mädchen in bunten Kleidern. Sie halten die Erntekrone. Aus Hafer-, Gerste-, Weizen- und Roggenähren gewunden und mit roten, gelben, blauen und weißen Kreppapierbändern umwickelt, krönt sie den hoch beladenen Wagen. Die Bänder flattern im Wind. Die Musikkapelle führt den Zug an, wir Kinder folgen ihr dicht. Mit der Musik beginnen das Herzklopfen und die Freude und das Fest. Wir kleineren Mädchen tragen Blumenkränze auf dem Kopf und halten einen Stock in der Hand, an dem oben ein Kränzchen mit bunten Bändern befestigt ist. Hinter uns gehen aufrecht und in Uniform die Veteranen aus dem Ersten Weltkrieg. Der erste trägt die schwarz-rot-goldene Fahne, auch an ihr hängen lange, bunte Bänder. Dem Erntewagen folgen schließlich sonntäglich gekleidet alle Menschen, die geholfen haben, die Ernte einzubringen. So ziehen wir vor das Haus. Die Eingangstür ist von einer Girlande umkränzt, vor ihr erwarten uns die Eltern. Die dunkelroten Rosen in den Rabatten des Rondells stehen in voller Blüte. Der Zug hält. Die Erntekrone wird Vater überreicht, ins Haus getragen und zwischen den Glastüren im Eingang aufgehängt. Vater hält eine Rede. Er dankt den Arbeitern für ihre Mühe.

Abends wird getanzt. Eine Holzhalle, die Werkstatt des Schlossers, in der Mengen von Maschinen und die vier Lanz-

Erntefest

Trecker stehen, wird leergeräumt. Das Gesicht und die Hände des Schlossers, sonst von der Arbeit ganz dreckig, scheinen plötzlich unnatürlich weiß, ich erkenne ihn kaum. An den dunklen Holzwänden ist das Handwerkszeug von frischem Birkengrün mit bunten Papierbändern verdeckt. Der Tanzboden ist fertig gezimmert, mit Leinsamen bestreut, und die Kapelle hat ihr Schlagzeug darauf gestellt. Es riecht wie Pfingsten gemischt mit Dieselöl. Die Lichter in den Lampions werden angezündet. Der Saal füllt sich. Es gibt Freibier. Für uns ist draußen eine Sackrutsche aufgebaut. Dort steht auch eine Kiepe, aus der wir so viele Pflaumen essen dürfen, bis uns der Bauch weh tut. Vater und Mutter sind ununterbrochen auf dem Tanzboden. Vater tanzt mit jeder Frau einmal, Polka, Rheinländer und Walzer. Ich kann sehen, wie die Frauen darauf warten, daß er zu ihnen kommt, und wie sie sich freuen, wenn er sie über den Tanzboden schwingt. Mutter aufzufordern trauen sich nicht alle. Zwischen den Röcken der Frauen und den Hosenbeinen der Männer hüpfen wir Kinder.

Zum Erntedankfest im Oktober ist die Kirche so festlich geschmückt wie sonst nie. Riesige bunte Dahliensträuße stehen auf dem Altar unter dem großen Holzkreuz. Er ist überladen mit Weintrauben, Pflaumen, Äpfeln, Birnen und Kastanien. Rotgelbe Weinranken verbinden den Altarschmuck mit den Korngarben rechts und links des Tisches, und darunter füllen Früchte des Hofes, des Waldes und der Gärtnerei die Apsis bis hinunter auf die Stufen zum Kirchenraum: Kürbisse, Gurken, Möhren, Runkelrüben, Zuckerrüben, Kartoffeln, Getreide, Tomaten, Erbsen, Bohnen und Schwarzwurzeln, Radieschen, Rettiche, Schnittlauch und Petersilie, Rotkohl, Weißkohl, Blumenkohl und Kohlrabi, Maronen, Pfifferlinge, Champignons und Steinpilze. Was der Herrgott wachsen ließ, liegt dort als Zeichen. Für ihn zum Zeichen: Wir wissen, daß er es uns gegeben hat. Für uns zum Zeichen: Es ist nicht selbstverständlich, daß wir es haben.

Treibjagd

Es ist früh am Morgen. Max steht mit seinem Jagdhorn in der Hand mitten auf dem Rasenrondell vor dem Haus. Die Rosen blühen noch immer, obwohl der Herbst schon fortgeschritten ist. Wir haben die Rosenblätter gesammelt und in eine Wanne mit Wasser gelegt, um Rosenwasser zu machen. Die japanische Quitte, ein großer Busch am Rande des Rondells, der im Frühjahr über und über dunkelrosa blüht, trägt jetzt gelbe Früchte. Max' linke Hand liegt über dem Gürtel auf seiner Hüfte, mit der rechten hält er das golden glänzende Jagdhorn an die Lippen. Sein Gesicht ist rot angelaufen, seine Backen sind gebläht. Er bläst den Weckruf. Aus dem Zwinger hinter der Waschküche stimmen Harro und Dine mit lautem Freudengeheul ein. Sie toben vor Freude. Das Trio weckt jeden, der noch nicht wach ist, und zündet die Erregung an, die besonders die Jäger, aber auch alle anderen in Haus und Hof diesen Tag über nicht verlassen wird. Es ist Jagd.

Von weit her sind die Jäger mit ihren Damen gekommen. Treibjagd in Pätzig ist etwas Besonderes. In den Sümpfen und Wäldern ringsum lebt reichlich Wild. Schwarzwild, Reh- und Rotwild, Füchse, Hasen, Rebhühner, Fasanen, Wildenten und vieles mehr. Heute ist Hochwildjagd. Das allein ist schon ein hinreichender Grund, nach Pätzig zu kommen. In Pätzig aber ist die Jagd neben der weidmännischen auch eine gesellschaftliche Attraktion. Es wird am Abend gut gegessen, und danach diskutieren die Herren bei Cognac und Zigarre

über politische Fragen, während die Damen sich wohl eher mit theologischen, familiären und sozialen Themen befassen. Wir Kinder kriegen das allerdings nicht mehr mit. Wir werden nach dem feierlichen Abendessen ins Bett geschickt.
Aber jetzt ist es früh am Morgen, und wir sind so aufgeregt wie die Hunde im Zwinger. Zur Treibjagd gehören zwei Gruppen, die Jäger und die Treiber. Peter und ich dürfen zum ersten Mal mit treiben. Wir bekommen Gummistiefel verpaßt. Leider gibt es keine, die für Peters kleine Füße die richtige Größe haben. So muß er zwei Paar dicke Socken anziehen und schlurft nun in viel zu großen schwarzen Stiefeln und in grauer Polenjacke mit mir auf den Hof.
Im Kutschstall und auch im Ackerstall werden Pferde geputzt und angeschirrt, die Wagen aus der Remise gezogen und angespannt. Auf dem Hof sammeln sich die Treiber. Alle tragen Gummistiefel und grobe Jacken, einige haben lange Stöcke in der Hand. Mehrere gummibereifte Ackerwagen sind in der Mitte mit Strohballen zum Sitzen ausgerüstet. Die Jäger sammeln sich vor dem Gutshaus, die Treiber auf dem Hof. Vater hält eine Rede für die Jäger. Er schärft ihnen die Regeln der Treibjagd ein. Keiner darf den Platz, auf den er gestellt wurde, verlassen, eh das Signal ertönt, das die Jagd abbläst. Vor allem aber: Keiner darf schießen, bevor er nicht absolut sicher ist, daß das Stück Wild, das da, von den Treibern gejagt, durch den Wald oder durchs Unterholz flüchtet, zum Jagen freigegeben ist. Bei einer der letzten Jagden ist es passiert, daß ein unerfahrener Jäger in seiner Aufregung in ein Dickicht schoß, ohne zu sehen, was dort war. Er traf einen Treiber, der daraufhin starb. Die Jagd wurde abgeblasen, und Vater mußte der Frau des Treibers sagen, daß ihr Mann tot sei. Er war der Knecht einer der Bauern im Dorf. Ich habe gesehen, wie schrecklich schwer es Vater wurde, zu ihr zu gehen.

Nun haben manche Treiber vielleicht Angst. Dürfen wir deshalb dieses Mal mitmachen? Ich weiß es nicht. Auch für die Treiber ist eine Rede vorgesehen. Förster Prochnow stellt sich vor uns auf. Er trägt einen grünen Jagdanzug, und auf dem Kopf einen Hut, darauf steckt ein Büschel aus Haaren, die auf dem Kamm des Keilers, seinem Nacken, wachsen. Der Jäger nennt sie »Federn«. Den Keiler hat er selbst geschossen. Man sieht, er trägt das Büschel mit Stolz. Ich kann das verstehen, denn einmal ist Förster Prochnow von einem angeschossenen Keiler gejagt worden. Da ist er um sein Leben gelaufen und hat sich schließlich auf einen Baum geflüchtet. Aber die Büchse lag auf dem Boden, und er mußte ziemlich lange da oben sitzen bleiben, bis der Keiler aufgab. Seine Büchse hängt jetzt verkehrt herum mit dem Lauf nach unten über seiner Schulter. »Wenn wir im Wald sind, werden Sie eine Kette bilden«, sagt er. »Sie gehen etwa zehn Meter voneinander entfernt vorwärts. Jeder hält ständigen Rufkontakt zu seinen beiden Nachbarn. Dabei machen Sie soviel Krach wie möglich. Wenn einer seinen Nebenmann verliert, muß das sofort weitergegeben werden. Haben alle das verstanden?« Peter und ich nicken. Wir fühlen uns ernstgenommen und wichtig.

Alle Treiber steigen auf den Wagen, und die Pferde ziehen an. Jeder Platz, an dem ein Schütze steht, ist genau markiert. Dort werden die Jäger nun hingebracht. Sönner, der noch keinen Jagdschein hat, darf »Stinkposten« sein, das ist so etwas wie eine Vogelscheuche fürs Hochwild. Wenn ein Stück Wild kommt, scheucht er es zurück. Wir aber fahren in die andere Richtung. An einer Schonung mitten im Wald machen wir Halt. Sie besteht aus Fichten, die übermannshoch sind, aber noch so klein, daß man nicht hindurchschauen kann. Ein ideales Versteck für Sauen. Sie haben es sich dort in Kuhlen miteinander gemütlich gemacht, die sie nur im Dämmerlicht und in der Nacht verlassen. Am Rand der Schonung stellen wir uns in einer langen Reihe auf. Waldarbeiter, die das Gelände kennen, übernehmen Anfang und Ende der Kette, Peter und ich gehen in der Mitte. Wir haben es leicht. Die Fichten sind in ordentlichen Reihen gepflanzt worden. Wir sind so klein, daß wir dort unten, wo die Zweige schon abgestorben sind, wie in einem Tunnel kriechen können, während die Erwachsenen sich mühsam durchs Dickicht arbeiten müssen. Entsprechend laut schimpfen und rufen sie, was ja auch ihre Aufgabe ist. Sie schlagen mit ihren Knüppeln an die Bäume, um das Wild zu erschrecken. Ich rufe nach rechts und links, und brav antworten Peter und mein anderer Nachbar. Plötzlich höre ich Getrappel und Knacken. Irgend etwas Großes kommt aus Peters Richtung auf mich zugesprungen. Eh ich mich versehe und eh ich mich fürchten kann, springt es über mich hinweg. Ich liege am Boden und weiß nicht einmal, ob es mich gestreift hat oder ob ich nur vor Schreck umgefallen bin. Ich bin mir sicher, es war ein Hirsch.

Mein Herz hämmert. Am Ende der Schonung erzähle ich den Treibern, was ich erlebt habe. Sie lachen. Nun aber werden wir alle zum Sammelplatz gefahren. Dort gibt es dicke Erbsensuppe mit Graubrot aus einem riesengroßen Kochtopf. Die Treiber stehen in einer Gruppe für sich, wir gesellen uns jetzt zu den Jägern. Die Suppe dampft in der kalten Herbstluft und schmeckt köstlich. Die Jäger stehen in kleinen Gruppen beieinander im Herbstlaub und erzählen von ihren Erlebnissen. Aber letztlich zählt hier kein Jägerlatein. Nur die Strecke zählt, also das, was einer erlegt hat. Wer am meisten Wild geschossen hat, ist Jagdkönig und wird besonders geehrt. Da liegen mit langgestreckten Beinen die Tiere aufgereiht neben den wartenden Wagen. Vater nimmt einen Kiefernzweig, taucht ihn in das Blut eines Stückes Wild und

steckt es dem Schützen an den Hut. Der neigt den Kopf kurz vor ihm und sagt: »Weidmannsdank!«
Nun denkst du vielleicht: Das ist ja schrecklich. Aber das ist es nicht. Die Achtung des Jägers vor dem Wild ist groß. Er jagt, damit das Wild in seinem Revier gedeiht. Er schießt die kranken und schwachen Tiere, dann vermehren sich die starken und gesunden. Und wenn zuviel Wild im Wald ist, muß er dafür sorgen, daß es weniger wird, sonst leidet der Wald, denn das Wild frißt mit Vorliebe die jungen Bäume. Vater hat uns oft mitgenommen und erzählt, worauf der Jäger achten muß. Du mußt mucksmäuschenstill stehen, so leise gehen, daß kein Ast knackt, wenn du darauf trittst, darfst niemals laut reden, niemals mit dem nackten Finger auf Wild zeigen und nie über ein geschossenes Tier steigen, denn das wäre gegen seine Ehre. Du hast ein krankes Tier von seiner Qual zu befreien, indem du es tötest. Ich bin froh, daß ich das nie mußte. Du lernst, daß der Fuchs durchs Gras schnürt, der Keiler durchs Unterholz bricht, der Schwanz des Hasen Blume heißt und der des Rehs Spiegel, daß der Bock schreckt und der Hirsch schreit, und wenn du etwa sagen würdest, der Hirsch brüllt, wüßte jeder, daß du gar nichts von der Jagd verstehst.
Nun ist es so, daß der Jagdherr sich und seine jagenden Kinder, so er welche hat, an die Stellen im Wald stellt, wo die Wahrscheinlichkeit gering ist, daß dort Wild auftaucht. Denn es wäre peinlich für ihn, wenn er oder sein Sohn Jagdkönig würde. So geschah es mit Sönner. Da war Vater schon im Feld, und Mutter richtete die Jagd aus. Sönner wurde weitab vom Treiberrummel an eine Schneise im Schilf gestellt. Maria war bei ihm. Sie hatte keinen Jagdschein. Nun wollte es der Zufall, daß eine Rotte Sauen – die Sauen sind gesellige Tiere und leben sehr oft in Gruppen – genau dort vorüberkam, wo Sönner auf seinem einbeinigen Jagdstuhl saß. Die erste Sau

brach aus dem Schilf. Sönner sah, daß es ein Überläufer war, so werden die einjährigen Sauen genannt, zielte und schoß. Dann folgten der zweite und der dritte Überläufer, jedesmal schoss Sönner, und auch der dritte lag im Feuer. Das war so unerwartet, daß er zu Maria sagte: »Wenn jetzt noch einer kommt, schießt *du*«, denn er war sicher, so ein Glück konnte nicht von Dauer sein. Da kam auch schon der nächste. Maria legte an und schoß. Da waren es vier.

Nach der Jagd wird die Strecke vor unser Haus gelegt. Da lagen nun alle geschossenen Tiere, und jeder konnte sie betrachten. In diesem Jahr waren ungewöhnlich wenige erlegt worden, und so wurde Sönner Jagdkönig.

Am Abend nach der Jagd ziehen sich die Damen lange Kleider und die Herren dunkle Anzüge an. Im Saal ist die lange Tafel mit weißen Wappentischtüchern gedeckt. Im Kerzenlicht glitzern die Weingläser. In der Mitte der Tafel ragt ein Wildschweinkopf mit Petersilie zwischen den Zähnen aus dem Herbstlaub der Tischdekoration. Er ist von weißen Porzellanfiguren umgeben, die etwa so groß sind wie Kaninchen, einem brüllenden Hirsch, einem Keiler mit Frischlingen, einem Adler, der einen Hasen schlägt, einem Fasan und einem Fuchs. Diese kostbaren Meißner Skulpturen stehen das Jahr über wohlgeschützt in einer Glasvitrine im Saal und werden nur zu diesem feierlichen Anlaß herausgeholt. Wir Kinder sitzen am Katzentisch. Natürlich dürfen wir nicht reden. Wimmelchen und Erich in schwarzem Anzug mit langen Rockschößen und weißen Handschuhen bedienen die Gäste. Wimmelchens weiße Handschuhe sind dekorativ, aber praktisch und unpraktisch zugleich. Praktisch, weil Wimmelchen vom vielen Schuheputzen immer schwarze Ränder unter den Fingernägeln hat, und unpraktisch, wenn er sie mit brauner Soße bekleckert. Bei dieser Gelegenheit ist Erich nicht bereit, Unsinn mit uns zu machen. Er steht da so ernst,

als kenne er uns nicht. Wir werden uns heute abend hüten, irgend etwas zu tun, das nicht erlaubt ist, denn dann wären wir ganz schnell draußen und zwar für den Tag auf Nimmerwiedersehen.
Alle stehen hinter ihren Stühlen, bis Vater das Tischgebet gesprochen hat. Sein gestärktes, plissiertes Smokinghemd auf der breiten Brust mit der dunklen Fliege unter dem Kinn lassen ihn unnahbar und würdig aussehen. Mutter, so scheint es, sitzt heute besonders gerade und aufrecht an der Spitze des Tisches, und Onkel August kuckt wie immer erhaben aus seinen verschiedenen goldgerahmten Porträts auf die festliche Gesellschaft herab.
Nach der Bouillon erhebt sich Vater und hält eine Rede auf König und Vaterland. Danach stehen alle auf und stoßen auf König und Vaterland an. Alle Herren nehmen dabei eine stramme Haltung an und setzen eine ernste Miene auf. Es wirkt wie ein Treueschwur. Danach helfen sie den Damen, sich wieder hinzusetzen, indem sie ihnen den Stuhl heranschieben, und die Atmosphäre lockert sich. Es gibt Hirschrücken mit Preißelbeeren, Rotkohl und Salzkartoffeln. Der Duft von Bratensoße und Rotwein steigt mir in die Nase. Die Gäste wenden sich einander zu und reden angeregt. Wir Kinder am Katzentisch wagen, miteinander zu flüstern. Nach dem Braten hält Vater noch eine Rede. Der Jagdkönig wird geehrt, der Hausfrau wird gedankt, aber immer werden auch politische Themen angesprochen. Vater läßt keine Gelegenheit aus, die von ihm empfundene Verantwortung für Land und Leute wahrzunehmen. Alle mögen ihn. Er vereint Fröhlichkeit und Ernsthaftigkeit und Charme. Manchmal redet er zu lange, dann freuen wir uns, wenn das Essen vorbei ist.

Kartoffelferien

Etwa um die Zeit der Jagd gibt es Kartoffelferien. Die Herbstferien heute haben wohl ihren Ursprung in der Kartoffelernte, damals bekamen die Kinder schulfrei, weil sie zum Helfen gebraucht wurden. Das hat sich dann eingebürgert, und als die Kinder durch Maschinen ersetzt wurden, kam niemand auf die Idee, es abzuschaffen. Außerdem flog damals niemand nach Mallorca, Portugal oder Chile, denn es gab noch keine Passagierflugzeuge, und eine Überfahrt nach Amerika mit dem Schiff dauerte zehn Tage. Man wäre also nicht rechtzeitig zurückgekommen, und überhaupt: Niemand hätte auch nur im Traum daran gedacht, daß man so etwas tun könnte.

Wie du wahrscheinlich weißt, wachsen Kartoffeln in angehäufelten Reihen. Frauen legen im Frühjahr eine Saatkartoffel nach der anderen im Abstand von etwa vierzig Zentimetern wie eine schnurgerade Fährte in den Boden, dann kommt ein Pferd mit einem Schälpflug, um Erde darüberzuwerfen. So entstehen die Hügelreihen. Im Herbst findest du dann dort, wo nur eine Kartoffel lag, einen ganzen Haufen Kartoffeln, große und kleine, und in ihrer Mitte die inzwischen verfaulte alte Kartoffel. Wenn das Kraut oberhalb der Erde verdorrt ist, kommt die Zeit der Ernte. Wehe, wenn es friert, eh die Kartoffeln ausgebuddelt sind, dann ist die ganze Ernte verdorben. Die Kinder werden also wirklich gebraucht, und jedes Schulkind erscheint zusammen mit den Männern und Frauen morgens früh auf dem Kartoffelacker, auch Ina, die eigentlich von groben Arbeiten verschont wird, weil sie

Kartoffelernte

so dünn ist. Die Arbeitsaufteilung geht so: Die Frauen haben kurzstielige Hacken mit langen, rechtwinklig gebogenen Zinken. Sie gehen breitbeinig gebückt über die Reihen, schlagen die Hacke hinter die Staude und ziehen sie mit Schwung nach oben. Die Kartoffeln purzeln auf den Boden. Dann greifen die Kinder mit flinken Händen nach den Kartoffeln und sammeln sie in Drahtkörbe, während die Frauen das Kraut wegschaffen. Ein Vorarbeiter mit einer kleinen Schaufel an einem langen Stock kontrolliert, ob alle Kartoffeln ausgebuddelt sind. Die vollen Körbe tragen die Männer zu einem bereitstehenden Wagen. Dort bekommen sie für jeden gefüllten Korb einen Strich. Abgerechnet wird abends nach Strichen. Das nennt man Akkordarbeit. Der Schnellste bekommt das meiste Geld.
Ina und ich werden einer der Frauen zugeteilt. Los geht's. Wir versuchen die Schnellsten zu sein. Ina ist so fix, daß sie

einmal schon zugreift, als die Hacke noch durch die Luft saust. Die Zinke landet in ihrer Hand. Ina heult nicht. Sie hält die blutende Hand mit der anderen und wird nach Hause gebracht. Sie hat gelernt, daß man bei so etwas die Zähne zusammenbeißt, damit man nicht heulen muß. Ich arbeite weiter.

Hans-Werner erzählt eine Geschichte, die vor meiner Zeit auf dem Feld passiert sein muß. Ina und Hans-Werner bekamen bei der Kartoffelernte jeder eine Reihe zugeteilt. Die Frauen bearbeiteten zwei bis vier Reihen auf einmal. Die Geschwister hatten ihr Mittagessen in einem schönen Korb mitgebracht und vermuteten, der Inhalt sei begehrenswerter als die Vesper in den gröberen Körben der Arbeiterinnen. Sie schämten sich deswegen und stellten ihren Korb unter einen Baum, einen Steinwurf entfernt von dem Platz, wo die restlichen Körbe im Schatten warteten. Der Vorarbeiter sah das und forderte sie auf, ihren Korb zu denen der Frauen zu stellen. Aber sie trauten sich nicht und ließen ihn stehen, wo er war. Als sie mittags müde und hungrig zu ihrem Korb kamen, war ein Wagenrad darübergefahren. Sie blieben durstig und hungrig bis zum Abend.

Pferdegeschichten

»Das Pferd ist ein wildes Tier, das an beiden Seiten steil abfällt und den Menschen nach dem Leben trachtet«. Dieser Spruch ist einer der ersten, die ich gelernt habe. Wenn du hinunterfällst, halte die Zügel fest, sonst mußt du nach Hause laufen, dann lachen dich die Leute aus, und du kommst dir blöd vor. Also halte die Zügel fest. Das ist eine der Grundregeln, die mir eingeschärft wurden. Die Gefahr, daß dein Pferd dich tritt, wenn du es beim Sturz festhältst, ist gering, denn meistens fliegst du runter, wenn das Pferd scheut. Dann saust du nach vorn, während das Pferd rückwärts oder seitwärts ausweicht. Am besten aber sitzt du so fest im Sattel, daß du überhaupt nicht hinunterfällst.

Nun ist das Pferd ein schlaues Tier, es merkt ganz schnell, ob jemand reiten kann oder nicht. Peter, der inzwischen Reitstunden bekommt, hat seine liebe Müh. Putz macht mit ihm, was sie will, nicht umgekehrt, wie es sich eigentlich gehört. Wenn Peter im Zirkel reiten soll, bricht Putz jedesmal in Richtung Stall aus. So kommt Peter an die Longe. Aber schließlich ist es soweit: Er darf allein ausreiten. Vor dem Kutschstall steht ein rechteckiger Steinblock. Auf ihm putzt Erich alles, was es im Stall zu putzen gibt, und nach Feierabend setzt er sich dorthin und raucht seine Pfeife. Jetzt dient der Stein Peter zum Aufsteigen. Er führt Putz an den Block und klettert hinauf, aber während er sein Bein hebt, um es über Putz zu legen, tritt die einen Schritt beiseite. Peter muß von vorn anfangen. Er steigt vom Steinblock, führt Putz eine Runde und stellt sie wieder daneben. Sie bleibt dort brav stehen, bis Peter erneut zum Aufsteigen ansetzt, dann macht sie einen minimalen Schritt seitwärts, gerade so viel, daß Peter nicht draufkommt. Das wiederholt sich, bis er flink genug ist und Putz den Augenblick verpaßt. Dann reitet Peter zufrieden durch das Bauernende und aus dem Dorf hinaus und in den sandigen Hohlweg, der zu den Höllenbergen führt. Leider hat der Weg meistens einige tiefe Pfützen. Putz macht dort Halt, knickt ihre Vorderbeine ein und dann die Hinterbeine, um sich zu wälzen. Wenn Peter nicht schnell weg ist, landet er mit im Modder. Aber auch wenn es ihm gelingt, rechtzeitig abzusteigen, stellt sich ihm ein neues Problem. Er muß einen Stein am Wegrand finden, um wieder hinaufzukommen. Mit List schafft er das, aber meistens erst mal nur bäuchlings. Putz nutzt die Gelegenheit und prescht in gestrecktem Galopp Richtung Stall. Es ist nicht besonders ehrenvoll, mit einem durchgegangenen Pferd durchs Bauernende zu galoppieren, aber immerhin sitzt Peter nach einer Weile wieder rittlings drauf. Nun hat aber der Hof ein Tor. Es besteht aus drei gelben, ziegelgedeckten Türmen mit einem großen und einem kleinen Lattentor. Jeder Turm ist ungefähr einen Meter breit und zwei Meter tief und der Abstand zwischen den Türmen des kleinen Tores etwa ein Meter. Wenn Peter Pech hat, ist das große Tor geschlossen und das kleine Tor offen. Dann nämlich saust Putz auf das kleine Tor zu, und Peter muß zusehen, daß er seine Beine hochkriegt und wenigstens nicht innerhalb des Tores seitlich abrutscht. Es dauert eine Weile, aber eines Tages endlich tut Putz, was Peter will.

Um zu üben, wie man auf dem Pferd bleibt, haben Peter und ich uns ein Spiel ausgedacht. Wir reiten zu den Höllenbergen. Dort ist das Stoppelfeld noch nicht geschält. Ein idealer

Peter auf Putz

Platz für unser Spiel. Es ist ja so, daß nach der Ernte zuerst nur die oberste Schicht des Bodens flach gepflügt – man sagt »geschält« – wird, damit das Unkraut nicht weiter wächst. Erst später im Herbst wird der Boden dann tief gepflügt und so aufgebrochen liegengelassen, damit der Frost tief eindringt, die Schädlinge vernichtet und die Krume zerkleinert. Im Frühjahr wird er dann mit der Egge glattgeharkt und das Saatgut mit der Drillmaschine eingesät. Wir postieren unsere Pferde auf zwei etwa zweihundert Meter voneinander entfernten Hügeln. Pferde sind Herdentiere. Sie fühlen sich allein nicht wohl. Sobald ein Pferd ein anderes sieht, will es zu ihm. Auf ein Handzeichen hin lassen wir sie aufeinander zurasen. Da es bergab geht, nehmen sie richtig Fahrt auf. Sie begegnen sich in der Talsohle, verpassen aber garantiert den Augenblick der Begegnung. Sie galoppieren aneinander vorbei. In dem Moment aber, wenn mein Pferd merkt, daß das andere Pferd nun hinter ihm ist, dreht es im fliegenden Galopp um, und ich sitze auf dem Acker. Allerdings nur, wenn ich nicht aufpasse. Peter geht es natürlich genauso. Wir haben unseren Spaß.

Ich darf reiten, wann und wohin ich will. Die Grenzen der Nachbargüter sind allerdings tabu. Sie zu überschreiten ist uns streng verboten. Vater hat uns die Grenzsteine gezeigt, die am Wegrand im Wald sichtbar aus dem Laub ragen. Es ist zu erkennen, daß er an diesem Punkt keinen Spaß versteht. Das hat seinen Grund. Jeder Gutsbesitzer ist auch Jagdherr auf seinem Gelände. Wenn er ein Stück Wild wundschießt, verwendet er große Mühe darauf, es zu finden. Läuft das krankgeschossene Tier über die Grenze, darf er es nicht verfolgen. Er ruft den Nachbarn an, und der setzt die Suche fort. Das Wildbret gehört ihm. Wenn bei dieser Aktion ein Kind dazwischengerät, ist es in Gefahr.

Ich reite auf Putz am liebsten über Stoppelfelder. Die Schafherden weiden sie jetzt ab, verzehren liegengebliebenes Korn und Unkraut, und ihr Kot düngt den Acker für die neue Saat. Heute lacht mir an der alten Windmühle ein Sonnenblumenfeld entgegen. Die Sonne steht hinter mir. Unzählige Sonnenblumen schauen zur Sonne und mich an. Sie sind höher als Putz und ich zusammen. Ich reite hinein. Hinter mir schließt sich ein Wald aus gelben Blüten, vor mir, um mich herum leuchtende Sonnen. Alle sehen mich an, als hätten sie auf mich gewartet. Eine hinreißende Pracht für mich ganz allein. Noch nie habe ich ein solches Glück empfunden wie in diesem Augenblick. Meine Seele scheint überzulaufen. Umwogt von der Herrlichkeit der Schöpfung reite ich weiter. Endlos scheint das Feld. Putz findet mühelos Schluchten im Blätterwald der Stiele. Mein Herz lacht gemeinsam mit den Blumengesichtern der Sonne zu.

Heute sollen die Jährlinge zum Vorwerk getrieben werden, und das ist eine heikle Sache. Junge Pferde sind sehr schnell und sehr schnell irgendwo weit weg, wenn man nicht aufpaßt. Es gibt keine andere Möglichkeit, als sie mit berittenen Pferden zu treiben, denn der Weg zum Vorwerk ist weit, und es wäre mühsam, sie einzeln dorthin zu führen. Ich erbettele mir die Erlaubnis mitzureiten. An der Kreuzung von Heerstraße und Schmarfendorfer Weg bei der Nachtigalleneiche, wo der Weg, den die Fohlen laufen sollen, einen scharfen Rechtsknick macht, werden Posten aufgestellt. Auf dem Hof sammeln sich die Reiter. Die schnellen und die etwas langsameren ungeübten Reiter werden auseinandersortiert und in zwei Gruppen eingeteilt. Ich bin bei den Langsamen. Wir reiten in die Koppel zu den Fohlen und treiben sie behutsam zum Koppeltor. Dort warten die schnellen Reiter. Auf ein Kommando geht das Tor auf, und die schnellen Reiter galoppieren voraus. Die Fohlen folgen den Leitpferden, und wir jagen hinterher. Die Pferde strecken sich den Hof hinunter in die Eichenallee. Eine wilde Jagd für alle Pferde und Reiter. Mein Herz pocht bis in die Schläfen, der Körper spannt sich. Doch obwohl ich Putz nach Kräften treibe, bin ich bald allein. Die Fohlenherde ist viel schneller als Putz.

Junge Pferde müssen eingefahren werden, und das ist eine aufregende und schwierige Arbeit. Sie werden vorsichtig ans Geschirr gewöhnt, mit erfahrenen Pferden zusammen angespannt und mit ihrer Aufgabe vertraut gemacht. Dann aber will man sie zusammenspannen, so daß ein Gespann aus gleichaltrigen Pferden entsteht. Dieser Augenblick ist heute gekommen. Ich möchte mit, darf aber nicht, weil es angeblich zu gefährlich ist. Die drei Pferde, es sind Füchse, werden vor einen Gummiwagen gespannt und langsam durch das Bauernende zum Sandweg in Richtung Höllenberge gefahren. Ich stehe vor dem Kutschstall, schaue ihnen nach und ärgere mich. Plötzlich höre ich ein lautes Poltern und Getrappel. Da galoppieren die drei Pferde mit einem wild schleudernden Wagen in rasendem Tempo durchs Dorf und durch das Tor auf den Hof. Die umherstehenden Männer zeigen ihre Angst. Sie stellen sich mit erhobenen, ausgebreiteten Armen, aber bereit, beiseite zu springen, dem Gespann entgegen. Einer schreit mich an: »Aus dem Weg!« Ich steige auf den Kutschstallstein. Da die Pferde an ihrem Ziel sind, lassen sie sich einfangen und beruhigen. Der Gespannführer kommt unverletzt zu Fuß hinterher. .

Es ist stockfinstere Nacht im Wald. Während der Fahrt im Abendlicht, als ich über das Kopfsteinpflaster durch die Eichenallee fuhr, waren die Felder und die buschumwachsenen Tümpel noch zu erkennen. Jetzt ist nicht einmal mehr die

Hand vor den Augen sichtbar. Hannibal sieht besser als ich. Er trottet brav den Waldweg entlang, und ich lasse die Zügel hängen. Täte ich etwas, würde ihn das nur stören. Ich soll einen Jäger abholen, der den Abend über auf der Alicen-Kanzel gesessen hat. Der Wald hat Ohren. Selbst das kleinste Geräusch ist aufregend. Ein flatternder Vogel. Ein in der Ferne schreckendes Reh, der Schrei eines Käuzchens, ein knackender Ast. Ich bin allein mit Hannibal. Der Tritt des Pferdes im Waldboden stört das Wild nicht. Ein kurzes Brechen im Unterholz der Fichtenschonung rechts von mir läßt mein Herz hämmern. Hannibal läuft ruhig weiter. Auf einer Lichtung halte ich das Pferd an und warte. Vor dem Jäger, der plötzlich unter dem Hochwald auftaucht, erschrecke ich kurz. Dann wende ich den Wagen und lasse Hannibal den Weg im Trab nach Hause finden. Im Stall brennt noch Licht. Dort wartet der Knecht Berger. Er nimmt mir das Pferd ab und versorgt es.

Ich verstecke mich

Wie immer soll ich eine Stunde Mittagschlaf halten. Ich habe keine Lust, jeden Nachmittag im Bett zu liegen. Auf der Treppe zu den Schlafzimmern sehe ich vor mir den langen, dunklen Flur, von dem rechts und links die Gästezimmer abgehen. An seinen Enden sind Querflure, die nur von einer Seite her Licht bekommen, das andere Ende liegt im Dunkeln. Dort steht ein großer Wäscheschrank. Ich stelle mich dahinter und bleibe, wo ich bin.

Es vergeht ein Weilchen, dann ruft Donti: »Lala, wo bist du denn?« Sie läuft nach unten und sucht dort. Danach tönt mein Name aus dem Garten zu mir herauf. Ich rühre mich nicht vom Fleck. Nach einer Weile höre ich Mutters Stimme meinen Namen rufen. Ich denke: Soll'n sie sich nur alle mal richtig Sorgen um mich machen. Das geschieht ihnen recht. Da sie immer so scheußlich zu mir sind, bin ich jetzt mal richtig scheußlich zu ihnen. Ich höre, daß die Stimmen sich verändern. Aus dem ärgerlich fordernden Ton wird ein besorgtes, fast ängstliches Rufen. Die Stimmen werden leiser, das heißt, sie suchen nun weiter weg nach mir. Da fällt mir ein, daß sie vielleicht denken, ich sei zum Haussee, dem Sumpfgebiet, gelaufen. Ich warte noch ein Weilchen, dann komme ich hinter meinem Schrank hervor und zeige mich. Die Suche wird abgeblasen. Mutter hält mir eine Standpauke. Vater wird mich heute abend nicht – wie versprochen – mit zur Pirsch nehmen. An diese Möglichkeit hatte ich nicht gedacht. Jetzt ärgere ich mich über mich selbst.

Krieg

Ich dachte, es müßte eigentlich so sein, daß Krieg mit einem Knall anfängt. Das stimmt nicht. Krieg fängt ganz einfach an. Du merkst es gar nicht. Plötzlich ist er da. Du denkst, im Krieg ist auf einmal alles anders. Die Erde bebt, oder es donnert, oder das Licht geht aus. Nichts dergleichen geschieht. Eines Tages ist Krieg, und alles bleibt, wie es ist – erst mal. Die Sonne geht morgens auf und abends unter. Das Haus steht noch da, wo es gestern stand. Die Vögel zwitschern wie seit Jahrhunderten. Die Hofglocke bimmelt wie jeden Morgen zur Arbeit, und die Gespanne werden vor die Wagen gespannt und trotten den Hofhang hinunter zu den Feldern. Wir Kinder erscheinen frisch gebürstet und gekämmt, die Mädchen mit weißen Haarschleifen in den Zöpfen, zur Andacht. Von allen Seiten strömen die Hausbewohner herbei, die Zimmer- und Küchenmädchen mit weißen Schürzen, sie bringen ihre Stühle mit. Vater kommt, vom Morgenritt zurück, zur Haustür herein. Mutter sitzt schon am schwarzen Flügel und sucht Lieder aus. Vater setzt sich mit dem Stundenbuch auf seinen Knien auf die Ofenbank. Ina und ich hocken uns rechts und links neben ihn mit Blick auf seine grau-braun-beigen Reithosen, die in den langen Stiefelschäften stecken. Peter hat es sich auf Dontis Schoß bequem gemacht, das heißt, auf ihrer makellos weißen Schürze. Ohne diese Schürze kommt Donti nicht vor.
Zuerst muß ich mich immer ärgern. Mutter sagt das erste Lied an, und Ina ruft die Gesangbuchnummer dazwischen,

eh Mutter dazu eine Chance hat. Sie kennt alle Strophen auswendig, ich höchstens die zweite, kann also wieder mal nicht mithalten. Vater singt laut und schräg. Er beachtet das nicht, weil er so gern singt. Wahrscheinlich singt deshalb Mutter noch lauter, damit alle anderen richtig wie sie und nicht falsch wie Vater singen. Dies geschieht jeden Morgen und auch sonntags in der Kirche. Da führt sie mit ihrer Stimme die gesamte Gemeinde und die Orgel.

Es fühlt sich gut an, neben Vater zu sitzen. Er ist wie ein großer Felsen, an dem ich festen Halt habe. Er wird nie laut oder aufgeregt oder unwirsch, nur manchmal ernst. Aber wenn er ernst oder ärgerlich wird, hat das immer einen verständlichen Grund. Man weiß bei Vater, woran man ist. Ich gebe mir riesengroße Mühe, so zu sein, daß er auf mich stolz ist, und wenn ich ihn unzufrieden gemacht habe, fühle ich mich schrecklich schlecht und verloren. Vater wird von allen im Haus geliebt und geachtet. Er ist eindeutig der Hausherr, der Chef, der König in Pätzig. Über ihm steht nur noch der liebe Gott. Mutter sorgt für Ordnung und Tradition. Vater bringt Freiheit und Fröhlichkeit ins Haus.

An diesem ganz gewöhnlichen Tag weiß niemand im Dorf, daß heute der Krieg angefangen hat. Auch als der Krieg schon tobt, stören uns keine Flugzeuge, kein Kanonendonner, und niemand spricht von Angst. Alles ist ruhig und friedlich im Wald, auf der Dorfstraße, in den Ställen und im Haus. Die Andacht dauert heute genauso lange wie sonst – so ungefähr zwanzig Minuten – und hört um zwei Minuten vor acht auf. Alle Kinder müssen das Andachtszimmer verlassen. Die Erwachsenen wollen Nachrichten hören.

Das Radio, ein brauner Holzkasten mit einem runden, stoffbespannten Fenster und ein paar Knöpfen, an denen man drehen kann, ist eine Neuheit in Pätzig. Darum wissen die Erwachsenen noch nicht, ob es Kindern schadet. Also müssen wir raus. Aus irgendeinem Grund, den ich vergessen habe, bleiben wir heute in der Diele. Vielleicht haben wir versucht zu lauschen? Jedenfalls sehe ich Vater, als er aus der Tür kommt. Sein Gesicht ist aschfahl. Seine Augen schauen geradeaus durch die vor ihm liegende Wand, als sähe er dort etwas so Schreckliches wie noch nie zuvor. So habe ich Vater noch nicht erlebt. Er schaut mich nicht an. Jemand fragt: Was ist geschehen? Er blickt weiter wie durch die Wand hindurch und sagt: »Die deutschen Truppen sind in Polen einmarschiert.« Was daran so schlimm ist, verstehe ich nicht. Sie sind ja schon in einige andere Länder wie das Saarland, Österreich und die Tschechoslowakei einmarschiert. Warum sieht Vater jetzt plötzlich so aus, als wäre jemand gestorben? Niemand erklärt es mir. Donti sagt leise: »Das bedeutet Krieg.«

Krieg ist ein schlimmes Wort. Ich spüre, es enthält furchtbare Dinge. Wie furchtbar sie sind, muß Vater wissen, sonst wäre er nicht so bleich im Gesicht. Er geht durch den Flur zum Ankleidezimmer. Wimmelchen packt seine Sachen. Der Wagen fährt vor, und innerhalb kurzer Zeit verläßt Vater das Haus. Er ist zu seiner Truppe nach Schwedt einberufen worden. Von nun an werden wir ihn nur noch im Heimaturlaub erleben. Alle haben ernste Gesichter, keiner macht einen Scherz oder sagt: Es wird schon gutgehen. Jeder scheint zu ahnen, daß dies der Anfang vom Ende ist. Wimmelchen sagt: »Alles Gute, Herr Rittmeister!« »Danke, Wilhelm!« Die Bewohner haben sich vor der Haustür versammelt und schauen dem Zweispänner nach, mit dem Vater und Mutter zum Bahnhof gebracht werden. Es ist, als verlasse der Kapitän im Augenblick des drohenden Sturms das Schiff. Als sei ein großer, kräftiger Baum krank geworden und bekomme von diesem Augenblick an nicht mehr ausreichend Lebenssaft.

Winterspaß

Der Winter in Pätzig reicht vom November bis in den Mai. Winter ohne Schnee sind undenkbar. Wenn der erste Schnee bis mittags auf dem Kuhstalldach liegt, gibt es, das weißt du schon, heiße Bratäpfel mit kalter Vanillesoße zum Nachtisch. Wir warten sehnsüchtig auf diesen Augenblick. Der Schneepflug, eine spitze Kiste aus Brettern, wird von Pferden über den Hof und die Wege entlanggezogen. Hofarbeiter mit breiten Schaufeln schippen die Eingänge frei. Große, schmutzige Schneeberge türmen sich am Haussee neben der Schmiede, wo der auf dem Hof störende Schnee abgeladen wird. Wir ziehen unsere Schlitten auf einen ungeheuer steilen, bewaldeten Berg hinter der Schäferei und sausen bäuchlings mit dem Kopf zuerst zwischen den Bäumen hindurch. Irgend jemand muß den Berg inzwischen abgetragen haben, denn heute ist er nur noch ein kleiner, bewaldeter Hügel. Seltsam.

Nachmittags verabreden wir uns manchmal mit Kindern aus der Schule zum Schlangefahren. Wir binden unsere Schlitten aneinander und spannen Putz davor. Derjenige, der auf dem ersten Schlitten sitzt, nimmt die Zügel in die Hand, und los geht's. Erst mal langsam den Hofhang hinab. Niemals dürfen wir ein Pferd sofort schnell laufen lassen. Auf dem freien, festgefrorenen Feld aber trabt oder galoppiert Putz und wird in einer Schlangenlinie über den Acker gelenkt. Das Ende der Schlange schwingt in jeder Kurve weit nach außen, und der letzte muß aufpassen, daß sein Schlitten nicht umkippt. In Not gerät er, wenn der Fahrer eine Spitzkehre fährt. Dann saust

Putz, den Kopf in Richtung Stall, wie der geölte Blitz los, und der letzte Schlitten fällt um, und sein Besitzer bleibt liegen. »Halt, halt!«, schreit der dann. Wir tun so, als hörten wir ihn nicht, und lassen ihn eine Weile zu Fuß hinterherlaufen. Bleibt er aber drauf sitzen, ist er stolz wie Bolle und ruft: »Mich kriegt ihr nicht runter!« Dieses Spiel wird uns nicht oft erlaubt, denn die Gefahr, daß wir vor lauter Begeisterung nicht merken, daß das Pferd ins Schwitzen gerät, ist groß.

In der großen Pause morgens in der Schule gibt es Schneeballschlachten, wie du sie noch nicht erlebt hast. Es werden zwei Gruppen gebildet, in jeder spielen kleine und große Jungen, die Kleinen backen die Bälle, und die Großen werfen. Es tobt ein heftiger Kampf. Haben die Jungen sich verausgabt, versuchen sie, den Mädchen Schneebälle hinten in den Kragen zu stecken. Wenn es gelingt, kreischen die Mädchen, und die Jungen grinsen.

Ina und ich tragen auch im Winter Söckchen in Halbschuhen und Kleider. Da im Haus nur die Wohnräume geheizt sind, die Flure also eisig kalt werden, sind unsere Beine an Kälte gewöhnt. Wenn es sehr kalt ist und Mutter uns mit Briefen zur Post schickt, und das passiert täglich, versuchen wir das allerdings schnell hinter uns zu bringen, um wieder ins Warme zu kommen. Im vergangenen Sommer hat Mutter etwas Neues eingeführt. Ich vermute, die Idee stammt nicht von ihr. Da wir ziemlich oft krank sind, ist es der Versuch, uns abzuhärten. Wir haben damit im Sommer angefangen und halten es den ganzen Winter über durch. Du weißt, daß an unser Haus der Holzschuppen und die Waschküche angebaut sind. Einmal ums Haus und um die Schuppen herum sind ungefähr hundert Meter. Mutter hat nun beschlossen, uns morgens, sozusagen vor dem Aufwachen, einmal ums Haus laufen zu lassen, barfuß und im Nachthemd, damit es nützt. Es stimmt ja, daß es Menschen gibt, die das Eis aufhacken und dann lustig im Wasser schwimmen. Sie haben ihren Körper daran gewöhnt. Mutter nimmt ihre Aufgabe, uns abzuhärten, sehr ernst. Wir kriechen also aus den Betten, rennen den Flur entlang, die Treppe hinunter, aus dem Haus, um das Haus herum. Die Füße werden rot und warm im Schnee, und wir laufen um die Wette. Wenn wir wieder oben ankommen, steht Donti mit einem Eimer voll kaltem Wasser bereit. Ich hocke mich in die Zinkwanne und schüttle mich unter dem kalten Schwall, der sich über mich ergießt. Danach hüllt mich Donti in ein großes Handtuch und rubbelt mich ab. Der Kachelofen ist warm und gemütlich. Ich fühle mich wohl. Nur wenn der Schnee zu Harsch gefroren ist und das Eis den Füßen weh tut, finde ich die Idee nicht so gut.

Jemand stirbt

Tod gehört zum Dorf so selbstverständlich wie Geburt und Leben. Wenn du es oft erlebst, daß Tiere sterben, verliert er etwas von seinem Schrecken. Die süßen, kleinen Mäuse in der Falle, die Frösche, denen die Dorfjungen die Schenkel ausreißen, die mageren Singvögel, die vom Kuckuck aus dem Nest geworfen wurden, der vom Fuchs gerissene Hase am Wegrand, der vom Jäger erlegte Bock. Du begegnest dem Tod fast alltäglich.

Wir Kinder begraben alle toten Tiere, die wir finden, und stellen auf jedes Grab ein kleines Holzkreuz aus Stöcken. Aber es gibt Ausnahmen, da beschäftigt uns der Tod länger. Zum Beispiel als Pummi verschwand, stand dann Putz an seiner Stelle, und die Freude über Putz war so groß, daß wir Pummi erst vergaßen. Dann aber fiel er uns wieder ein, und als wir die Eltern nach ihm fragten, erfuhren wir, daß der Pferdejude ihn mitgenommen und dafür Putz gebracht hatte. Erst als ich Erich drängte, mir zu sagen, wo man denn Pummi hingebracht habe, hat er mir erzählt, daß er beim Abdecker gelandet sei.

Nun weißt du, da du Jahrzehnte später lebst und deine Eltern dir davon erzählt haben, daß wir Deutschen grausam mit den Juden und auch mit den »Zigeunern« umgegangen sind. Letztere wollen heute Sinti und Roma genannt werden. In meiner Geschichte nenne ich sie Zigeuner, weil wir sie damals so nannten. Ähnlich verhält es sich mit dem »Pferdejuden«. Mein Vater kaufte seine Pferde von diesem Mann und verkaufte sie ihm, wenn er sie nicht mehr gebrauchen konnte. Er hieß der Pferdejude. Seinen richtigen Namen habe ich, denke ich, nie gehört. »Wenn du mit ihm verhandelst«, sagte mein Vater, »mußt du dir klar machen, daß er die Pferde schönredet, um sie zu verkaufen. Das gehört zu seinem Beruf. Kaufst du von ihm, darfst du dich nicht auf das verlassen, was er dir erzählt, sondern mußt selber genau hinsehen. Ihn kannst du nicht dafür verantwortlich machen, wenn das Pferd zehn Jahre älter ist, als er dir gesagt hat. *Du* mußt Bescheid wissen.« Heute, mehr als ein halbes Jahrhundert später, wissen wir, daß dieser Mann und viele seinesgleichen in solche Berufe ausgewichen sind, weil ihnen andere Erwerbsquellen versperrt und sich Nichtjuden für Gewerbe wie den Pferdehandel zu schade waren.

Einmal ist ein Gespann Pferde in eine Grube gerutscht, in der Kalk gelöscht wurde. Ich war nicht dabei, aber die Vorstellung von den im brodelnden Kalk verbrennenden Pferden löst in mir heute noch Entsetzen aus. Aber so ist das: Der Tod gehört zum Leben in Pätzig wie der Winter zum Sommer.

Stirbt ein Mensch, hat das Dorf seine eigenen Rituale. Wir Kinder von der Herrschaft, wie die Leute uns nennen, sind davon nicht ausgeschlossen. Wir können ins Dorf gehen, wann wir wollen. Aber Donti findet es nicht gut, wenn wir dort aus Neugierde herumstehen. Außerdem sagt sie, ich sei noch zu klein, um mir einen toten Menschen anzusehen. Also muß ich mich heimlich davonstehlen, denn was verboten ist, übt, wie du sicher weißt, eine besondere Anziehungskraft aus. Die Leute, Männer, Frauen und Kinder, strömen auf eines der kleinen Arbeiterhäuser zu. Diese niedrigen Doppelhäuser haben einen kleinen Vorgarten und neben dem Eingang eine Holzbank, auf der die Ehepaare nach Feierabend und die alten Leute tagsüber sitzen und den Kindern und Gänsen auf der pfützenreichen Dorfstraße zusehen. Diese Straße ist nicht ganz ungefährlich für kleinere Kinder, denn der Gänserich geht zischend und flügelschlagend auf dich los, wenn du ihm zu nahe kommst. Heute hütet er seine Herde anderswo. Ich reihe mich in die Schlange ein, die sich vor der Haustür bildet. Die Tür wird von innen geöffnet, und einer nach dem anderen verschwindet im dunklen Flur. Ich mache mich hinter meinem Vordermann klein, in der Hoffnung, nicht beachtet zu werden. Aber niemand scheint von mir Notiz zu nehmen.

Am Ende des dunklen Flures ist die Küche. Ich sehe schlohweißes Haar auf dem Tisch. Wir gehen in die Küche hinein, und ich kann das Gesicht der toten Frau von der Seite betrachten. Es hat nichts Erschreckendes. Sie sieht friedlich aus, so als schliefe sie. Nur der Küchentisch wirkt irgendwie unpassend. Wir gehen um sie herum. Es riecht nach Essen, Blumen und Kernseife, der lange Rock vor mir muffig. Warum ist die alte Frau wohl nicht in der Stube aufgebahrt? Die Bettdecke ist um ihren Körper gewickelt, da kann man nichts sehen. Nur die gefalteten Hände, in denen sie das Kreuz und ein Blumensträußchen hält, ragen aus der weißen Decke hervor. Die Hände sind knorrig, sie haben tiefe Furchen und geschwollene Gelenke. Aber auch das ist nichts Ungewöhnliches. So sehen die Hände der alten Leute im Dorf eben aus. Ich achte darauf, meinen Vordermann nicht zu verlieren, und gehe hinter ihm durch den Flur wieder hinaus. Hinter dem Haus ist ein kleiner Stall, in dem die Leute ihr Schwein mästen, eine Brennholzmiete, ein Hühner- und Gänsestall und ein Gemüsegarten, in dem sie alles anbauen, was sie essen. Wer wird jetzt wohl die Hühner füttern, wo die Alte tot ist? Mit einem schlechten Gewissen Donti gegenüber schleiche ich mich nach Hause.

Am nächsten Tag ist die Beerdigung. Ich fühle mich verpflichtet, zum Begräbnis zu gehen, obwohl ich die Frau gar nicht richtig gekannt, nie mit ihr gesprochen habe. Aber wenn ich nicht zur Beerdigung ginge, würde ich mich selbst für einen Gaffer halten, und das will ich mir nicht antun. Schließlich habe ich gestern durch meinen Besuch bei ihr ja eine Beziehung zu ihr angefangen.

Zwei Ackerpferde werden vor einen Leiterwagen gespannt, dem man die Leitern abgenommen hat. Über die Fläche zwischen den hohen Speichenrädern wird ein schwarzes Tuch mit silbernen Fransen gebreitet. Die Pferde werden mit dicken, schwarzen Tüchern behängt und bekommen große, schwarze Scheuklappen und einen Stirnschutz, ebenfalls mit Fransen, übergestülpt, aus dem die Ohren komisch herausstaksen. Das einzige, was an diesen Pferden nicht traurig aussieht, sind diese Ohren, die sich unabhängig voneinander und unablässig unruhig bewegen. Die schwarzen Schwänze der Pferde, die hin und her schlagen, um die Fliegen zu verjagen, passen zur Verkleidung.

Ich gehe nicht mit in die Kirche. So gut kannte ich die alte Frau nun auch wieder nicht. Aber als der Sarg herausgetragen und auf den Wagen geschoben wird, reihe ich mich in die ihm folgende Gemeinde ein. Auf dem Sarg liegt ein Kranz aus Callas, das sind Blumen, die aussehen wie weiße, spitze Papiertüten. Ihre Stempel wirken, als streckten sie allen Menschen die Zunge raus. Dennoch mag ich sie nicht.

Die eisenbereiften Räder klingen in der stillen Feierlichkeit laut auf dem Kopfsteinpflaster. Der Duft von frischgebackenem Brot, der aus der Bäckerei am Ortsende strömt, paßt nicht zu der getragenen Stimmung. Eigentlich müßte der Bäcker heute aufhören zu backen, denke ich. Am Grab bewundere ich die beiden Arbeiter, die die Grube ausgehoben haben. Sönner hat mit unserer Hilfe mal im Garten einen Erdbunker gegraben, daher weiß ich, wie mühsam das ist und außerdem nicht ganz ungefährlich, weil die Wände einbrechen können. Die Vorstellung, die beiden Männer könnten bei ihrer Arbeit von den feuchten Lehmwänden verschüttet worden sein, beschäftigt meine Gedanken, bis die Trauergemeinde zu singen beginnt: »Jesus, meine Zuversicht, wovor sollte mir denn grauen ...« In der Grube ist es dunkel. Irgendwie beruhigt es mich, daß die beiden Männer sie gleich wieder zuschaufeln, während wir noch dastehen. Es ist ja nur der Sarg, auf den nun die Erdschollen fallen. Die alte Frau, so wie sie einmal war, denke ich, ist ja schon nicht mehr da. Also muß sie woanders sein.

Schlempe fahren

Es ist Frühjahr 1940. Nach und nach verlassen nun fast alle Männer das Dorf. Vaters Truppe kämpft zuerst in Belgien und dann in Frankreich. Dort rücken die deutschen Truppen innerhalb weniger Monate bis nach Paris vor. Über dem Radio im Andachtszimmer hängt jetzt eine große, bunte Landkarte. Inzwischen dürfen wir Kinder auch die Nachrichten hören. Für jede Heeresgruppe, die in Frankreich einmarschiert, gibt es ein Fähnchen aus einer Stecknadel und farbigem Glanzpapier. Abwechselnd dürfen wir die Fähnchen versetzen, wenn unsere Truppen irgendwo vorangekommen sind. Auch in Griechenland und Bulgarien sind jetzt deutsche Truppen. Es ist wie beim Fußball oder Tennis. Du freust dich, wenn die Deutschen gewinnen. In Frankreich nehmen sie französische Soldaten gefangen. Schließlich fällt Paris. Die Erwachsenen haben besondere Namen für das, was im Krieg geschieht. Sie sagen nicht, der Sohn von Geduldigs ist gestorben, sie sagen auch nicht, er ist umgebracht oder erschossen worden, sie sagen: Er ist gefallen. Wenn sie es sagen, sind in diesem Wort andere, unausgesprochene Worte versteckt: die Worte Stolz und Ehre, Vaterland und »Für uns gestorben«. »Paris ist gefallen« bedeutet eigentlich: Die Hauptstadt von Frankreich ist wahrscheinlich weitgehend zerstört worden. Die Erwachsenen sagen: »Paris ist gefallen«, damit wir nicht an den Schrecken denken, den die Soldaten über die Stadt gebracht haben, sondern daran, daß Paris jetzt uns gehört.

Einige gefangene Franzosen kommen nach Pätzig und ersetzen die deutschen Arbeiter auf dem Hof. Sie tragen noch ihre braunen Uniformen, aber all die Orden und Abzeichen, die Soldaten für ihre Tapferkeit und ihr Können bekommen, mußten sie ablegen. Die Franzosen können gut mit Pferden umgehen. Sicher sind es ganz einfache Bauern, die man für den Krieg vom Feld geholt hat. Sie werden die neuen Gespannführer. Es kommen auch polnische Kriegsgefangene. Sie arbeiten auf dem Feld. Abends werden sie eingeschlossen, damit sie nicht fliehen. Fremde Deutsche in Uniform bewachen sie. Manchmal wirft Mutter einen Blumenstrauß über den Holzzaun, hinter dem sie wohnen, denn hineingehen darf sie nicht. Die Wachleute passen auch auf, daß Mutter ihnen nicht zusätzlich zu ihren Rationen Lebensmittel zusteckt. Auf dem Hof erzählen die Leute, in den Nachbardörfern seien einige Gefangene geflohen. Sie versteckten sich in den Wäldern und versuchten, in ihre Heimat zurückzulaufen. Es sei deshalb nicht mehr ganz ungefährlich, nachts in den Wald zu fahren. Ich kann mir trotzdem nicht vorstellen, daß mir etwas passiert. Unsere Gefangenen laufen nicht weg. Sie wissen, die deutschen Truppen sind in ihrer Heimat, und es geht ihnen in Pätzig verhältnismäßig gut. Je weniger deutsche Männer auf dem Hof sind, desto mehr dürfen wir selbständig tun und desto mehr Verantwortung dürfen wir übernehmen.

Heute steht im Ackerstall ein Gespann. Der Gespannführer wird an anderer Stelle gebraucht. »Was kann ich tun?« frage ich Herrn Döpke, den Verwalter, dessen Aufgabe es ist, die Arbeiten einzuteilen. »Ich hab keine Arbeit für dich«, sagt er. Das kann nicht sein. Das gibt es überhaupt nicht. Es ist deutlich, er traut mir nicht zu, die Arbeiten, die er hat, vernünftig zu erledigen. Ich weiß, es müßte Schlempe gefahren werden, eine unbeliebte Aufgabe. »Ich könnte Schlempe fahren.«

»Das kannst du noch nicht.« »Doch, das kann ich!« Nach einigem Zögern sagt er: »Paß auf die Pferdebeine auf.« Ich schirre die beiden Zugpferde an, lasse das Beipferd im Stall und führe sie zu einem Jauchewagen, der neben den anderen Ackerwagen in Reih und Glied auf dem Hof steht.

Die Schlempe ist Abfall aus der Brennerei, das habe ich dir schon erklärt. Mit ihr sollen die Obstbäume in der Gärtnerei gedüngt werden.

Am Ende des schrägen Hofhangs steht die Brennerei. In für mich unerreichbarer Höhe kommt aus ihr ein vorn abgeknicktes Rohr, von dem eine Kette herunterhängt. Wenn man an ihr zieht, sprudelt die Schlempe in einem dicken Strahl heraus. So weit ist es ganz einfach. Die Kunst aber besteht darin, den Jauchewagen genau so zu rangieren, daß seine Luke direkt unter dem Rohr zum Stillstand kommt. Der erste Fehler, den ich mache, ist, daß ich den Hang hinunter- statt hinauffahre. Ich halte an, und der Wagen rollt noch ein Stück weiter, am Rohr vorbei, obwohl die Pferde stehen. Ich besorge mir einen Stein, um ihn beim nächsten Mal vor ein Rad zu legen, sobald der Wagen steht. Aber das ist gar nicht so einfach. Gleichzeitig darauf zu achten, daß die Mündung genau über der Luke hängt, die Pferde anzuhalten und den Stein unter das Rad zu legen gelingt mir nicht. Rückwärts wollen die Pferde den Wagen nicht ziehen, weil sich die Deichsel vorn hochschiebt, und das irritiert sie. Ich fahre die nächste Runde. Ich schaffe es, die Pferde anzuhalten und den Stein vor das Rad zu legen. Nun aber hängt das Rohr seitlich neben dem Loch. Es ist zum Verzweifeln. Gut, daß mir niemand zuschaut. Aufgeben ist gegen die Ehre, besonders dann, wenn Herr Döpke mir die Arbeit nicht zutraut. Also noch einmal von vorn. Diesmal versuche ich es von unten den Hang hinauf. Nun muß ich aufpassen, daß der Wagen nicht zurückrollt. Aber ich kann genau unter dem Rohr anhalten.

Geschafft! So denke ich. Ich klettere auf das große Jauchefaß, um den Deckel aufzuklappen. Leider läßt er sich nicht öffnen. Er klemmt unter dem Rohr. Nun aber weiß ich, wie es geht. Ich drehe eine neue Runde, und jetzt klappt alles. Die Schlempe sprudelt in das große Faß und füllt es bis zum Rand. Glücklich fahre ich in die Gärtnerei und lasse die stinkende Brühe zwischen die Obstbäume spritzen.

Am nächsten Nachmittag möchte ich lieber Ochsen fahren. Die Ochsen gehören zum Kuhstall. Der Schweizer gebraucht sie, um Mist zum Misthaufen zu bringen. Sie werden vor eine niedrige Schleppe gespannt und ziehen diese langsam auf dem Pflaster entlang. Wenn der Misthaufen zu locker gepackt ist, legt der Schweizer große Steine auf die Schleppe und fährt mit den Ochsen immer im Kreis auf dem Misthaufen herum, um ihn zu verdichten. Das ist eine langweilige und schmutzige Arbeit. Ich biete mich an. Der Schweizer spannt die Ochsen vor den Schlitten. Sie ziehen mit ihrer Stirn und reagieren auf Zuruf. Ich sage »hü«, und sie laufen los. Meine Stimme scheint ihnen nicht geheuer. Sie bewegen sich immer schneller. Ich rufe »ho«. Aber sie hören nicht auf mich. Noch nie habe ich die Ochsen so schnell rennen sehen. Ich bin in Not. Der Schweizer kommt hinterhergelaufen und rettet die Ochsen und mich. Ich gebe auf.

Vater ist unzufrieden mit mir

Es ist Herbst im Jahr 1940. Vaters Truppe ist in Frankreich stationiert, genau gesagt in Paris. Aber er hat Heimaturlaub. Er hat Mutter glänzenden Taft für ein Abendkleid mitgebracht. Das ist jetzt etwas ganz Besonderes, denn in Kriegsjahren gibt es weder schöne Stoffe noch Kinderspielzeug noch andere eigentlich überflüssige Dinge zu kaufen. Bei uns ist inzwischen alles rationiert, sogar die Milch, obwohl so viele Kühe im Stall stehen, daß wir in ihrer Milch baden könnten. Jeder erhält seine Ration zugeteilt, und mehr gibt es nicht. Nur Ina kriegt eine Extraportion, weil sie Vaters Dünnspatz ist.
Wenn Vater Heimaturlaub hat, wirkt Mutter angespannt und konzentriert. Sie bereitet die Bücher vor, damit er sehen kann, wie die Finanzen stehen und wie die Planung für die Bestellung der Felder aussieht. Er ist den ganzen Tag damit beschäftigt, auf dem Hof, im Wald und auf den Äckern zu prüfen, was gemacht worden ist, und zu entscheiden, was die Leute in Zukunft tun sollen.
Heute hat Vater mich eingeladen, mit ihm auszureiten. Er sitzt auf seiner Schimmelstute Gute Sieben und ich auf unserem Pony. Putz ist nicht leicht zu regieren. Außerdem bummelt sie so, daß ihre Nüstern auf der Höhe von Vaters Sattel sind. Vater ärgert das, er möchte, daß ich vorwärts, das heißt schneller reite. Ich mühe mich, aber Putz will überhaupt nicht tun, was ich will. Nach und nach wird Vater richtig sauer. »Tu endlich, was ich dir sage!« sagt er. »Hände runter, Fußspitzen nach innen, Hacken runter und vor allem:

Sitz gerade!« Ich konzentriere mich, aber Putz trödelt weiter. Vater wird still, vielleicht hat er mich vergessen?
Auf dem Rückweg in den Höllenbergen hält er an, steigt von seinem Pferd und bindet es an einen Baum. »Du reitest jetzt im Zirkel um mich herum!« Ich reite. Putz ist müde und strebt nach Hause. Jedesmal, wenn sie bei Vaters Pferd ankommt, bleibt sie stehen. Und am Weg, der zum Dorf führt, will sie ausbrechen. Ich gebe mir Mühe, sie vorwärts zu bewegen, dabei sitze ich wieder krumm und vergesse die Fußspitzen. Schließlich wird es Vater zu dumm. Er nimmt seine Reitpeitsche, fädelt sie mir hinter meinem Rücken durch die Ellenbogen, steigt auf und reitet nach Hause. Nun sitze ich gerade auf meinem Pferd, und Putz geht in Richtung Stall schneller. So wäre alles in Ordnung, wenn – ja, wenn nicht das Bauernende wäre. Im Bauernende wohnen die Kinder der Bauern, mit denen ich zusammen in die Dorfschule gehe. Sie werden mich sehen, und was dann morgen früh in der Schule los ist, kannst du dir denken. Auslachen werden sie mich und ätsch bätsch machen und zwei Zeigefinger übereinander reiben. Ich wünschte, ich könnte einen weiten Umweg reiten. Aber ich reite durchs Bauernende, vorbei an allen Bauernhöfen und den Kindern auf der Dorfstraße. Ich schäme mich in Grund und Boden und nehme mir fest vor, nie wieder krumm zu sitzen.

Ich und Peter gehen zu weit

Es ist gut, daß Peter da ist. Er ist mein Freund, mit ihm kann man »Pferde stehlen«. Eigentlich, ich weiß das sehr wohl, nennt man, wenn man etwas erzählt, den anderen zuerst. Ich müßte also die Überschrift ändern und schreiben: Peter und ich gehen zu weit. In diesem Fall aber ist es richtig zu sagen »ich und Peter«, weil ich eindeutig diejenige war, die hier zu weit ging. Peter hat nur mitgemacht, weil er mich nie im Stich ließ.
Du denkst vielleicht, ich bin von früh bis spät auf dem Hof, und die Schule kommt bei mir überhaupt nicht vor. Das wäre genau nach meinem Geschmack, ist aber leider nicht der Fall. Morgens ist Unterricht, sowohl in der Dorfschule mit ihren vier Klassen in einem Raum und dem Lehrer Starke am Pult als auch in unserem Schulzimmer im Gutshaus mit der Hauslehrerin. In der Schule bin ich, wenn sie den Lehrer Starke vertritt. Ihr Mann ist im Feld, und sie hat zwei kleine Kinder. Alle drei wohnen bei uns im Haus. Sie hat es also überhaupt nicht leicht, und Mutter schätzt sie sehr. Da mir der Unterricht aber weder in der Dorfschule noch im Schulzimmer Spaß macht, kann ich nichts daran ändern, daß ich für sie ein Ärgernis bin, denn obwohl sie sich große Mühe gibt, schafft sie es nicht, mich dazu zu bringen, meine Schularbeiten mit dem notwendigen Fleiß zu erledigen. Wenn ich sie geärgert habe, muß ich manchmal die Nachtpötte ihrer Kinder ausleeren. Sie nennt es aber nicht Strafe, sondern behauptet, sie habe dafür keine Zeit, weil ich ihr soviel Mühe

mache. Das stinkt mir in doppelter Hinsicht, aber ich kann direkt nichts dagegen tun. Ich sinne auf Rache.
Zuerst steigen Peter und ich auf die Linde hinterm Haus, von der aus man durchs Klofenster sehen kann. Hab ich dir schon von unserem Klo erzählt? Es ist fortschrittlich. Früher hatte man Plumpsklos, die außen am Haus klebten wie Schwalbennester. Der Schitt fiel aus einem Loch heraus und unten zwei Stockwerke tiefer in eine Grube. Wir haben schon richtige Klos. Emaillierte Eimer mit Deckeln stehen rechts und links an den Wänden des Raums aufgereiht, vier auf jeder Seite. Du nimmst den Deckel herunter und kannst dich auf einen Sitz mit Loch setzen. An der Wand hängen Strippen, auf die jemand handgroße Blätter aus kleingeschnittenem Zeitungspapier gezogen hat. Vor dem Frühstück schickt uns Donti aufs Klo. Wenn ich wiederkomme, fragt sie: »Wo warst du?« Dann sage ich zum Beispiel: »Rechts das erste« oder »Links das zweite«, dann geht Donti hin und kontrolliert das Resultat. Ein regelmäßiger Stuhlgang ist nach ihrer Meinung die Voraussetzung für ein geregeltes Leben. Irgendwann in der Nacht kommt jemand und leert die Eimer irgendwohin aus. Wir haben nie entdecken können, wer das ist und wohin der Inhalt gebracht wird. WCs gibt es bei uns nicht, nur einen Wasserhahn am Ende des Flurs mit einem Ausguß.
Peter und ich hatten schon früher mal, wenn sie im Anmarsch war, den Klotürschlüssel versteckt. Das war aber kein besonders intelligenter Streich. Jetzt beschließen wir, auf die große Linde hinterm Haus zu klettern. Von dort kann man sehen, wo sie sich hinsetzt. Allein sie an diesem Ort zu beobachten macht Spaß, weil es unnütz ist und sie, wenn sie es wüßte, ärgerte. Aber das genügt nicht. Da fällt mir ein Streich ein, mit dem ich sie wirklich treffen kann. Morgen soll sie wieder in der Dorfschule unterrichten. Ich erzähle Peter meinen Plan, und er ist sofort bereit mitzumachen.

Am nächsten Morgen sitzen wir alle ruhig an unseren Pulten in der Schule. Die Lehrerin steht an der Tafel. Da öffnet sich die Tür. Peter, der ja noch nicht zur Schule geht, steckt seinen Kopf kurz durch die Ritze und schreit: »Bei uns brennt's!« Und schwups! ist er wieder weg. Die arme Lehrerin hat schreckliche Angst um ihre kleinen Kinder. Sie ist furchtbar aufgeregt und ruft nur: »Ihr könnt alle nach Hause gehen!«, greift ihre Sachen und läuft, so schnell sie kann, zum Gutshaus. Ich informiere die anderen Kinder, und wir verlassen schnell die Schule. Einen unerwartet freien Vormittag finden alle herrlich. Ich bin die große Heldin. Als die Lehrerin zum Haus kommt, ist dort nichts von einem Feuer zu sehen. Natürlich stellt sie Peter zur Rede. Der macht ein harmloses Gesicht und sagt: »Wieso, in der Küche im Herd brennt's doch!« Jeder weiß, Peter hat sich das nicht allein ausgedacht. Also bekommen wir beide eine Strafe. Aber die ist uns die Geschichte wert.

Berger

Erich ist eingezogen worden, das heißt, er muß von heut auf morgen seine Familie und seine Arbeit verlassen und sich in der Kaserne melden. Er wird Soldat in der Etappe. Dort werden all die Gegenstände gesammelt und weitergeleitet, die die Truppen an der Front brauchen, Munition und Geräte genauso wie Essen und Trinken. Für Erich genau der richtige Job, denn er kann gut organisieren, was damals »beschaffen« bedeutete. An seiner Stelle versorgt nun ein älterer Mann den Kutschstall. Er heißt Berger. Berger ist klein und ein bißchen schmuddelig. Wenn ich mit einem Bonbon von Frädrichs im Mund am Kutschstall vorbeikomme, sagt Berger manchmal: »Spuck mal um!« Dann lasse ich ihn ein bißchen an meinem Bonbon lutschen. Ich bin überzeugt, daß ich mehr von Pferden verstehe als Berger. Deshalb übernehme ich einen Teil der Regie im Kutschstall. Berger macht die grobe Arbeit, und ich gebe die Kommandos. Als später die Russen nach Pätzig kamen, soll er versucht haben, »seine« Pferde zu beschützen. Da haben sie ihn erschossen.

Lampri

Vater hat einen Hengst gekauft. Er steht im Kutschstall in einer Box links vorne. Es ist ein Fuchshengst, jung und temperamentvoll. Sein Fell glänzt, seine Augen funkeln, und er wiehert laut, sobald eine Stute am Kutschstall vorbeikommt. Im Gegensatz zum Bullen im Kuhstall ist unser Hengst überhaupt nicht gefährlich. Ich kann mit einem Schemel und Putzzeug in seine Box gehen und ihn putzen. Meine Arme sind noch zu kurz, ohne den Schemel reiche ich nicht ganz auf seinen Rücken. Er kennt mich gut. Obwohl die Tür offen ist, läuft er nicht hinaus. Wenn er's versucht, sage ich »hey!«, dann geht er brav wieder in seine Ecke. Ich kann auch unter seinem Bauch durchkriechen, ohne daß es ihn stört. Die Gute Sieben ist tragend. Der Hengst ist der Vater des Fohlens, das in ihr heranwächst. Seit meiner Geburt wird es das erste Fohlen sein, das in Pätzig zur Welt kommt. Ich bin wahnsinnig gespannt, ob es ein Stutfohlen oder ein Hengstfohlen, ein Fuchs oder ein Schimmel wird. Weil Vater nicht da ist, darf ich die Gute Sieben reiten. Das ist eine ganz besondere Auszeichnung. Vaters Pferd darf sonst niemand reiten! Ich gehe mit ihr um wie mit einem rohen Ei. Auf keinen Fall will ich Vaters Vertrauen enttäuschen. Schließlich aber ist die Gute Sieben so dick, daß sie in die Box am Ende des Kutschstalls gebracht und nicht mehr geritten wird.

Eines Morgens ruft Mutter vor dem Frühstück: »Lauft mal schnell in den Stall, das Fohlen ist da!« Da steht es auf staksigen Beinen, blondbraun mit weißer Blesse und weißen

Blick aus dem Haus über den Entenpfuhl zum Haussee

Strümpfen, ein Stutfohlen. Vielleicht wird es auch ein Schimmel? Keiner kann es sagen. Es säugt am Euter der Guten Sieben. Es wird Lampri getauft. Nach ein paar Tagen springt es schon mit allen Vieren zugleich in die Luft und beweist, daß es lebenslustig und gesund ist. Nun sitze ich noch öfter und länger im Stall als sonst. Ich kann mich nicht satt sehen. Es gibt nichts Schöneres auf der Welt.

An meinem zehnten Geburtstag liegt nichts als ein Zettel auf meinem Tisch. Ein Suchgeschenk. Ich renne von einem Versteck zum nächsten. In jedem finde ich einen neuen Zettel, der mich quer über den Hof und durchs Haus schickt. Ich habe keine Ahnung, was ich bekommen werde. Diesmal muß ich besonders weit bis zur Schäferei und dann in die Gärtnerei, in die Kirche, in die Küche und wer weiß wohin laufen. Schließlich, ich bin ganz außer Atem, steht auf dem Zettel: »An der Tür von Gute Siebens Box«. Als ich dort ankomme,

Die Stute Gute Sieben, Mutter von Lampri

hängt an dem Riegel ein Päckchen, endlich das Geschenk! Ich packe es aus. Ein Buch mit Pferdezeichnungen. Süße Bilder von Fohlen. Ich bin begeistert. Ich trage es zu Mutter und falle ihr um den Hals, um mich zu bedanken. Sie sagt: »Kuck doch mal vorne rein.« Ich schlage die erste Seite auf, dort steht eine Widmung. Ich lese: »Lampri. Zum 13. 5. 1942«. Ich verstehe nicht. Was soll das heißen: Lampri, 13. 5. 1942? Da ist doch Lampri gar nicht geboren. Plötzlich schießt mir ein Gedanke in den Kopf, aber der kann unmöglich wahr sein. Ich schaue Mutter an. Ihre Augen lachen. Mir ist, als würde ich vor Freude platzen. Ich besitze ein Pferd!

Musterung

Deutsche Truppen sind inzwischen in Rußland eingezogen, und auch Vater ist jetzt dort. Es ist Frühjahr 1942. Die russischen Straßen sind schlecht. Die Lastwagen bleiben im Modder stecken. Es geht durch Steppen und Moorgebiete. Je weiter die Soldaten nach Rußland hineinmarschieren, desto mehr Pferde brauchen sie, um dort die Kanonen und Wagen zu ziehen, wo die Lastwagen nicht mehr fahren können.

Morgen früh sollen Soldaten nach Pätzig kommen. Sie wollen sich alle Pferde ansehen, die im Dorf in den Ställen stehen. Dies wird Musterung genannt. Die Pferde werden auf ihre Tauglichkeit für das Militär untersucht, und dann werden die Soldaten die Pferde mitnehmen, die sie gebrauchen können. Ein Gutes bleibt, sie müssen den Bauern und uns genug Pferde übriglassen, damit weiter geackert werden kann.

Am nächsten Morgen geht es los. Zuerst lassen die Soldaten einen Tisch und einen Stuhl aus dem Pfarrhaus holen. Auf den Stuhl setzt sich ein Offizier, neben dem Tisch stehen zwei Soldaten. Rechts und links der Dorfstraße stellen nun die Gespannführer ihre Pferde ordentlich aufgereiht nebeneinander. Alle warten darauf, daß sie an die Reihe kommen. Jeder hofft, daß er seine Pferde behalten kann. Aber natürlich suchen sich die Soldaten die besten aus. Ich habe in Pätzig noch nie so viele Pferde auf einem Haufen gesehen und laufe hin, um sie mir anzuschauen. Aber die Soldaten schicken uns Kinder weg. Sie behaupten, es sei zu gefährlich für uns. Ha-

ben die eine Ahnung! Offensichtlich wissen sie nicht, wie wir mit Pferden umgehen können.
Es wurmt mich, wie ein Kleinkind behandelt zu werden. Von wegen! Ich werde ihnen beweisen, daß ich etwas von Pferden verstehe. Ich gehe zu Berger, und wir holen gemeinsam Hannibal, Kato, die Gute Sieben und den Schwarzen Peter aus dem Stall und stellen uns mit ihnen auf der Dorfstraße auf. Die werden schon sehen, daß ich hier sein darf. Ein Soldat kommt und spricht mit Berger. Mich beachtet er nicht. Berger sagt: »Unsere Kutschpferde wollen sie nicht, die wollen nur Zugpferde.« Wir müssen also unverrichteter Dinge wieder abziehen. Da fällt mir ein, wie ich mir Beachtung verschaffen kann. Ich gehe zu dem Offizier am Tisch und warte, bis er aufblickt. Er fragt: »Was willst du?« Ich sage: »Müssen Sie wirklich alle Pferde ansehen?« Er ärgert sich über die Störung und antwortet mir unwirsch: »Ja, natürlich müssen alle Pferde gezeigt werden.« Er wendet sich an den Soldaten neben seinem Tisch und sagt: »Die nächsten.« Ich denke: Dem werd ich's zeigen.
Ich renne zurück zum Kutschstall, nehme meinen Schemel, mache die Tür zur Box des Hengstes auf und lege ihm die Trense an. Berger sagt: »Was machst du denn da?« »Er hat gesagt, er muß alle Pferde sehen, also zeig ich ihm jetzt den Hengst.« »Aber er hat bestimmt nicht den Hengst gemeint.« »Er hat gesagt: *alle!*« Nun mußt du wissen, aber vielleicht weißt du das auch schon, daß ein Hengst verrückt spielt, wenn er eine rossige Stute sieht. Dann fängt er an zu tänzeln und zu steigen, weil er sich augenblicklich in sie verliebt und mit ihr auf und davon will. Die Wahrscheinlichkeit, daß sich heute bei der Musterung eine liebenswerte Stute unter den vielen Pferden befindet, ist groß. Also ist es unvernünftig, mit dem Hengst in diesem Moment auf die Dorfstraße zu gehen, und verrückt hoch drei ist es, das zu tun, wenn du ein

kleines Mädchen von zehn Jahren bist. Berger weiß das, aber er kann nichts machen. Ich habe das Sagen, und letzten Endes vertraut er mir. Ich bin so stolz auf unseren Hengst, daß ich meine Nase sicher zwei Zentimeter höher vor mir hertrage als sonst. Der Offizier und die Soldaten, die mich für ein kleines, dummes Mädchen halten, sollen sehen, was für ein tolles Pferd wir haben und daß sie nicht die einzigen auf der Welt sind, die mit Pferden umzugehen wissen. Ich werde ihnen beweisen, daß ich mit dem Hengst zurechtkomme. Also ziehen wir los zum Hofausgang, den drei Türmen, die aussehen wie gelbe Wächterhäuschen. Berger läuft hinterher. Am Kirchhang hebt der Hengst seinen Kopf und wiehert. Wir werden etwas schneller, aber ich habe ihn fest im Griff. Nun fängt er an zu schnauben und zu tänzeln. Sein Kopf geht rauf und runter, er möchte den Zügel lockern.

Da springt der Offizier auf und bellt: »Was willst du denn hier mit dem Pferd?« Ich rufe: »Sie haben gesagt, Sie wollen alle Pferde sehen!« Er schreit seine Soldaten an: »Sorgen Sie dafür, daß das Pferd hier wegkommt!« Die Soldaten laufen auf mich zu. Alle regen sich schrecklich auf. Ich kehre um und bin sehr zufrieden mit mir.

Herr Döpke

Herr Döpke ist der Verwalter. Das klingt nach Schreibstube und Staub, aber das stimmt nicht. Vater hat einen Verwalter, seit er angefangen hat, Politik zu machen. Genaugenommen hat er zwei, einen für Pätzig und einen für Klein-Reetz. Ein Verwalter ist ein gelernter Landwirt. Er ist der Stellvertreter des Gutsherrn auf dem Hof. Vater sagt, der Verwalter muß streng sein, damit der Gutsherr milde und freundlich sein kann. Herr Döpke ist groß und schlank, etwas hölzern und wortkarg. Ich habe großen Respekt vor ihm und strenge mich an, damit er mich nicht tadelt. Auf ein Lob von ihm warte ich bis heute vergeblich. Herr Döpke ist der erste morgens auf dem Hof. Er weiß alles, er sieht alles, er kann alles. Wenn er die Leute eingeteilt hat und jeder weiß, was er am Tag zu tun hat, reitet er auf dem Schwarzen Peter über die Äcker, um zu sehen, ob hier oder da Dünger nötig ist, wo gepflügt, gehackt, gesät und geerntet werden muß. Er überrascht die Arbeiter auf dem Feld, wenn er plötzlich mit seinem Rappen auftaucht, gerade dann, wenn sie sich unbeobachtet ein Päuschen gönnen. Dann gibt er ihnen zu verstehen, daß er es gemerkt hat und nicht damit einverstanden ist, aber er bleibt dabei immer ruhig. Man weiß nie, wann und wo Herr Döpke auftaucht.

Nachmittags und abends sitzt er am Schreibtisch im Büro und führt die Bücher. So nennt man das, wenn jemand die Mengen von Getreide, Kartoffeln und Rüben, die auf den einzelnen Schlägen geerntet wurden, aufschreibt, die Frucht-

Herr Döpke auf Schwarzer Peter

folge festlegt, die Rechnungen bezahlt und die Einnahmen kontrolliert. Mutter und ihre Sekretärin Jandi helfen ihm dabei. Herr Döpke geht nicht in die Kirche. Das ist etwas Neues für mich. Er sagt, er glaubt nicht an Gott. Seine Frau wohnt mit ihm im Verwalterhaus. Sie kommt selten heraus.

Abgesehen vom Schwarzen Peter darf ich jedes Pferd im Kutschstall reiten. Der Hengst, der nicht eingeritten ist, und die Ackerpferde werden nicht geritten. Nur an ein einziges Mal entsinne ich mich, da kamen an einem Sonntag so viele jugendliche Gäste, die gern reiten wollten, daß die Kutschpferde nicht ausreichten. Also versuchten wir mit unseren Ackerpferden über die Drainagegräben hinter der Gärtnerei zu springen. Das sind ein bis zwei Meter breite Gräben, die im Abstand von vielleicht zehn Metern die Wiese durchqueren. Ich gestehe, ich war dabei. Als wir auf den Hof zurückkamen, waren die Pferde schweißnaß. Da stand Herr Döpke mit ärgerlichem Gesicht und fragte uns scharf, wie die Pferde wohl am Montag ihre Arbeit schaffen sollten, wenn wir sie sonntags kaputtjagten. Ich habe mich ziemlich geschämt. Von da an waren die Ackerpferde gänzlich tabu für solche Unternehmungen.

Herr Döpke war am Ende des Krieges der einzige junge deutsche Mann, der noch auf dem Gut lebte. Er war vom Militär freigestellt worden, weil der Hof ihn unbedingt brauchte. Wir haben Herrn Döpke viel zu verdanken, denn als die Russen kamen, hat er Mutter geholfen zu fliehen, und später, als wir sicher im Westen angekommen waren, hat er mit uns zusammen versucht, bei Herford in Westfalen eine Gärtnerei aufzubauen. Aber das ist eine andere Geschichte.

Förster Prochnow und die Werburg-Schonung

Jedes Feld, jeder markante Baum, jeder Weg, viele Hügel, Tümpel, Hochsitze, Koppeln und Wäldchen auf Pätziger Boden haben ihren eigenen Namen. Die Gewässer heißen zum Beispiel Addapfuhl, Hals, Gelmer und Haussee. Es gibt die Nachtigalleneiche, den Butterberg, den Schlagbaumweg und die Höllenberge und viele, viele mehr. Das hat drei Gründe: Vater verteilt gern Namen, wir lernen Wald und Felder kennen, und wenn wir uns verabreden, wissen wir genau, wo wir uns treffen wollen. Wenn Vater jemanden besonders mag, dann nennt er manchmal ein Stückchen von Pätzig nach diesem Menschen. Es gibt den Klaus-Anger, die Alicen-Kanzel, die Annetten-, die Christinen- und die Werburg-Schonung. Meine Schonung ist eine Kiefernschonung am nordöstlichen Rand von Pätzig am Zernikower Weg. Sie ist genauso alt wie ich. Unser Förster wohnt im letzten Haus vom Arbeiterende. Du erkennst es am Zwölfender über der Haustür. Ein Zwölfender ist ein Geweih mit elf oder zwölf Sprossen. Förster Prochnow darf nur minderwertiges Rotwild schießen. Er ist sozusagen der Ausputzer und Aufpasser im Wald. Die Vierzehnender sind Vater und Gästen vorbehalten. Einer hängt bei uns in der Diele, den hat Vater geschossen. Herr Prochnow ist also für die Ordnung im Wald verantwortlich.

Eines Tages, als Vater im Feld ist, sehen Bauern in der Nähe der Werburg-Schonung einen Mann, der dort nicht hingehört. Aufgeregt kommen sie zu Mutter. Vielleicht war es ein entlaufener Kriegsgefangener oder ein Deserteur. Sie fordern, meine Schonung müsse durchsucht werden. Mutter schickt mich zu Herrn Prochnow. Ich nehme mein Fahrrad und hole den Förster zum Gutshaus. Inzwischen hat Berger den Achterwagen vorgefahren, und alle Männer des Dorfes, die ein Jagdgewehr haben, warten schon auf uns. Wir fahren zur Werburg-Schonung. Uns folgt ein Wagen mit Treibern. Förster Prochnow verteilt die Jäger um die Schonung und sagt den Treibern, daß sie auf jeden Fall in ihr bleiben sollen. Sie gehen in einer Kette nebeneinander hinein. Irgend jemand sagt: »Wer rausläuft, wird erschossen.« Mir ist scheußlich zumute. Ich merke, daß Förster Prochnow nicht mag, was er hier tun soll. Aber die Bauern wollen es. Ich bleibe bei ihm stehen. Er sagt: »Ich kann nur hoffen, daß er nicht bei mir kommt.« Ich glaube, es war Hans-Werner, der sagte: »Wenn ich ihn vor die Flinte kriege, schieß ich vorbei.« Nach einer halben Stunde wird die Jagd abgebrochen. Der Mann ist nicht mehr in der Schonung. Mutter sagt: »Gott sei Dank!«

Ein Bauer rettet mich

Später passiert eine andere böse Geschichte. Ich soll Briefe zur Post bringen. Ich laufe los, wie immer mit kurzem Rock, nackten Beinen und Söckchen in Halbschuhen. Ich gehe durch das Hoftor, dort ist eine Kuhle ausgehoben worden. In ihr ist Wasser mit Desinfektionsmittel, und davor und dahinter liegt Sägemehl. Alle, die auf den Hof wollen, müssen ihre Schuhe darin desinfizieren, denn im Landkreis haben Kühe die Maul- und Klauenseuche, eine gefährliche Krankheit. Sie soll nicht auf unsere Herde übergreifen.
Jeder Hof im Dorf hat einen Hund, der ihn bewacht. Wenn du einen Botengang zu einem Hof erledigen mußt, kläfft der Hofhund dich an, und du weißt nie genau, ob er es ernst meint. Ich wate also durch die Schleuse hindurch. Da stellt sich mir plötzlich ein fremder Köter in den Weg und ist ganz außer sich vor Wut. Ich sehe in seine Schnauze: ein Kranz aus spitzen, weißen Zähnen und eine lange, rote Zunge unter blutrünstig funkelnden Augen. Seine Vorderpfoten sind gespreizt, das ist normal. Ungewöhnlich ist, daß er den Schwanz eingezogen hat. Das heißt, er hat Angst, aber ich tue ihm doch gar nichts. Plötzlich kommt aus einem der Höfe ein Bauer mit einer Forke in der Hand. Er schreit mich an: »Lauf weg, lauf, so schnell du kannst!« Ich sehe, wie er mit der Forke auf den Hund losgeht, drehe mich um und renne, was das Zeug hält, nach Hause. Als Mutter später davon erfährt, sagt sie: »Der Bauer war sehr mutig. Er hat dir das Leben gerettet. Der Hund war tollwütig.«

Hans-Werners Freund

Hans-Werner ist im Internat. Es heißt Schondorf und liegt am Ammersee in Bayern. Die Schullaufbahn von uns Kindern sieht im Regelfall so aus: Ein Jahr Dorfschule, fünf Jahre Unterricht bei einer Hauslehrerin, und mit zwölf Jahren werden wir in ein Internat geschickt. Altenburg, Wieblingen, Templin und Schondorf sind die Namen. Ihre Ferien verbringen die großen Geschwister in Pätzig, manchmal bringen sie einen Klassenkameraden mit. Hans-Werners Freund heißt Klaus Doerr. Er kommt mit seiner Mutter.

Ich muß deine Urgroßmutter gern gemocht haben, denn als ich schließlich ihre Schwiegertochter wurde, zeigte sie mir einen Zettel, auf dem geschrieben stand: »Liebe Muna. Du sollst nicht wegfahren. Deine Lala«. An deinen Großvater, Hans-Werners Freund Klaus, habe ich aus dieser Zeit keine Erinnerung. Damals nahm er das kleine Mädchen wohl noch nicht wahr, und da ihm Pferde nichts bedeuteten, war er mir wohl ebenfalls gleichgültig. Hingegen teilte er das jagdliche Interesse seines Freundes.

Klaus, er war gerade vierzehn, wurde, mit einer Doppelflinte ausgerüstet, Förster Prochnow anvertraut. Er hatte gerade seinen Jagdschein gemacht und war auf einen Bock eingeladen worden.

Fährt der Jäger auf einem Wagen, hat er die Patronen in der Tasche. Steigt er ab, lädt er sein Gewehr und sichert es mit einem kleinen Hebel, so daß es nicht von allein losgeht, wenn er stolpert. Entdeckt er nun mit dem Fernglas ein Stück Wild, ist es oft zu weit weg. Er muß also vorsichtig näher pirschen, ohne daß das Wild es merkt. So erging es Förster Prochnow und Klaus. Sie waren auf einem Kartoffelacker und krochen in den Furchen vorsichtig hintereinander her. Ihre Gewehre hatten sie mit dem Lauf nach unten über der Schulter hängen. Plötzlich hält Prochnow an. »Kriech an mir vorbei, da vorn sind Sauen.« Klaus pocht das Herz in den Ohren. Er schiebt sich vorwärts. Da ist es passiert. Der Lauf steckt in einer Kartoffelfurche und ist voller Erde. Die Jagd ist aus. Jeden Abend sitzt er nun mit Förster Prochnow auf der Kanzel, bis er schließlich den ersehnten Bock erlegt.

Am nächsten Tag ist er in der Stube neben Mutters Büro damit beschäftigt, die Jagdgewehre zu putzen, die dort im Wandschrank säuberlich aufgereiht stehen. Klaus ist technisch interessiert. Er entdeckt ein Gewehr mit einem besonderen Mechanismus. Anders als die alten Gewehre wirft dieses die leeren Patronen selbst heraus, nachdem sie abgefeuert wurden. Klaus klappt die Waffe auf, wieder zu und drückt ab, um zu sehen, wie sie funktioniert. Aber der Mechanismus wirft Patronen natürlich nur heraus, wenn welche im Magazin sind. Also nimmt Klaus eine Patrone, steckt sie in den Lauf, klappt ihn hoch und drückt ab.

Die Kugel steckt in der Schwelle zum Herrenzimmer, in dem Mutter am Schreibtisch sitzt. Eineinhalb Meter höher hätte er sie durch die Tür hindurch treffen können. Mutter macht die Tür auf und erkundigt sich, was geschehen ist. Kein Wort des Tadels. Sie weiß, daß ein Kind so etwas nur einmal macht. Klaus fällt ein Stein vom Herzen. Er ist voller Bewunderung für Mutters Ruhe und Selbstbeherrschung.

Ostern werden Hans-Werner und Klaus gemeinsam in der Pätziger Kirche von Pastor Reck konfirmiert. Sie sitzen auf girlandenumkränzten Stühlen vor der Apsis des Kirchenraums wie Ruth-Alice und Klaus bei ihrer Hochzeit.

Vater fällt am 22. August 1942, Max fällt am 26. Oktober 1942

Der Tag, an dem mein Vater fiel, war für mich ein Tag wie jeder andere. Aber weit, weit in Rußland traf ein Granatsplitter meinen Vater am Kopf, und er war tot, und keiner von uns hat es gemerkt, und keiner war dort, um um ihn zu trauern.
Als die Nachricht bei uns eintrifft, bin ich zehn Jahre alt, und es regnet. Es ist einer der vielen verhangenen Tage in Klein-Reetz, dem kleinen Gut in Hinterpommern, wo wir unsere Ferien verbringen. Mutter und Ina sind in Stettin bei Großmutter. Ein ruhiger Ferientag. Da kommt Mutter früher als erwartet zurück. Sie ruft uns am späten Nachmittag in die Wohnstube, einen dunklen, einfach möblierten Raum. Wir sitzen um den Tisch.
Mutter sagt: »Vater ist am 22. August gefallen. Er hat sich freiwillig an die Front gemeldet. Er wurde nach Werchnij Gniloy nordwestlich von Stalingrad abkommandiert. Er war Regimentskommandeur einer aus Rumänen und Deutschen zusammengesetzten schwierigen Truppe, als ihn ein Granatsplitter am Kopf traf. Er ist tot.« Ina neben mir scheint zu schrumpfen, als würde sie noch kleiner und noch schmaler. Peter schluchzt. Mutter weint nicht. Sie sagt es ernst und sachlich. Es ist nicht das erste Mal, daß sie den Tod eines Soldaten mitteilt. Sie hält ein Papier in der Hand. Ein amtliches Papier. Wohl ein Telegramm. Darauf ist Vaters Tod besiegelt. Keiner kann ihn anzweifeln. Es gibt keinen Ausweg. Und doch scheint mir Vaters Tod unwirklich. Als sei die Nachricht, die ich gehört habe, noch nicht bei mir angekommen.

Hans von Wedemeyers Grab bei Werchnij Gniloy nordwestlich von Stalingrad

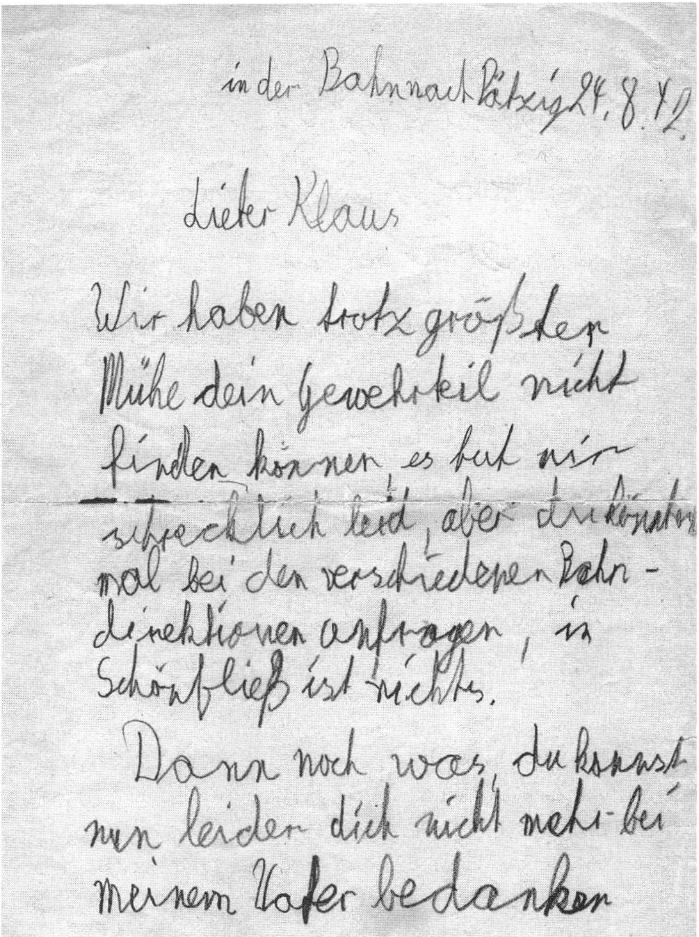

in der Bahn nach Pätzig 24.8.42.

Lieber Klaus

Wir haben trotz größter Mühe dein Gewehrteil nicht finden können, es tut mir schrecklich leid, aber du könntest mal bei den verschiedenen Bahndirektionen anfragen, in Schönfließ ist nichts.

Dann noch was, du kannst nun leider dich nicht mehr bei meinem Vater bedanken

Brief Hans-Werners an seinen Freund Klaus Doerr

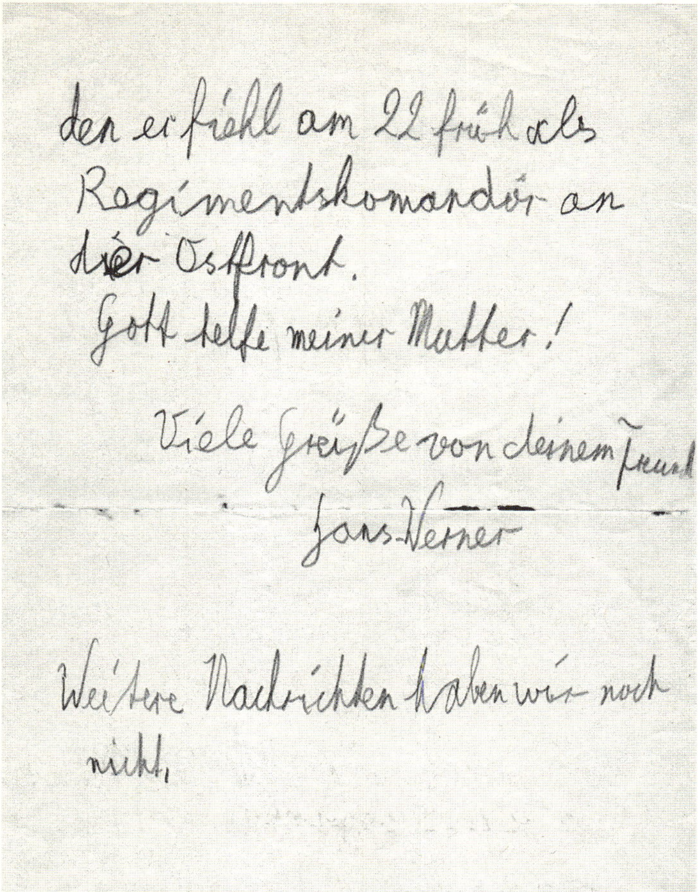
den er fiehl am 22 früh als
Regimentskomandör an
der Ostfront.
Gott helfe meiner Mutter!

Viele Grüße von deinem Freund
Hans-Werner

Weitere Nachrichten haben wir noch
nicht.

Wäre sie angekommen, müßte ich vor Schmerz schreien, alles müßte weh tun. Aber so ist es nicht. Warum kann ich den Schmerz nicht fühlen? Bin ich gar nicht so traurig wie die anderen? Ich überlege, ob ich das Taschentuch, das jetzt doch von ein paar Tränen naß wird, aufheben muß, weil die Tränen um Vater kostbare Tränen sind. Peter schluchzt herzzerreißend. Mutter sagt: »Wir fahren morgen früh nach Pätzig zurück.« Sie liest aus der Bibel. Einen Psalm, das Vaterunser? Ich gehe nach draußen auf den dunklen Hof. Der Regen hat aufgehört. Ein klarer Nachthimmel, übersät von hellen Sternen, wölbt sich über mir. Ich stelle mir vor, Vater ist jetzt auf einem dieser Sterne. Das hilft mir.
Am nächsten Morgen brechen wir auf. Hans-Werner fährt mit der Bahn. Im Zug schreibt er an seinen Freund Klaus Doerr. Für Mutter ist es am schwersten, daß Vater tot ist, denke ich. Sie braucht ihn am meisten. Am darauffolgenden Morgen sagt Mutter, sie sei in der Nacht über die Felder gelaufen und habe sich in eine Kartoffelfurche gelegt, um Vater in der frischen Erde nah zu sein. Ich bewundere sie, weil sie versucht, fröhlich zu sein. Sie sagt, sie kann fröhlich sein, weil sie weiß, daß Vater jetzt im Himmel ist.
Zur Gedenkfeier kommen sehr viele Menschen. Wir fahren in den Wald und pflücken von allen Pflanzen, die Vater angebaut und geliebt hat, je einen Zweig. Ruth-Alice bindet daraus mit uns im Garten ein Kreuz. Wir sitzen in der prallen Sonne. Ich bekomme einen Sonnenstich. Mutter trägt zum Zeichen, daß sie froh ist, daß Vater es jetzt gut hat, eine weiße Bluse zum schwarzen Rock. Sie will den Menschen, die mit ihr trauern, zeigen, daß sie an die Auferstehung glaubt. Alle schütteln Mutter die Hand und reden mit ihr. Niemand scheint mich zu beachten. Jetzt erkenne ich den Tod einen Augenblick. Mein Herz wird kälter, fester und meine Kehle eng. Ich fühle mich verlassen.

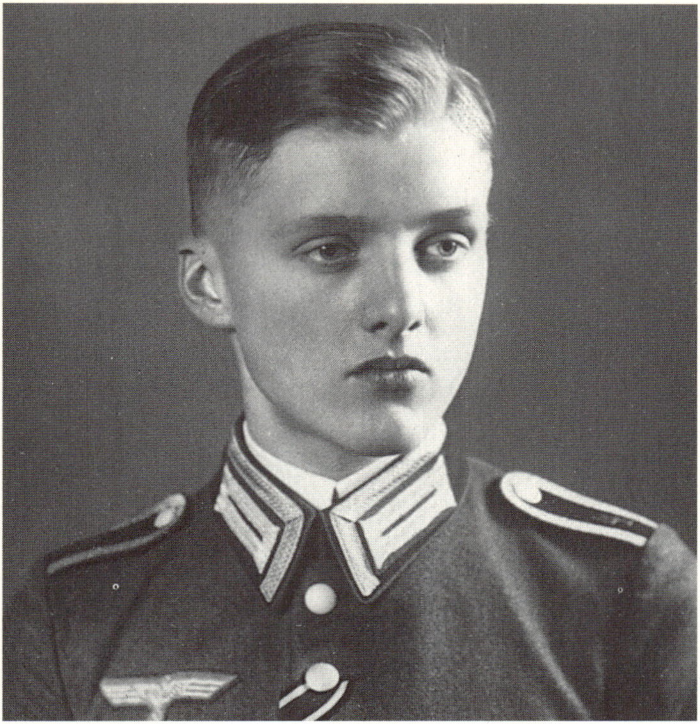

Maximilian von Wedemeyer

Wenige Wochen später, am 26. Oktober 1942, fällt Max. Er ist mit zwanzig Jahren Bataillonsadjutant. Seine Truppe kämpft im Kessel von Strelizy, in der Nähe von Leningrad. Einen Kessel nennt man ein vom Feind umzingeltes Gebiet. An diesem Tag sollte sein Bataillon den Zugang zum Kessel erweitern, einen Weg, über den die Truppe versorgt wurde. Max hatte den Auftrag, mit seiner Gruppe einen kleinen Hügel einzunehmen. In ihr kämpften viel ältere und erfahrenere Soldaten, aber er war der Offizier, und sie mußten ihm gehorchen. Die Russen wollten den Hügel nicht hergeben, und den Männern in Max' Trupp wurde klar, daß sie ihn nicht erobern konnten. Sie zogen sich zurück. Als Max merkte, daß ihm seine Soldaten nicht folgten, ging er allein und fiel.

Es sieht so aus, als sei dies nun zuviel für Mutter zu tragen. Zwei Soldaten kommen aus dem Bataillon, in dem Max gedient hat, um ihr zu erzählen, wie er gefallen ist, und um ihr seine Sachen zu bringen. Sie sitzen im Damenzimmer am Biedermeiertisch. Die blauen KPM-Tassen, die nur zu ganz besonderen Gelegenheiten gedeckt werden, stehen auf dem weißen Wappentischtuch. Wir dürfen »Guten Tag« sagen. Mutter schenkt Kaffee aus der Silberkanne ein. Einer der Soldaten häuft sich Gelee auf sein Brötchen. Ich bin erstaunt, daß er das darf. Ina sagt, das darf er, weil er im Feld nicht soviel zu essen kriegt. Ich trauere mehr um Mutter als um Max. Max kenne ich nicht so gut, aber Mutter wird es bitter. Das ist ihr anzumerken, auch wenn sie es nicht zeigen will. Wir Kleinen sagen: »Jetzt ist Vater nicht mehr so allein.«

Charlottenhof

Ich habe ein Buch gelesen, in dem es um ein kleines Mädchen geht, das ungefähr so alt ist wie ich. Es hat auch ziemlich viele Schwierigkeiten mit den Erwachsenen. Ihre Eltern sagen, es sei ein Trotzkopf. Eines Tages schimpft der Vater: »Wenn du nicht aufpaßt, wachsen dir zwei Hörner aus der Stirn, wie bei einer Kuh.« Von dem Tag an kuckt das kleine Mädchen jeden Tag, ob die Hörner schon herauskommen. Ich gehe auch zum Spiegel und schaue nach, ob auf meiner Stirn schon Ansätze zu sehen sind, kann aber noch nichts entdecken.
Mutter versucht alles mögliche, um aus mir einen vernünftigen Menschen zu machen. Aber es gelingt ihr nicht. Ich bleibe bockig. Die Erwachsenen ärgern mich unaufhörlich: Ich soll aufräumen, ich soll auf meine Anziehsachen achten, ich soll meine Schulaufgaben machen, ich soll Nachmittagschlaf halten, obwohl ich nicht schlafen kann, ich soll Rizinusöl schlucken, wenn es auf dem Klo nicht klappt, ich soll höflich sein, statt die Zunge herauszustrecken, wenn meine Lehrerin mir eine Strafarbeit aufgibt. Neulich habe ich mich geweigert, meinen Spinat aufzuessen. Spinat soll gesund sein, deshalb bekommen wir Kinder ihn besonders oft. Ich finde, er schmeckt nach Spucke. Donti hat meinen Teller mit dem Spinat mitgenommen und gesagt, daß ich nichts anderes bekomme, eh ich ihn nicht aufgegessen habe. Es gilt: Was auf den Tisch kommt, wird gegessen. Sie hat den Teller im Kinderzimmer in die Röhre vom Kachelofen gestellt. Da stand er, während ich schlief. Nachmittags, so gegen vier, wenn die

Leute von der Arbeit kommen, gibt es bei uns Schmalzbrot mit Kreude, das ist Rübensirup. Donti sagt: »Iß deinen Spinat, dann bekommst du Brot!« Ich sage: »Nein!« Abends nach dem Abendbrot, zu dem ich heute nicht zugelassen bin, denn mein Spinat steht immer noch in der Röhre, kommt Mutter immer zum Vorlesen. Sie kann wunderschön vorlesen. In diesen Tagen liest sie gerade »Die Wolgakinder«. Die Geschichte handelt von Kindern in Rußland, die während der Revolution ohne ihre Eltern in einem Viehwaggon Richtung Westen flüchten. Das Mädchen hat keinen Kamm, um seine Haare zu kämmen. Läuse nisten darin, und sie verfilzen, und sie wünscht sich nichts so sehr wie einen Kamm. Ich denke, wenn sie es ohne Kamm aushält, dann halte ich es auch ohne Essen aus. Am nächsten Morgen ist der Spinat aus der Röhre verschwunden.

Vermutlich denken die Erwachsenen, sie müßten mal etwas Neues mit mir ausprobieren. Jedenfalls beschließen sie, ich bräuchte eine Freundin. So kommen sie auf die Idee, mich zu Werner und Ingrid von Klitzing nach Charlottenhof zu schicken. Vater hat dort als landwirtschaftlicher Eleve gearbeitet. Die Mutter von Werner ist Vaters Schwester. Sie heißt Tante Anne. Werner und Ingrid haben eine Tochter fast in meinem Alter, Anne-Margarete. Ingrid ist in Afrika aufgewachsen, sie kann reiten und jagen wie nur wenige Frauen. Werner ist Verwalter auf dem Gut seines Vaters. Ingrid und Werner leben in einer kleinen Wohnung über den Pferdeställen. Sie ist mit Fellen und Gehörnen und vielen anderen Trophäen aus Afrika ausstaffiert. Am jenseitigen Ende des riesigen Hofkarrees liegt das schloßähnliche Gutshaus hinter einer Allee von mächtigen Bäumen verborgen, für uns unerreichbar.

Der kleine See hinter dem dunklen, weinbewachsenen Gutshaus ist allerdings auch uns zugänglich. Dort bekommt Anne-

Charlottenhof

Margarete jeden Nachmittag Schwimmunterricht von ihrer Mutter. Anne-Margarete ist nicht wasserscheu, aber sie hat schreckliche Angst vor dem Ertrinken. Angst ist jedoch etwas, das in dem Weltbild unserer Eltern nicht vorgesehen ist. Nur die Methoden, wie man mit Angst bei Kindern umgeht, sind unterschiedlich. Anne-Margarete hat ein Leibchen an, an dessen Rückseite eine Schnur befestigt ist, die an einer Angel hängt. Sie muß ins Wasser, während ihre Mutter auf den hohen Bootssteg geht. Die Leine ist straff. Ingrid sagt: »Jetzt schwimm!« Aber Anne-Margarete hat Angst und schreit. Schwups! läßt Ingrid die Leine locker, und Anne-Margarete geht unter. Sie strampelt und schlägt um sich, da wird die Leine stramm. Aber sobald sie schreiend und Wasser spuckend aus dem Wasser hochkommt, wird die Leine wieder locker, und sie taucht ein weiteres Mal unter. Ich bin froh, daß ich hier nicht schwimmen lernen muß.

Anne-Margarete ist ein noch größerer Pferdenarr als ich. Wir verstehen uns sofort. Sie läuft, wann immer sie kann, mit gebeugtem Kopf Galopp über den geräumigen Hof, und wir spielen unentwegt Pferd und Kutscher mit einem Bindfaden als Leine. So wie wir in Pätzig haben auch Anne-Margarete und ihr Bruder ein Pony, nur ist ihr Bruder kleiner als sie, also muß sie das Pony zurechtreiten. Es ist ein hübscher, etwas pummeliger Schimmel, der aber – wie alle Ponys – gern seinen Kopf durchsetzt. Anne-Margarete hat das gleiche Problem wie ich, die Erwachsenen sind unzufrieden mit ihr. Auf einem umzäunten Platz unterhalb der Verwalterwohnung vor dem Fohlenstall führt sie mir ihre Reitkünste vor. Ihre Mutter kuckt aus dem Fenster zu. »Laß mal Lala reiten!« ruft sie. Das Pony versucht die gleichen Unarten mit mir, aber ich bin älter und habe schon mehr Erfahrung mit ungezogenen Ponys. Ich lasse ihm seine eigenwilligen Marotten nicht durchgehen. »Heute nachmittag kannst du Nepomuk, Werners Pferd reiten!« ruft Ingrid nach einer Weile aus dem Fenster. Kaum zu glauben! Dies ist Anerkennung pur. Ich bin stolz und glücklich. Die Aussicht auf den Ausritt auf einem vorzüglichen Pferd ist etwas, was ich nicht zu träumen gewagt hätte. So reiten wir zu dritt, Anne-Margarete auf ihrem kleinen Schimmel, ich auf Nepomuk. Sie fühlte sich natürlich zurückgesetzt. Ich erinnere mich nicht, daß ich Mitleid mit ihr gehabt hätte. So war das eben. Die Art von Gerechtigkeit, wie sie heute oft erwartet wird – wenn ein Kind einen neuen Pullover bekommt, bekommen die Geschwister auch einen –, kannten wir nicht. Ich trug meistens Inas Kleider auf, weil ich meine nicht ordentlich pflegte. Dafür durfte ich eben in unserem Kutschstall Anweisungen geben und hier ein gutes Pferd reiten.

Ein paar Tage später dürfen Anne-Margarete und ich allein ausreiten. Es ist ein warmer Sommertag. Charlottenhof ist etwa so groß wie Pätzig. Das Gut hat eine Pferdezucht mit Hengststation, einen großen Wald und mittendrin einen Waldsee. Die Felder sind flacher, nicht so hügelig, und es gibt nicht so viele Tümpel. Wir reiten in den Wald. Anne-Margarete will mir den See zeigen. Ihre Mutter reitet oft mit ihr dorthin, um die Pferde zu baden. Dann schwimmt sie mit den Pferden von einem Ufer zum anderen und zurück. Der längliche See liegt schilfumwachsen im Hochwald. Kein Mensch ist weit und breit zu sehen oder zu hören. In dem gelblichen Sand an der Badestelle zeichnen sich noch die Hufabdrücke der Pferde ab, die hier vor kurzem gewaschen worden sind. »Können wir hier baden?« frage ich. »Nein, das Wasser wird ganz schnell tief«, sagt Anne-Margarete. »Schade«, sage ich. Da kommt sie auf eine tolle Idee: »Wir könnten uns auf die Pferde setzen und mit ihnen rüberschwimmen. Du mußt dich nur an der Mähne festhalten.« Ich frage nicht, ob sie das schon mal gemacht hat, und erinnere sie auch nicht daran, daß ich genausowenig schwimmen kann wie sie. Sie sagt: »Die Pferde kennen sich aus.« Und ich bin natürlich dabei, wenn es etwas Neues auszuprobieren gibt. Wir ziehen uns also bis auf die Unterhosen aus, satteln die Pferde ab und setzen uns drauf. Die Pferde gehen willig ins Wasser und schwimmen, sobald es tief wird, in die gewohnte Richtung. Da das Ufer steil abfällt, taucht mein Pferd zunächst tief ein und kommt dann wieder hoch. Der Pferderücken wird sofort glitschig, und ich rutsche seitwärts ab. Aber ich habe an Anne-Margaretes Rat gedacht, die Mähne zu packen und nicht loszulassen. Sie zieht mich nun voran, während sich der massige Körper neben mir dem jenseitigen Ufer entgegenarbeitet. Wir führen unsere Pferde zurück um den See herum, satteln sie und reiten sie trocken und dann zum Hof. Niemand erfährt etwas von unserem Abenteuer.

Wieder ein paar Tage später reiten wir mit Anne-Margaretes

Eltern über die Felder. Plötzlich bockt das Pony, und Anne-Margarete fällt herunter. Wir anderen kehren zu ihr um. Dort liegt sie am Boden und heult. »Mein Arm, mein Arm«, ruft sie und hält sich den Ellenbogen. »Stell dich nicht an und steig auf«, sagt Werner. »Ich kann nicht«, schluchzt Anne-Margarete. Werner befiehlt noch einmal: »Reiß dich zusammen und steig auf!« Anne-Margarete bewegt sich nicht. Ihr Weinen wird immer jämmerlicher. Da nimmt Werner die Reitpeitsche zu Hilfe, und Anne-Margarete quält sich aufs Pferd. Auf dem Weg zum Hof reiten wir langsam. Sie sitzt auf dem Pony und jammert leise vor sich hin. Werner holt sein Motorrad aus dem Schuppen und fährt mit Anne-Margarete hinten drauf zum Doktor. Als sie zurückkehren, hat sie einen dicken Verband um Arm und Brustkorb. Das Schlüsselbein ist gebrochen. Ich sehe Werner und Ingrid ihr schlechtes Gewissen an. Sie sind schweigsam, und Anne-Margarete wird vorsichtiger behandelt als vorher. Am nächsten Tag fahre ich nach Hause. Anne-Margarete kommt nun in den Ferien oft nach Pätzig. Sie ist noch heute meine Freundin, und ein Pferdenarr ist sie auch geblieben.

Peter und ich schlafen im Wald

»Abhärten« ist ein Wort, das einen weiten Bereich der Pädagogik meiner Eltern abdeckt. Man könnte auch »tüchtig machen« dafür setzen. Es hat wohl etwas mit den sogenannten preußischen Tugenden zu tun, mit Disziplin, einfachem Leben, Sparsamkeit, Aufrichtigkeit. Das erklärte Ziel ist Verantwortungsbewußtsein für Land, Leute und Tiere. Den eigenen Schweinehund unterkriegen, sich zusammenreißen, es den Eltern nicht schwer machen, sich nicht wichtig nehmen, Ärger, Zorn und Tränen runterschlucken, sich nichts anmerken lassen, die Zähne zusammenbeißen. Solche Sätze gehören zum Alltag. Unser Selbstbewußtsein speist sich aus der Erfüllung dieser Forderungen, gepaart mit unseren Leistungen. Die zutreffende Erkenntnis, daß die Bewältigung etwas zu schwieriger Aufgaben das Selbstbewußtsein und die Freude des Kindes stärkt, bewirkt, daß wir vor Anforderungen gestellt werden, die dir vielleicht als Kind einer späteren Generation und einer in vieler Hinsicht anderen Welt unangemessen erscheinen.

So geschieht es, daß der sechsjährige Peter und ich, zehn Jahre alt, eines Abends im Herbst 1942, nach Vaters Tod, vor Dunkelheit von Berger in den Wald gefahren werden, um dort eine Nacht allein zu schlafen. Das geschieht nicht gegen unseren Willen. Im Gegenteil, wir freuen uns darauf. Die Männer der Dörfer sind durch polnische und russische Kriegsgefangene ersetzt worden. Einige von ihnen sind aus ihren Stacheldrahtverhauen ausgebrochen. Sie verstecken sich in den Wäldern, bis sie dann doch irgendwann wieder eingefangen werden. Wir Kinder haben keine Angst vor diesen Russen und Polen. Wir haben nur gute Erfahrungen mit ihnen gemacht.

In der Wagenremise, dort, wo vorher Vaters Auto stand, ist ein Eisenofen aufgestellt worden. Das Ofenrohr ragt mit einem Knick nach oben aus dem Stallfenster. Das nächste Fenster ist herausgebrochen und durch eine Tür ersetzt worden. Außen drum herum hat man einen Käfig aus Stacheldraht gebaut, damit die Kriegsgefangenen, die hier einziehen sollen, einen Auslauf ins Freie haben und nach Feierabend auf der Holzbank sitzen und singen können. In der Remise stehen jetzt Hochbetten in engen Reihen nebeneinander und ein paar Tische mit Bänken davor. Die Gefangenen kommen anmarschiert. Sie haben eigene Bewacher mit Gewehren. Mutter bekommt Ärger mit den Wachleuten. Sie sagen: »Es ist gegen die Vorschrift. Die Gefangenen dürfen nach Feierabend nicht raus.« Aber Mutter setzt sich durch.

Neben der Waschküche ist die Russenküche eingerichtet worden. Ein Russe kocht für die Gefangenen. Er versucht mit mir zu reden, wenn ich zum Hundezwinger gehe, um Harro und Dine zu holen, aber ich verstehe ihn nicht. Ich probiere ihm beizubringen, wie man »Schornstein« sagt. Aber er kann es nicht. Die polnischen Gefangenen haben die deutschen Gespannführer ersetzt, auch mit ihnen kommen wir gut zurecht. Also gibt es keinen Grund für uns, Angst vor Kriegsgefangenen zu haben, auch wenn die Leute reden.

Wir werden also mit dem Pferdewagen in den Wald gebracht. Wir haben uns warm angezogen und jeder einen Pelz mitgenommen, in den wir uns einwickeln können. Wir halten an der Dornbuschkanzel, einem Hochsitz. Berger hilft uns, die schweren Pelze nach oben zu tragen, dann fährt er zurück. Wir schauen auf ein Sumpfgebiet. Abende auf der Kanzel sind nichts Ungewöhnliches für uns. Gespannt sitzen wir und passen auf, ob Wild kommt. Morgen früh werden wir Mutter berichten, was für Wild dort steht. Sie kennt den Wald, erkennt die Hirsche an ihrer Stimme. Als es dunkel wird, hüllen wir uns in unsere Pelze und schlafen ein. Am nächsten Morgen wird uns die Zeit lang, bis der Wagen kommt, um uns abzuholen. Wir haben die Prüfung bestanden.

Ich strecke meiner Lehrerin die Zunge raus

Ich glaube, daß du auch heute niemandem die Zunge rausstrecken solltest – höchstens aus Spaß. Jedenfalls war es damals verboten, und wenn man es trotzdem tat, wurde man bestraft. Meine Lehrerin hatte mich gerade wieder einmal geärgert, und da ich zu feige war, ihr die Zunge von Gesicht zu Gesicht herauszustrecken, tat ich es hinter ihrem Rücken. Sie hatte mir gerade eine Strafarbeit verpaßt. Leider drehte sie sich aber blitzschnell um und sah mich. Da sagte sie: »Es ist unerhört, daß du als Kind deines Vaters so etwas tust.« Hatte sie wirklich gesagt »als Kind deines Vaters«? Ich konnte es einen Moment lang nicht glauben. Vater war gerade gefallen. Sie mißbrauchte ihn, um sich gegen mich zu wehren? Sie traf mich mitten ins Herz.

Wir Kinder proben den Widerstand

Peter und ich haben mitbekommen, daß die Eltern nicht gern flaggten. Die schwarz-rot-goldene Fahne hatte ihren Platz über der Eingangstür an der Vorderseite des Hauses. Die Halterung für die Hakenkreuzflagge ist jetzt am Giebel über dem Dienstboten- und Kücheneingang angebracht. Seit Hitler an der Macht ist, muß jeder Haushalt eine Hakenkreuzfahne haben. Sie muß, wenn es angeordnet wird, oben an die Hauswand gesteckt werden und den ganzen Tag dort hängen bleiben. Dieses Flaggen soll ausdrücken, daß die Leute, die dort wohnen, bejubeln, was die Nazis tun. Wie beim »Hitlergruß«, den wir jetzt statt »Guten Tag« und »Auf Wiedersehen« sagen sollen, fällt jeder auf, der nicht tut, was angeordnet ist, und wird gemeldet. Wenn dann irgendwann die Gestapo, die Geheime Staatspolizei, in dein Haus kommt, weil sie dich verhören wollen, haben sie schon gleich etwas gegen dich in der Hand.

Eines Tages fährt ein Auto unangemeldet vor dem Haus vor, und zwei Männer steigen aus. Sie tragen Hüte und lange Mäntel. Wilhelm, der für die Begrüßung von Gästen zuständig ist, kommt heraus und fragt, was sie wünschen. Sie wollen zu Mutter. »Würden Sie bitte einen Augenblick warten«, sagt Wilhelm, »ich werde Sie melden.« Mutter sitzt am Schreibtisch. »Warten Sie hier«, sagt sie zu Wilhelm und läuft zum Glasschrank im Damenzimmer. Dort kramt sie Hitlers »Mein Kampf« aus der Versenkung, stellt das Buch in die erste Reihe, greift nach den Gästebüchern und versteckt sie. Dann

setzt sie sich wieder hinter ihren Schreibtisch und läßt die Herren bitten. Die Gestapoleute bleiben stundenlang im Haus.
Aus Wartenberg wissen wir, daß sie Eta Tresckow mit ihren Kindern ins Gefängnis gesteckt haben. Was können wir tun? Zwei Freunde, die zu Besuch bei uns sind, diskutieren mit Hans-Werner die Möglichkeit, in der Nähe Bahngleise, auf denen Munition an die Front geliefert wird, in die Luft zu sprengen. Vater hat das im Ersten Weltkrieg in Frankreich gemacht. Sie verwerfen die Idee, weil auf derselben Strecke auch der Proviant für die Soldaten transportiert wird. Aber Hans-Werner fällt etwas ein, das machbar ist. Sein Ziel ist der unfreundliche Uniformierte, der die russischen Kriegsgefangenen bewacht. Er kommt häufig ins Haus, um sich bei Mutter zu beschweren. Wenn man aus dem kleinen Bodenfenster im Giebel hinausspuckt, landet die Spucke genau auf dem Treppenpodest des Seiteneingangs. Sie zählen, wie viele Sekunden die Spucke braucht, um vom Fenster hinunterzusegeln. Beim nächsten Besuch des Wachmanns gelingt es. Die Spucke landet auf seiner Uniform. Nun muß Mutter sehen, wie sie erklärt, daß ganz offensichtlich von ihrem Bodenfenster aus »dem deutschen Rock Schande angetan wurde«.
Peter und ich haben auch eine Idee. Wir nehmen die Nagelschere aus Dontis Nähkästchen, ohne daß sie etwas merkt. Neben der Holztreppe zum Boden stehen Wischeimer und Schrubber. Hier hat es neulich gebrannt, weil Emma dort glühende Asche aus einem Kachelofen in einem Emailleeimer stehengelassen hat. Nun ist die Wand ganz schwarz. Oben auf dem langen Boden hängt bei Regenwetter die Wäsche des Hauses, Mengen von Bettwäsche, zum Trocknen. In der Mitte des Bodens unter einem halbkreisförmigen Sprossenfenster liegt die Fahne. Wir falten sie auseinander und

schneiden mit der Nagelschere viele kleine Löcher in das Hakenkreuz. Wir sind zufrieden mit unserem Werk. Nun sieht es so aus, als hätten Mäuse die Fahne angeknabbert, und Mutter hat einen weiteren guten Grund, sie nicht rauszuhängen. Ob sie die Löcher entdeckt hat?

Aufregende Spielgefährten

Im Krieg geschehen auch interessante Dinge. Freunde und Verwandte aus den Großstädten schicken ihre Sprößlinge aufs Land, damit sie sich satt essen und erholen können. Für uns sind sie Spielkameraden mit interessanten Nachrichten, Ideen und Gedanken, und da sie älter sind, geben sie den Ton an. Sie bauen Hütten und Erdhöhlen im Garten. Sie entdecken gefährliche Spielmöglichkeiten auf dem Hof, an die wir uns allein nicht gewagt hätten. Sie klettern höher, springen weiter und sogar Saltos in der Scheune vom Gebälk aus ins tiefer liegende Stroh.

Sie heißen Klaus und Christoph und Jürgen, Angelika und Evamarete. Die Mädchen sind meistens nicht so gut zu gebrauchen. Ich bin überzeugt, sie verstehen nichts von Pferden und Jagd und mögen sich nicht schmutzig machen. Aber von den Jungen kann ich lernen. Damit sie mich mitnehmen, muß ich zeigen, daß ich ihre Spiele nicht behindere. Ich will ihnen beweisen, daß ich nicht so klein bin, wie sie denken. Also mache ich mit, auch wenn es gefährlich ist oder sogar verboten.

In der großen Scheune neben dem Schweinestall liegt das Stroh in mehreren Stockwerken. Lange Leitern stehen bereit, um von einem Stockwerk zum nächsten klettern zu können. Oben im Dachstuhl laufen Balken längs und quer. Auf ihnen versuchen wir zu balancieren und probieren aus, ob wir schwindelfrei sind. Wenn wir hinunterfallen, ist es nicht schlimm, weil das Stroh darunter weich ist. Aber angenehm ist es auch nicht gerade. Wir balancieren und wagen uns immer weiter vor. Wir laufen über die Flächen, auf denen nur noch wenig Stroh liegt, der Abstand zum Boden unter uns wird immer größer. Wir trauen uns bis hoch oben über die Durchfahrten, auf denen gar kein Stroh liegt. Ich bin nicht schwindelfrei. Aber wenn ich nicht nach unten kucke, kann ich mir einreden, daß unter mir ganz nah der feste Boden ist. So geht es. Später beschließen Klaus und Christoph etwas, das sie Salto mortale nennen. Sie haben es im Zirkus gesehen und behaupten, daß es ganz leicht ist.

Ich stehe oben auf einem Balken unter dem First und schaue ihnen zu. Klaus, Christoph und Hans-Werner sind schon gesprungen. Es sieht wirklich ganz leicht aus. Sie stehen unten und fragen, ob ich komme. Eigentlich traue ich mich nicht. Aber ich möchte nicht die einzige sein, die Angst hat. Ziemlich tief unter mir, so ungefähr sechs Meter, liegt weiches Stroh. Ich könnte mit den Füßen zuerst hinunterspringen. Aber mit dem Kopf voran, wie ins Wasser? Ich nehme allen Mut zusammen und springe. Aber in der Luft überkommt mich die Angst um so stärker. Da beschließe ich, den Sprung abzubrechen. Dummerweise ist es schon zu spät. Ich lande auf dem Gesicht mit dem Kopf im Nacken im Stroh. Mein Kopf ist noch dran, nur der Nacken tut weh. Es ist noch einmal gut gegangen. Ich versuche es nicht wieder. Auch die Großen haben die Lust daran verloren. Hans-Werner sagt, er habe mal einen Kopfsprung von der Strohmiete hinunter probiert und danach auch noch gelebt.

Ein anderes, ausdrücklich verbotenes Spiel ist ähnlich gefährlich. Hinter den Kornspeichern ist ein Weg, an den mehrere flach gedeckte Holzschuppen anschließen, zwischen ihnen ein kleiner Gang, der breit genug ist, um bequem eine Karre hindurchzuschieben. Die Dächer dieser Schuppen sind für uns tabu, weil Teerdächer Löcher bekommen können, wenn Kinderfüße auf die Blasen treten, die Teer im Sommer bei Hitze aufwirft. Klaus und Christoph aber sind auf der Suche nach Mutproben. Sie wollen uns beweisen, daß sie über den Gang hinwegspringen können. »Ist doch ganz leicht«, sagen sie. Wir stellen eine Schmiere auf. Das heißt: Zwei von uns werden an den Eingängen postiert. Sie sollen »Hänschen klein, ging allein« pfeifen, wenn jemand kommt. Einer der Jungen klettert aufs Dach und kommt stolz vom nächsten wieder herunter. So geht es weiter. Schließlich bin ich an der Reihe. Ich stelle mir vor, wie es ist, wenn ich zu kurz trete. Die Vorstellung gefällt mir nicht. Ich laufe an und mache einen riesigen Satz über den tiefen Graben zwischen den schwarzen Dächern. Geschafft. Aber auch diesen Sprung probiere ich nur einmal.

Ein anderes Spiel, das zwar nicht ausdrücklich verboten ist, über das sich aber der Schweizer ärgert, weil wir dabei im Heu der Kühe herumtoben, spielen wir oft, natürlich nur, wenn er unterwegs ist. Vor dem Kuhstall steht der Höhenförderer. Er hat einen Motor und ein Transportband, das schräg hinauf bis in eine der Luken kurz unter dem First des Daches reicht. Das Förderband hat, ähnlich wie eine Forke, nach oben gebogene Zinken, die dazu da sind, das Heu und Stroh, das transportiert wird, festzuhalten. Am Rand des Daches angekommen, rollt das Band mit den Zinken nach unten gebogen wieder hinunter. Das Heu fällt in die Luke und auf das nächste Förderband. Dieses wird waagerecht etwa zwanzig Meter in der Spitze des Heubodens bewegt. Es befördert das Heu bis in die hintersten Ecken. Unser Spiel ist Fangen. Einer klettert mit Vorsprung durch die Zinken des Höhenförderers hinauf, rennt auf dem waagerechten Band bis ans Ende, springt dann ins oberste Heu, rutscht von dort durch einen Tunnel, den wir ins Heu gebuddelt haben, in die nächste Etage hinunter, wühlt sich bis zur Leiter in den Kuhstall, steigt

sie hinab, läuft durch den Kuhstall hinaus zum Höhenförderer und dort wieder hinauf. Wer gefangen wird, ist aus. Natürlich ist das Spiel gefährlich, denn die Jagd über die Zinken kann bös ausgehen. Aber es ist nie etwas passiert, außer daß der Schweizer zurückkam und uns laut schimpfend aus dem Kuhstall geschmissen hat. Solche Spiele würden wir vielleicht nicht wagen, wenn Vater da wäre.
Niemals macht Spielen so viel Spaß, wie wenn größere Jungen mitmachen. Wir spielen Räuber und Prinzessin durch den Garten und Roter Schal im Haus. Einer hat den roten Schal. Alle anderen verteilen sich auf den Fluren, verstecken sich hinter Schränken oder laufen eine Treppe hinauf und die nächste hinunter. Die Jagd geht vom Keller bis auf den Dachboden. Der rote Schal wandert. Niemals weißt du, wer ihn hat, es sei denn, du hast ihn selbst, und dann willst du ihn so bald wie möglich wieder loswerden.
Es treffen aber auch Gäste ein, die für länger bleiben, die Evakuierten, das sind Bombenflüchtlinge. Auf jemanden wütend zu sein, den man eigentlich bemitleiden müßte, ist nicht fair. Das weiß ich genau. Aber ich bin trotzdem wütend. Ein Ehepaar aus Berlin zieht im Zimmer gegenüber der Andachtsstube ein. Sie werden in unserem Haus gut behandelt, bekommen das große Gästezimmer, essen an unserem Tisch, und was tun sie? Sie jammern. Die Tochter Helga ist in Berlin geblieben. Nun schlurfen sie mit leidenden Gesichtern herum, weil sie Angst haben, daß ihr etwas passiert. Ich habe keine Lust, mich um Helga zu sorgen, und auch keine Lust, mir die Trauermienen ihrer Eltern anzusehen. Mutter geht schließlich auch nicht mit einem Gesicht wie drei Tage Regenwetter durchs Haus. Dabei sind Vater und Max in Rußland gefallen. Mutter erwartet, daß wir uns nichts anmerken lassen. Über Ängste wird nicht gesprochen, damit macht man alles nur noch schlimmer.

Das große Gästezimmer grenzt an die Diele. Von jetzt an müssen wir leise sein, wenn wir durchs Haus gehen. Da die Diele der Drehpunkt des Hauses ist, werden wir ständig ermahnt. Der Mann ist Musiker und hat so ein empfindsames Gehör, heißt es. Eigentlich ist er ganz passabel. Alt und freundlich, fügt er sich ganz gut in die Hausgemeinschaft ein. Ich habe seit ein paar Wochen Cellounterricht bei ihm. Aber seine Frau ist eindeutig ein Fremdkörper. Sie versteht nichts von unserem Leben und denkt immerzu nur an ihre hochbegabte Tochter in Berlin und den Verlust, den es für die ganze Welt bedeuten würde, wenn der etwas zustieße. Und sie dackelt den ganzen Tag hinter ihrem Mann her. Hast du auch an dies gedacht, Schatz, und du mußt dich unbedingt wärmer anziehen, Schatz. Wir finden das lächerlich. Eines Tages schickt ihre Tochter aus Berlin ihr ein paar Gläser, die angeblich unzerbrechlich sind. »Das ist die neueste Errungenschaft, niemand kann sie kaputtmachen«, sagt sie. Ich sage: »Wirklich unzerbrechlich?« »Du kannst es ausprobieren, du kriegst es nicht kaputt.« »Sind Sie mir auch bestimmt nicht böse, wenn es kaputtgeht?« frage ich. »Ganz bestimmt nicht, hier nimm und probier es aus.« Ich kucke mich um, wo der beste Platz ist, das Glas zu zersplittern. Der eiserne Griff der Tür am Kachelofen scheint mir geeignet. Ich werfe mit aller Wucht. Das Glas zerbirst in tausend kleine Scherben. Sie erstarrt. Sie kann mich ja nicht ausschimpfen, und sicher erlaubt sie sich keinen Zorn. Aber damit hat sie nicht gerechnet. Und das schöne Glas ist futsch. Ich denke: »Es geschieht ihr recht.« Aber ich weiß auch, daß nur böse Menschen solche Gedanken haben. Daß ich zu denen gehöre, ist mir aber nicht neu.

Das Erdbeben in Gestalt der Evakuierten hat das Mauerwerk meines Königreichs verletzt. Fremdheit ist eingezogen. Warum können sich diese Menschen nicht benehmen wie ganz normale Gäste?

Als nächstes kommen Fräulein D. und Fräulein R. Sie werden in zwei kleinen Gästezimmern in der Nähe unseres Kinderzimmers untergebracht. Fräulein D. ist Kunsthistorikerin, und wir müssen sie Tante Grete nennen, obwohl sie weder mit uns verwandt noch bei uns Kindern beliebt ist. Sie ist klein und dick und sehr von sich eingenommen. Mutter bewundert sie, weil sie viel über Kunstgeschichte und Musik weiß. Jetzt gibt es abends kunstgeschichtliche Diavorträge von »Tante Grete«. Wenn ich ihr zuhöre, vergesse ich, daß ich sie nicht mag. Ihre Begeisterung für romanische Kirchen und gotische Dome erfaßt mich. Sie hat einen kleinen Radioempfänger. Wenn klassische Musik gesendet wird, hängt sie mit ihrem Ohr daran, obwohl es knattert und rauscht. Sie sagt: »Den Rest der Musik denke ich mir dazu.« Ich mag sie aber trotzdem nicht.

Fräulein R. ist Weißnäherin und näht fürs Haus. Sie ist nützlich, aber das ist auch schon alles, was man anerkennend über sie sagen mag. Sie hat Angst vor Spinnen und Mäusen, und wenn ich einen Fleck auf mein Kleid mache, tut sie, als könne ich mich nicht benehmen. Sie hält ihre pingelige Art, mit Dingen umzugehen, für die einzig richtige auf der Welt.

Es ist kurz vor Mitternacht im Winter. Das ganze Haus schläft. Überall ist es stockfinster, nur draußen erleuchtet der Schnee die Landschaft. Klaus, Christoph und Hans-Werner wecken uns. Ich ziehe meine Polenjacke übers Nachthemd und gehe leise hinter ihnen her in den Keller. Einer zieht den Speiseaufzug hoch ins nächste Stockwerk. In dem Aufzugschacht hallt es. Nun legen wir die Hände vor den Mund, formen sie zu Trompeten und jaulen gemeinsam wie Gespenster. Wir hoffen, daß das Ehepaar aus Berlin, das direkt am Schacht schläft, herauskommt und kuckt, was da draußen vor sich geht. Wir laufen die Treppe hinauf und lauschen. »Sieh doch mal nach, das muß im Aufzug sein«, jammert die Frau. »Wo ist denn meine Hose?« fragt er zurück. »Die hast du doch gestern abend mit ins Bett genommen!« sagt sie. Wir können uns kaum halten vor Lachen. Offenbar legt ihr Mann seine Hosen abends unter die Matratze, damit die Bügelfalten scharf bleiben. Schließlich geht die Tür auf. Der Mann hat eine Kerze in der Hand, denn wir haben daran gedacht, die elektrischen Sicherungen herauszudrehen. Er murmelt irgend etwas Unverständliches und schlurft in seinen Pantoffeln durch die Diele zum Aufzug. Er schiebt die Klappe hoch. Da ist nichts. Er schlurft zurück und versucht seine Frau zu beruhigen. Inzwischen ist einer der großen Jungen mit einem Bettlaken über dem Kopf in die Küche gegangen und hat dort eine Schaufel voll glühender Kohlen aus dem Herd geholt. Wir anderen poltern auf dem Boden und im Keller. Mit der Schaufel und dem Bettlaken stellt er sich nun draußen vor dem Gästezimmer auf. Die Fensterläden sind zu. Wir bleiben verborgen, stimmen aber auf Kommando ein jämmerliches Geschrei an. Es klingt so wie der Kater, der nächtens seiner geliebten Katze ein überschwengliches Lied singt. Nach einer Weile öffnen sich die Fensterläden einen Spalt breit, und der Kopf des Mannes tritt in Erscheinung. Er sieht nichts als ein Gespenst mit einem rotglühenden Gesicht. Ganz schnell klappt er die Fensterläden wieder zu. Das Gespenst verschwindet. Wir alle laufen leise zu Mutters Schlafzimmer. Natürlich ist sie wach. Wir kriechen zu ihr ins Bett und genießen unseren Erfolg. Am nächsten Morgen erscheint das Ehepaar in Mutters Büro, um sich zu beschweren. Mutter erzählt uns nicht, was sie gesagt haben, nur daß sie gedacht hätten, die Russen seien gekommen.

Mein erster Ritt auf Lampri

Ich bin mutig geworden. Ich habe in Charlottenhof die sozusagen unsichtbare, aber ausdrückliche Bescheinigung bekommen, daß ich reiten kann. In Pätzig ist es nicht üblich zu loben. Das ist schon seit Generationen so. Vater erzählte von der Bemerkung seines Vaters: »Junge, wenn ich dich nicht tadele, so ist das das höchste Lob, das du erwarten kannst.« Wenn nichts gesagt wird, ist das also Anerkennung genug. Aber man weiß nie ganz genau, wie gut oder schlecht man eine Sache gemacht hat.
Es gibt zum Beispiel eine Geschichte von Vater. Das war noch vor dem Ersten Weltkrieg. Er hatte seinen Jagdschein in der Tasche und durfte Enten jagen. Die vielen Tümpel in Pätzig sind ideal für die Entenjagd. Die Enten wohnen dort im Schilf und Gebüsch, und niemand stört sie, mit Ausnahme der Jäger natürlich. Vater machte sich also mit seiner Flinte auf den Weg und kam bis Mitternacht nicht zurück. Nun gab es in Schönrade eine Regel, die hieß: »Hast du etwas verloren, dann suchst du so lange, bis du es gefunden hast.« Das Pech wollte es, daß Vater an einem Tümpel den Schlagbolzen seines Gewehrs verlor, das ist ein klitzekleines Stahlteil, das man braucht, um die Waffe zu sichern. In dem Morast dort war jede Möglichkeit, den Bolzen wiederzufinden, von vornherein ausgeschlossen. Aber es war nicht gut, ohne ihn nach Hause zu kommen. Als Vater nun erst im Stockdunkeln gegen Mitternacht auftauchte, hatten sich die Eltern Sorgen gemacht. Sein Vater fragte: »Was ist denn passiert?« »Ich hab

am Addapfuhl den Schlagbolzen von meiner Flinte verloren.« »Und warum kommst du so spät?« »Ich hab bis jetzt gesucht.« »Protz nicht so dumm, Junge, und schick die Flinte zum Büchsenmacher!« war das einzige, was sein Vater daraufhin zu ihm sagte.

Mir ist also in Charlottenhof von kompetenter Seite bescheinigt worden, daß ich gut auf dem Pferd sitze. Was liegt näher als der Wunsch, Lampri zu reiten? Sie ist inzwischen zweieinhalb Jahre alt – es ist Herbst 1944 – und gehört zu einer Herde von Jungpferden in der Koppel vor unserem Haus. Lampri kommt sofort angetrabt, wenn ich sie rufe, und die anderen Jungpferde folgen ihr. Sie kennt mich, und wir schmusen oft und ausgiebig. Am Rand der Koppel stehen Bäume, von denen einer gefällt worden ist. Der Stumpf ersetzt dieses Mal den Aufsteigestein. Natürlich hat Lampri noch keine Trense, noch nicht einmal ein Halfter. Ich führe sie zum Baumstumpf, fasse die kurze Mähne und steige auf. Im nächsten Moment sitze ich auf dem Koppelboden. Lampri und die Herde stehen am jenseitigen Zaun und schauen zu mir herüber. Ich habe mal wieder Glück gehabt. Der Sturz hätte damit enden können, daß ich mit dem Kopf an einem Baum lande. Niemand muß mir sagen, daß ich dumm war.

Ina hat Konfirmandenunterricht

Ich habe dir schon von Pastor Reck erzählt. Er wohnt im Pfarrhaus in Warnitz, das liegt etwa eine halbe Stunde von Pätzig entfernt. Sicher hat er ein Fahrrad, aber ein Pferd besitzt er nicht und natürlich auch kein Auto. So müssen wir ihn abholen und zurückbringen, wenn er in Pätzig zu tun hat. Er kommt jetzt, um Mutter zu trösten und die kirchlichen Dinge mit ihr zu besprechen, die er sonst mit Vater als Patron der Kirche geklärt hat. Auf diesen Fahrten gibt er Ina Konfirmandenunterricht. Ich sitze dabei auf dem Bock und fahre, während Ina und Pastor Reck hinter mir über die Bibel reden. Heute ist irgendeine Geschichte dran, in der die Pharisäer eine Rolle spielen. Pastor Reck sagt: »Wir sind alle Pharisäer.« Ich horche auf. »Ich auch?« frage ich. »Ja, du auch«, sagt Pastor Reck. Ich fühle mich um einen halben Meter gewachsen. So etwas Erhebendes hat noch niemand zu mir gesagt. Die Pharisäer sind für mich gelehrte Leute in langen, weißen Gewändern, die vor langer Zeit mit Jesus geredet haben. Später, als ich meinen Irrtum bemerke, komme ich mir blöd vor.

Fliegeralarm

Ein- bis zweimal am Tag fliegen in diesem Jahr 1944 die feindlichen Bomber über Pätzig. Der Nachtwächter oder sein Stellvertreter radelt durchs Dorf und bläst in seine Trompete. So ist es Vorschrift, und so wird es gemacht, auch wenn sich niemand darum schert. Eigentlich sollen wir wohl in die Keller laufen. Aber wer ist denn so dumm und denkt, daß die Bomber ihre Ladung auf ein kleines Dorf in der Pampa abwerfen. Es sind Schwärme von Flugzeugen. Man kann sie erkennen, wenn der Himmel klar ist, auch wenn sie hoch fliegen.

Ich bin mit dem Fahrrad unterwegs. Der Schmied schlägt mit seinem Hammer auf ein Stück Eisen. Er steht vor der Schmiede am Fuß des Hofhangs. Seltsam, immer wenn der Hammer oben in der Luft ist, höre ich seinen Klang auf dem Eisen, und wenn er unten auf den Amboß trifft, höre ich nichts. Ich fahre zum Schmied, um mir das anzusehen, aber als ich bei ihm bin, passen Hammerschlag und Klang zusammen. Ein großer Eisenreifen liegt in der Esse. Der feurige Koks bringt ihn zum Glühen. Es riecht nach verbrannten Hufspänen und abgekühltem Eisen. Meister Kaselow und sein Helfer tragen den Reifen mit langen Zangen vor die Schmiede und drücken ihn um ein hölzernes Speichenrad, das anfängt zu qualmen und zu brennen. Nun packen sie es wieder mit ihren Zangen und tauchen es in ein tiefes Wasserbecken. Es zischt und dampft gewaltig. Der Eisenreifen zieht sich beim Abkühlen zusammen und sitzt nun fest auf dem Holz. Ein

paar Nägel werden für alle Fälle noch in die vorbereiteten Löcher des Reifens geschlagen, dann ist das Rad fertig.
Ich fahre weiter, den Hang hinauf am Hundezwinger vorbei in die Kastanienallee. Der Himmel ist verhangen. Es ist ein trüber Tag. Heute gab es noch keinen Fliegeralarm. Ich fahre Achten in der Kastanienallee. Auf einmal knattert es laut in den Wolken. Zugleich höre ich das Brummen eines Flugzeugs, dann wieder das Knattern eines Geschützes. Plötzlich finde ich mich auf dem Boden wieder. Ich bin umgefallen und höre kurz danach einen ungeheuren Knall. Ich sammle mich und mein Fahrrad wieder auf, mir ist nichts passiert. Aus den Ställen und Häusern kommen Menschen gelaufen und schauen, wo die Bombe eingeschlagen hat.
Alle Gebäude sind heil. Aber unten neben der Schmiede im Sumpf ist ein großer, schwarzer Trichter. Er bleibt dort eine Weile zu sehen, dann füllt er sich mit Wasser. Er ist noch heute zu erkennen. Die Leute sagen, es war ein Gefecht zwischen zwei Jägern, und einer hat seine Ladung abgeworfen, damit er besser fliegen kann. So haben wir doch ein bißchen vom Krieg erlebt. Das befriedigt mich, denn sonst spüren wir wenig von ihm, und ich möchte mir doch vorstellen können, wie es Max und Vater in Rußland ergangen ist.
Wir stricken Wollsocken, schreiben Feldpostkarten und essen etwas weniger gut. Aber der Krieg der Soldaten ist für uns in weiter Ferne gewesen – bis zu diesem Sommertag.

Mutter klaut auf ihrem eigenen Hof

Hans-Werner ist inzwischen landwirtschaftlicher Eleve bei uns. Die Eleven sind normalerweise Söhne der Besitzer anderer Güter, die ihre Lehre bei uns machen. Sie essen und wohnen bei uns im Haus, arbeiten aber sonst wie die Leute auf dem Hof. Hans-Werner aber hat ein kleines Zimmer im Bürogebäude, damit es nicht so aussieht, als würde er bevorzugt. Er wird zuerst Gespannführer. Natürlich bekommt er nicht das beste Gespann, sondern das schlechteste. Die Pferde heißen Bulldog, Fuchs und Katze, ein komisches Trio.

Bulldog ist fast ein Kaltblüter, dick und schwerfällig, ein Brauner mit schwarzem Schwanz und schwarzer Mähne. Fuchs, eine Stute, ist genau das Gegenteil, hellbraun, mager und staksig. An ihrer Hüfte kann man einen Hut aufhängen. Katze, das Beipferd, ist etwas zu klein geraten. Sie könnte in Form und Farbe die zierliche Schwester von Bulldog sein. Mit diesem Gespann kann man wirklich keinen Staat machen, das heißt, die Leute schmunzeln, wenn Hans-Werner mit seinen Gäulen loszieht, weil alle, die sich auskennen, an Don Quichotte und seine Stute Rosinante erinnert werden. Für Hans-Werner ist das arg, denn er kann es überhaupt nicht leiden, wenn man über ihn lacht. Wer kann das schon.

Den Gespannführern wird das Futter für ihre Pferde zugeteilt. Sie schließen es in ihre Futterkisten und passen auf, daß ihnen keiner etwas wegnimmt, denn jeder ist daran interessiert, daß sein Gespann gut im Futter steht. Inzwischen ist aber auch das Pferdefutter rationiert. Was tun die Gespannführer, damit ihre Pferde genug zu fressen bekommen? Sie klauen. Nun stell dir vor, was geschähe, wenn der Sohn des Gutsbesitzers beim Klauen für seine Pferde erwischt würde. Hans-Werner ist in einer ganz vertrackten Situation. Er wendet sich an Mutter und bittet um Rat.

In Mutters kleinem Henkelkorb befindet sich ein Generalschlüssel, mit dem sie alle Türen des Hofes aufschließen kann. Sie gibt ihn nie aus der Hand. Mitten in der Nacht schleicht sie sich nun mit diesem Schlüssel zum Kornspeicher, öffnet ihn und stiehlt einen Sack Hafer. Sie nimmt den Sack auf die Schulter, trägt ihn zum Ackerstall und füllt das Getreide in Hans-Werners Futterkiste. Bulldog, Fuchs und Katze bekommen am nächsten Morgen eine Festmahlzeit.

Ein Pferd aus Schönrade

Schönrade, ein großes, ertragreiches Gut in der Warthe-Ebene, gehört den Wedemeyers schon seit einigen Generationen. Ursprünglich kamen die Vorfahren der Familie aus dem Dorf Eldagsen bei Hannover, und einer dieser Vorfahren steht mit Ritterrüstung in Stein gemeißelt an der Hannoveraner Marktkirche.

Schönrade hat zwei Herrenhäuser, ein neues und ein altes. Wichtiger aber ist, daß mein Urgroßvater dort eine Pferdezucht aufbaute, die mein Großvater und jetzt Onkel Franz-Just zu einem sehr erfolgreichen Gestüt entwickelt haben. Onkel Franz-Just ist der älteste Bruder meines Vaters und ein vorzüglicher Landwirt. Das Schönrader Herrenhaus wirkt herrschaftlicher als das schlichte Pätziger Haus, und ebenso wirkt Vaters Familie herrschaftlicher als Mutters Familie. Mir scheinen sie strenger und weniger warm zu sein, und ich habe mehr Respekt vor ihnen. Eine Ausnahme ist Tante Rusche, wir nennen sie den Kugelblitz. Sie ist klein, rundlich, spontan und lustig. Sie lebt in Rentweinsdorf in Franken. Eine andere Ausnahme ist Tante Friederike, sie lebt in Oberbehme in Westfalen. Von Tante Friederike erzähle ich dir vielleicht später einmal. Sie hat uns nach der Flucht beherbergt.

Ab und zu fahren wir nach Schönrade. Es ist immer etwas steif dort. Wir müssen einen ordentlichen Knicks machen und Tante Erika, der Frau von Onkel Franz-Just, die Hand küssen. Sie aber mag das gar nicht und zieht die Hand weg, dann küßt man in die Luft. Aber die Pferde sind herrlich an-

Das große Schloß in Schönrade

zusehen. Es gibt lange Ställe voller Pferde und nicht nur einen Kutscher, dazu mehrere blau gekleidete Stallburschen, die den Hof und die Stallgänge blitzsauber fegen.
Seit Vater gefallen ist, kommt Onkel Franz-Just regelmäßig mit der Bahn nach Pätzig. Er berät Mutter in allen Fragen, die die Bewirtschaftung des Hofes angehen. Er muß mit dem Kutschwagen am Bahnhof in Rosenthal abgeholt werden. Die Fahrt dorthin ist lang und geht auf Sandwegen durch Wälder, Wiesen und Äcker. Ich bin mehrfach mitgenommen worden, nun darf ich allein dorthin, um ihn nach Pätzig zu bringen. Onkel Franz-Just ist nicht nur streng, er hat auch sehr gute Augen und Ohren. Also werde ich mich sorgfältig auf die Fahrt vorbereiten. Zuerst muß ich dafür sorgen, daß die »Spinne« in Ordnung ist. Das Pferd, diesmal ist es Hannibal, wird blankgeputzt, der schwarze Schweif gekämmt. Berger schwärzt die Hufe, kontrolliert die Hufeisen und reibt das Geschirr frisch mit Sattelseife ein.

Treppenhaus im Schloß Schönrade

Als Erich noch da war, konnten wir ihm auf der Fahrt nach Rosenthal ein Loch in den Bauch fragen und herausfinden, was wir nachher für Onkel Franz-Just parat haben mußten. Jetzt hole ich mir die Informationen von Herrn Döpke. Ich lege mir vorher die Fragen zurecht, da er immer schnell und kurz antwortet. Ich finde Herrn Döpke im Büro. »Können Sie mir bitte sagen, wie viele Doppelzentner Kartoffeln wir auf Schlag eins geerntet haben?« Er grinst, weil er schon weiß, was hinter meinem plötzlichen Wissensdurst steckt. »Und wie viele Zentner Roggen auf Schlag zwei und wie viele Zentner Weizen?« Und so weiter und so weiter. Dann kommen die Ferkel und die Lämmer und die Kälber an die Reihe, dann die Zahl der Leute, die auf dem Hof arbeiten. Ich versuche mir alles zu merken. Dann spanne ich Hannibal an und fahre los. Ich freue mich auf die lange Fahrt und überlege mir genau, wo ich das Pferd Schritt gehen lassen will und wo es traben soll. Da Onkel Franz-Just alles bemerkt, wird er sich zuerst das Pferd ansehen und feststellen, ob ich es richtig gefahren habe. Ich konzentriere mich also ganz besonders auf Hannibal und versuche mich an das zu erinnern, was ich gelernt habe. Immer Verbindung zum Maul halten, lockere Hand und so weiter. Ich bin etwa eine Stunde unterwegs, da merke ich etwas, das ich noch nie bei Hannibal erlebt habe. Er kaut auf seiner Trense, er hat weißen Schaum am Maul, sein Rücken hebt sich etwas, und der kurzgeschorene Kamm des Halses wird zum gebogenen Kragen. Ich weiß, das ist ein Zeichen dafür, daß ich richtig mit ihm umgegangen bin. Jetzt habe ich keine Angst mehr vor Onkel Franz-Just. In aller Ruhe lasse ich Hannibal das letzte Stück bis zum Bahnhof Schritt gehen, damit er sich ausruhen kann.

Auf dem Weg nach Hause bestehe ich die Prüfung natürlich nicht, aber wir Kinder wissen, daß Onkel Franz-Just immer Fragen einfallen, die wir nicht beantworten können. Hannibal geht wie eine Eins, und ich bin glücklich, weil es noch mehr Spaß macht, ein Pferd zu fahren, das sich richtig wohl in meiner Hand fühlt. Am nächsten Tag darf ich Onkel Franz-Just wieder zum Bahnhof bringen. Er ist in Gedanken versunken und spricht nicht viel. Plötzlich sagt er: «Lala, wenn du alt genug bist, ein Pferd einzureiten, darfst du nach Schönrade kommen und dir zusammen mit mir einen Jährling aussuchen. Ich schenke ihn dir.«

Ich schlage mir die Zähne aus

Ich weiß nicht, ob es dir auch so geht wie mir. Ich merke mir die guten Sachen, und die schlechten vergesse ich lieber ganz schnell. Wenn ich etwas geschafft habe und richtig stolz auf mich bin, dann fällt mir das immer wieder ein. Habe ich aber etwas ausgefressen, kann ich mich später nicht daran erinnern. Ich kann dir also beim besten Willen nicht erzählen, was ich an diesem Sonntag angestellt hatte. Jedenfalls war eine gesalzene Strafe fällig, deshalb mußte ich an einem strahlend schönen, sonnigen Wintersonntagnachmittag mit wenig Schnee, aber viel Frost mein Bett hüten. Alle anderen Kinder im Dorf zogen nach dem Gottesdienst oder dem Mittagessen auf die überschwemmten, zugefrorenen Wiesen hinter der Gärtnerei und liefen Schlittschuh, rutschten mit ihren Schlitten oder einfach auf ihren Schuhsohlen.

Ich liege also im Bett, denke wieder einmal, wie schon so oft, darüber nach, wie gemein die Erwachsenen sind, und heule in mein Kopfkissen. Schließlich beschließe ich, mich nicht darum zu kümmern, was die Erwachsenen sagen und tun, und ihnen ein Schnippchen zu schlagen. Ich schlüpfe aus dem Bett und baue es so, daß es aussieht, als schliefe ich. Die Fensterläden sind sowieso geschlossen, so daß das Zimmer im Halbdunkel liegt. Donti näht nebenan, und wenn ich ganz leise bin, wird sie nichts hören. Sie wird sicher denken, ich bin eingeschlafen. Auf Zehenspitzen schleiche ich mich ins Schulzimmer nebenan. Dort ziehe ich mich schnell an, und schon bin ich, ohne daß mir jemand begegnet, den dunklen

Flur entlang, die Treppe hinunter und aus dem Haus. Auch draußen ist niemand zu sehen. Es ist schließlich Sonntagnachmittag, und alle genießen ihre Ruhe. Mein Schlitten steht im Holzstall. In wenigen Minuten bin ich durch den Garten gelaufen, die Dorfstraße entlang und auf dem Eis angekommen. Ich schiebe meinen Schlitten quer über die weite Fläche zu den Kindern hin. Sie spielen am anderen Ende der überschwemmten Wiese. Mein schlechtes Gewissen habe ich beiseite geschoben. Aber ganz wohl ist mir nicht. Plötzlich rutscht mein Schlitten vorn weg, und ich lande bäuchlings auf dem Eis. Ein stechender Schmerz an meinem Vorderzahn läßt mich zusammenzucken. Meine Hauer, so nennen die Geschwister meine großen Schneidezähne, sind auf das Schlittenende geschlagen. Es tut scheußlich weh und blutet mächtig. Die Kinder kommen geschliddert und gelaufen und stehen um mich herum. »Dein Zahn ist nur noch halb«, sagt ein Mädchen. Nun muß ich zurück nach Hause gehen, ob ich will oder nicht, und dies ist erst der Anfang einer langen Geschichte.

Die Erwachsenen beschließen, der Schmerz sei genug Strafe für meinen Ungehorsam. Ich muß nicht wieder ins Bett, dafür aber zum Zahnarzt. Da es in Schönfließ wohl keinen gibt, dem mich Mutter anvertrauen will, soll ich nach Berlin fahren und dort behandelt werden. Ich werde also stadtfein angezogen. Mein schönstes Kleid ist ein rosa kariertes Dirndl mit hellblauer Schürze, weißer Puffärmelbluse und weißen Kniestrümpfen. Darüber ziehe ich eine graue Strickjacke mit dunkelgrüner Borte, zu guter Letzt einen Lodenmantel. So ausstaffiert, werde ich zur Bahn gebracht und fahre mit irgend jemandem, ich weiß nicht mehr, mit wem, nach Berlin. Es ist gar nicht so weit dorthin, nur etwa hundert Kilometer, aber dazwischen liegt Jädickendorf.

Jädickendorf ist ein Bahnumschlagplatz, und das heißt, daß ich dort aussteigen und lange Stunden warten muß. Der Bahnhof

ist vollkommen kahl. Es gibt einen hohen, kalten Warteraum, in dem an den Wänden entlang dunkelbraune Holzbänke stehen. Er riecht nach Langeweile und leerem Butterbrotpapier. An der Wand steht in großen Buchstaben geschrieben: »Räder rollen für den Sieg.« Sonst gibt es nichts, das mich beschäftigen könnte. Mein Zahn tut weh, und selbst wenn ich ein Buch mitgenommen hätte, könnte ich mich jetzt nicht darauf konzentrieren. So gehe ich nach draußen vor die Tür des Bahnhofs und sehe dort zu meiner Freude ein paar Kinder. Sie sind etwa so alt wie ich, vielleicht kann ich bei ihnen mitspielen. Sie sehen mich, zeigen mit ihren Fingern auf mich und lachen, dann rufen sie im Chor: »Zahnlose Minna, zahnlose Minna, zahnlose Minna!« Was soll ich tun? Eines ist klar, sie wollen nicht mit mir spielen. Ich drehe mich also um und gehe wieder hinein. Da schallt es hinter mir her: »Käthe-Kruse-Puppe, Käthe-Kruse-Puppe.« Was habe ich falsch gemacht?
Endlich kommt der Zug nach Berlin. Es ist schon dunkel. In Berlin wohnen meine geliebte Tante Pessi und mit ihr Tante Knienchen. Tante Knienchen ist so klein und rund wie Donti und ähnlich gemütlich. Ich freue mich auf beide. Wenn nur der Zahn Ruhe gäbe! Schmerzmittel waren offenbar noch unbekannt. In der Nacht laufe ich in einem großen, hohen, spärlich beleuchteten Raum mit Stuckdecke immer im Kreis und weiß plötzlich, was das heißt: Ich möchte vor Schmerz die Wände hochlaufen. Der Zahn schmerzt mehr, als ich aushalten kann. Schließlich suche ich Tante Pessi. Sie kommt in ihrem langen Nachthemd mit offenen Haaren, die ihr auf die Schultern hängen, zu mir und versucht mich zu trösten. Aber helfen kann sie mir nicht.
Früh am nächsten Morgen fahren wir mit der Straßenbahn zum Zahnarzt. Auch er tut mir furchtbar weh, doch als er von mir abläßt, ist meine Backe dick und gefühllos, und die Schmerzen sind weg. In der nächsten Nacht geht es aber wieder los.

Nun besuche ich ihn täglich. Nachmittags versuche ich mich in der Etagenwohnung zu beschäftigen. Inzwischen ist es draußen wärmer geworden. Ich gieße die Tannenbäumchen auf dem Balkon. Ich tue es so gründlich, daß kurze Zeit darauf eine keifende Frau an der Tür klingelt und schreit, das Wasser habe ihren Mantel verdorben. Sie verlangt, daß Tante Pessi ihr einen neuen bezahlt. Tante Pessi schlägt mir vor, zwei Stockwerke tiefer an der Tür zu klingeln. Dort, sagt sie, wohnt ein Mädchen, das so alt ist wie ich. Ich gehe hinunter, komme aber unverrichteter Dinge zurück. Ich habe mich nicht getraut zu klingeln. Auch in den nächsten Tagen traue ich mich nicht. Schließlich darf ich wieder nach Hause fahren. In Jädickendorf bleibe ich im Wartezimmer sitzen und lese.

Im Sommer muß ich erneut nach Berlin reisen. Der Zahnarzt hatte mir schließlich den Zahn gezogen, und ich soll ein Gebiß kriegen. Statt des einen Zahns werde ich zwei neue Zähne bekommen, denn die Lücke ist zu groß für einen. Dann wird mein Gesicht ein bißchen schief, aber wenigstens bin ich dann keine zahnlose Minna mehr. Diesmal soll ich bei den Eltern meiner Hauslehrerin wohnen. Sie wird auch da sein und mich unterrichten. Sie haben ein weißes Häuschen mit einem spitzen Dach und einem winzigen Garten mit Büschen und einer Rasenfläche so groß wie ein Bettlaken. Vom ersten Moment an sehne ich mich nach Tante Pessi und Tante Knienchen. Ich frage, in welcher Richtung Charlottenburg liegt, denn dort wohnen sie. Jeden Morgen gehe ich vor das Haus und überlege, ob ich einfach loswandern soll, um zu Tante Pessi zu kommen. Meine Lehrerin merkt, daß ich Heimweh habe, und denkt, sie kann mir helfen. Sie gibt mir Gartenarbeit. Ich soll Gänseblümchen aus dem kurzgeschorenen Rasen stechen. Ich finde diese Arbeit töricht und den Rasen viel schöner mit Gänseblümchen als ohne. Schließlich darf ich doch zu Tante Pessi ziehen.

Der Hengst, Peter und ich haben Glück

Nun dauert der Krieg schon fünf Jahre. Hans-Werner ist im Artillerieausbildungslager in Schwerin. Mutter ist nur noch abends zum Vorlesen bei uns. Fast alles, was es zu besprechen gibt, klären wir mit den anderen Erwachsenen im Haus. Abgesehen davon, daß in der Apsis der Kirche die Reihe der Kreuze für die Gefallenen nun ganz um den Altar reicht, hat sich nicht viel verändert. Das Ehepaar aus Berlin und Fräulein D. sind inzwischen ausgebombt. Sie haben all ihr Hab und Gut verloren und sind schrecklich niedergedrückt. Wir bekommen regelmäßig Musikunterricht, Ina Klavier und ich Cello. Ich mag mein Cello, und der Unterricht macht mir Spaß. Meine Schulaufgaben langweilen mich weiterhin, aber bei den Pferden im Kutschstall gibt es immer etwas zu tun. Maria ist abwechselnd in Pätzig und Berlin, Hans-Werner ist eingezogen worden. Weder Ina noch ich müssen zur Hitlerjugend, Ina nicht, weil sie ein Attest vom Arzt hat, und ich bin noch nicht alt genug. Das zweite Weihnachtsfest ohne Vater und Max steht vor der Tür. Mutter sorgt dafür, daß alles so abläuft wie früher. Nun spielt Wimmelchen den Weihnachtsmann. Die Eheleute sprechen davon, daß sie zurück nach Berlin zu ihrer Tochter fahren wollen. Sie haben Angst vor den Russen.

Kurz vor Weihnachten beauftragt Mutter Peter und mich, einen großen Überseekoffer zur Bahn nach Schönfließ zu fahren. Sie ermahnt mich, ich solle besonders vorsichtig damit umgehen, es seien kostbare Sachen darin verpackt. Mutter hat die berühmten blauen KPM-Tassen, die nur zu den festlichsten Gelegenheiten benutzt werden, in Wappenservietten gewickelt und mit anderen wertvollen Gegenständen in dem Koffer verstaut. Er ist an Tante Friederike von Laer in Oberbehme adressiert. Niemand darf wissen, was der Koffer enthält, denn es ist verboten, Dinge in den Westen zu retten. Wehrkraftzersetzung nennt man das.

Ich mache einen folgenschweren Fehler. Ich spanne den Hengst vor die Spinne, weil ich denke, daß er bewegt werden sollte. Die Spinne hat hinten eine aufklappbare Halterung, dort wird der Koffer festgeschnallt. Auf dem Bock liegen zwei große Pelze, in einen schlüpfe ich hinein. Peter bindet seinen Schlitten hinten an den Wagen. Über die Pelze wird der Tambour geknöpft, der sie festhält und Füße und Beine vor Wind schützt. Pelze und Tambour werden uns nachher warm halten, denn es weht ein scharfer, eisiger Wind, und oben auf der Spinne gibt es sonst keinen Schutz. Der Hengst ist ausgeruht und lauffreudig in der frischen Winterluft. Er kommt aus der Stallwärme und friert. Wir werden bald da sein.

Der Weg nach Schönfließ führt durch ein Dorf, es heißt Stolzenfelde. Im Sommer gibt es eine Abkürzung am Dorf vorbei. Aber jetzt ist sie durch hohe Schneewehen versperrt. Ich muß also am Gut und an den Bauernhöfen dort vorbeifahren. Damit habe ich nicht gerechnet. Ich habe dir schon erzählt, daß ein Hengst dazu neigt, verrückt zu spielen, wenn er Stuten begegnet, besonders wenn ihm eine rossige Stute über den Weg läuft. Nun stehen sogar in einem kleinen Dorf, und Stolzenfelde ist ein solches, viele Pferde in den Ställen. Jeder Bauer hat mindestens zwei, und auf dem Gutshof gibt es sicher noch mal dreißig. Du kannst dir vorstellen, daß darunter immer einige Stuten rossig sind.

Wir fahren also nach Stolzenfelde hinein, und der Hengst

fängt an zu wiehern. Dazu hebt er seinen Kopf, und ich muß aufpassen, daß ich die Verbindung zu seinem Maul halte. Dann fängt er an zu tänzeln und zu steigen. Ein Bauer, der gerade seine Pferde aus dem Hof führen will, dreht schnell um und schließt das Hoftor. Die eisenbereiften Räder der Spinne klappern auf dem Pflaster, und der Hengst wiehert weiter. Ich gebe ihm die Peitsche und sehe zu, daß ich das Dorf so schnell wie möglich hinter mir lasse. Wieder einmal habe ich Glück gehabt. Aber ich bin aufgeregt, und das teilt sich immer auch dem Pferd mit, darum lasse ich ihn jetzt Schritt gehen, um ihn und mich zu beruhigen. Aber da naht auch schon das nächste Abenteuer.

Unsere Pferde sind an Traktoren gewöhnt, Autos kennen sie kaum. Lastwagen haben sie überhaupt noch nicht erlebt. Und nun kommt so ein riesiges, brummendes Ungeheuer geradewegs auf uns zu, ein Militärlastwagen. Die von Apfelbäumen gesäumte Straße ist eigentlich breit genug für zwei Fahrzeuge. Es gibt die asphaltierte Spur und daneben links von mir den Sommerweg, einen Sandweg, der dazu da ist, die Pferdebeine zu schonen. Im Winter wird nur die asphaltierte Straße von Schnee geräumt. Ein Trecker zieht einen mit Steinen beladenen Keil aus Holzbohlen über die Fahrbahn, so daß zu beiden Seiten des Keils Schneehügel entstehen. Natürlich bleibt genug Schnee auf dem Asphalt liegen, so daß die Pferde weich laufen. Dort, wo Schneewehen hohe Sperren aufgehäuft haben, werden sie von Arbeitern mit Schaufeln beseitigt. An solchen Stellen türmt sich der Schnee übermannshoch. Die Straßen haben noch eine Eigenheit. Innerhalb der Obstbaumlinie verlaufen Gräben, die das Wasser von der Straße aufnehmen und sie trocken halten sollen. Im Winter sind sie natürlich zugeschneit oder zugeweht, so daß man sie nicht sieht.

Der Lastwagen rast also direkt auf uns zu, keiner von uns hat eine gute Ausweichmöglichkeit. Wenn beide Fahrzeuge mit einem Rad im Schnee fahren, kommen sie aneinander vorbei, dazu aber müßte der Lastwagenfahrer sein Tempo verringern. Offenbar versteht er nichts von Pferden oder paßt nicht auf. Der Hengst, der das brüllende Ungeheuer auf sich zukommen sieht, tut das einzig Vernünftige. Er bricht seitlich aus und will über das vom Wind blank gefegte Feld auf und davon. Er kann ja nicht ahnen, daß unter dem Schnee verborgen der Graben zwischen Straße und Feld liegt. Der Hengst sackt urplötzlich mit den Vorderhufen in den Graben, erschrickt zum zweiten Mal, springt in Panik heraus und flieht, als gälte es, das Leben zu retten. Der leichte Wagen fliegt über den Graben hinweg und schleudert hinter dem Hengst her, ebenso Peter auf seinem Schlitten. Wie durch ein Wunder und durch Pelze und Tambour gehalten, sitze ich noch wohlbehalten auf dem Bock, allerdings ganz und gar unfähig, das verängstigte Tier anzuhalten. Ich habe den einen Zügel verloren und bücke mich, um ihn zu angeln, da verfängt er sich im Rad. In einem Ruck bleibt der Hengst stehen, den Kopf hochgerissen und dann seitlich umgebogen durch den festgeklemmten Zügel.

Wir befreien das Pferd und stellen voller Verwunderung fest, daß der Wagen heil und der Koffer noch unbeschädigt hinten draufgeschnallt ist. Was in seinem Innern passiert ist, wollen wir lieber nicht so genau wissen. Weiter geht es nun zum Bahnhof, wo wir den Koffer aufgeben. Der Hengst ist schweißnaß und zittert immer noch. Langsam fahren wir in Richtung Pätzig. Es sind etwa vier Kilometer bis nach Stolzenfelde. Ich hoffe inständig, daß inzwischen irgendein Wagen oder der Schneepflug die Abkürzung um das Dorf herum befahren hat. Tatsächlich führt eine Gummireifenspur in den Weg hinein. Ich atme erleichtert auf. Doch auf halber Strecke biegt die Spur aufs Feld ab. Vor mir liegt unberührter

Schnee. Da der andere Wagen auf keine wesentlichen Hindernisse gestoßen ist, fahre ich weiter. Aber nun stoße ich auf einen Hohlweg. Rechts und links liegen von Buschwerk bewachsene Hügel und in der Mitte nichts als Schnee. Der übers Feld pfeifende Wind hat die Höhlung zwischen den Hügeln mit Treibschnee ausgefüllt, und darauf hat sich, weil er schon eine Weile liegt und irgendwann zwischendurch Tauwetter war, eine feste Harschschicht gebildet.

Umdrehen kann ich nicht mehr, also durch. Der Hengst sinkt bis zur Brust ein, die Spinne bleibt hoch über ihm auf dem Harsch. Da fängt er an zu stampfen und mag nicht mehr ziehen. Ich versuche ihm zuzureden, ihn zu beruhigen, gebe ihm Zügel und tippe ihn mit der Peitsche an. Mit einem kräftigen Sprung nach vorn zerbricht er den Schwengel, an dem die Zugriemen befestigt sind. Wir springen vom Wagen und befreien ihn, denn ziehen kann er nun nicht mehr. Meine schlimmste Befürchtung, er könnte die Schere zerbrochen haben, bewahrheitet sich nicht. Bis auf den Schwengel ist alles heil. Das Tier zittert und steht keinen Moment still. Kann ich ihn halten? Und was soll mit dem Wagen und den Pelzen geschehen? Peter erklärt sich bereit, die Pelze zu bewachen. Auf die Idee, daß er mit seinen sieben Jahren gegen ausgerissene Kriegsgefangene machtlos wäre, kommen wir beide nicht. Die Spinne hier allein zu lassen geht nicht, denn die Gefahr, daß die Pelze geklaut werden, ist zu groß. So muß Peter beim Wagen bleiben, bis ich Hilfe vom Hof geholt habe. Ich beginne meine Wanderung nach Hause, die rechte Hand am Zaumzeug, in der Linken die Leine. Solange der Schnee tief ist, geht es ganz gut. Mühsam wird es erst, als wir auf festen Grund kommen. Da wird der Hengst schnell, schneller, als mir lieb ist. Wenn ich erst anfange zu laufen, kann ich ihn nicht mehr halten. Das ist mir klar. Meine rechte Schulter drückt gegen die Schulter des Pferdes, aber der Straßen-

schnee ist rutschig. Meine Füße aber sollten Halt finden, damit meine Schulter seine bremst, wenn ich mich dagegen stemme. Also halte ich alle zehn Meter an, um ihn zu beruhigen, dann läuft er einmal eine Runde um mich herum, und weiter geht's in Richtung Heimat. Als wir schließlich im Stall ankommen, ist der Hengst trocken, und ich bin klitschnaß.
Ich gehe sofort ins Büro, um Mutter zu beichten, was passiert ist. Ich fürchte, sie wird mir mein größtes Vergnügen nehmen und sagen: »Wenn du nicht mit dem Hengst umgehen kannst, kannst du ihn auch nicht mehr fahren.« Nichts dergleichen geschieht. Mutter steht auf und geht hinaus, um im Ackerstall jemanden zu finden, der die Spinne und Peter abholt. Ich kann es kaum fassen. Nur der Gespannführer schimpft, so eine Dummheit habe er noch nie erlebt. Was er genau meint, sagt er nicht.

Sonnabend, der 27. Januar 1945

Üblicherweise sitzen an den Samstagabenden Kinder, Gäste, Haustöchter, Donti, Jandi und Mutter um den ovalen Eßtisch in der Diele und spielen auf dem schwarzen Wachstuch Poch und andere Kartenspiele. Sönner kann von uns am schlechtesten verlieren. Als er noch klein war, lief er immer laut heulend aus dem Zimmer, wenn er verlor. Nun aber ist er schon sechzehn Jahre alt und Soldat. Ina paßt auf, daß keiner mogelt. Mutter führt Regie. Sie sitzt unter dem Lampenschirm und verteilt mit langem Arm Spielkarten auf dem Tisch. Der Rest des Raums liegt im Halbdunkel. Auf einige der umgedrehten Karten legt sie Schokoladenplätzchen, die mit bunten Zuckerperlen bestreut sind. Glücklich ist, wer eines gewinnt. Es gibt weder Tee noch etwa Wein oder Knabberzeug. Um Punkt zehn geht's ins Bett.

Die Diele ist sozusagen die Drehscheibe des Erdgeschosses. Die geschwungene doppelte Flügeltür zur Veranda ist nur eine von sechs Türen, durch die man diesen Raum betreten kann. Hinzu kommen zwei Fenster rechts und links der Eingangstür. In einem dieser Doppelfenster bewahrt Mutter im Winter die Spickgans auf, die zu Weihnachten von Großmutter kommt und in hauchdünnen Scheiben für besondere Gäste geopfert wird. Von dieser Köstlichkeit ist heute nur noch ein kleiner Rest vorhanden. Über den Türen hängen Geweihe von Hirschen, die Vater geschossen hat. Sie haben zusammengerechnet genau 176 Sprossen, und das ist auch unsere Telefonnummer, Bad Schönfließ 176. Das bißchen

Wand zwischen den Türen ist mit dunklem Rupfen bespannt, grün, glaube ich, die Decke weiß. Hier in der Diele, auf dem mit schwarzem Wachstuch bedeckten Tisch, wird gegessen, wenn keine Gäste im Haus sind, denn der Saal ist groß und schwer zu heizen. Wir leben sparsam.
Heute herrscht ungewohnte Unruhe im Haus. Maria ist überraschend aus Berlin angereist. Einige Erwachsene laufen mit angespannten Gesichtern hin und her. Emma kommt den dunklen Flur entlang mit einem Tablett, auf dem fein geordnet frisch geputztes Silber liegt. Maria nimmt es und kippt das Silber in einen Koffer. Emma sieht sie verständnislos an. So wird Silber nicht behandelt. Es gehört auf grünen Filz, jedes Messer und jeder Löffel in sein eigenes Fach. Kein Wort der Erklärung von den Großen. Die Möbel im Herrenzimmer werden beiseite geräumt, der große Teppich wird zusammengerollt, die staubige Filzunterlage herausgezogen und weggetragen. Dann wird der Teppich ohne Unterlage wieder an seinen Platz gelegt. Das paßt nicht zum Samstagabend. Warum spielen wir nicht? Irgend etwas Beunruhigendes geschieht. Schließlich ruft Mutter mich in ihr Arbeitszimmer. Dumpfe, dunkle Atmosphäre empfängt mich. Der hohe Raum riecht nach kaltem Kaminfeuer, Waffenöl und immer noch nach Vaters Zigarren. Oder bilde ich mir das ein? Nur auf Mutters großem Schreibtisch leuchtet matt der grüne Glasschirm der Schreibtischlampe. »Setz dich zu mir, Lala.«
Ihr gegenüber, dort, wo sonst der Verwalter Herr Döpke Platz nimmt, wenn die Arbeit auf dem Hof besprochen wird, sitze ich zum ersten Mal. Offenbar steht mir etwas Unangenehmes bevor. »Ich muß dir etwas sagen, Lala. Es ist etwas Trauriges, und du mußt tapfer sein.«
Das kenne ich. Als Vater gefallen war und bald danach Max, mußten wir auch tapfer sein. Wir werden ihr keine Tränen vorheulen.

»Ihr werdet morgen früh Pätzig verlassen.«
»Warum?«
»Die Russen kommen.«
Mein Gehirn hört auf zu arbeiten. Es ist, als fiele ich in ein großes, dunkles Loch, und nirgendwo ist ein Ausweg zu sehen. Ich denke an die Menschen, die bei uns Zuflucht vor den Fliegerangriffen in Berlin gesucht und gefunden hatten. Die hatten auch Angst vor den Russen. Städter, so hatten wir festgestellt, sind nun mal besonders ängstliche Leute. Aber wir doch nicht. Das Gerede hatten wir nicht ernstgenommen. Wenn die feindlichen Flugzeuge in Scharen über Pätzig hinwegflogen, haben wir ihnen zugesehen, und nun sollen wir vor den Russen weglaufen, fliehen, alles im Stich lassen?
»Kommen wir zurück?« frage ich.
»Wir hoffen, daß die deutschen Truppen die Russen noch aufhalten können, dann könnt ihr wieder herkommen.«
»Kommst du nicht mit?«
»Nein, ich muß bei den Leuten bleiben. Aber ich komme nach, sobald ich kann.«
Die Leute, das sind die Landarbeiter, für die Mutter verantwortlich ist, seit Vater nicht mehr lebt.
»Wer fährt mit uns?«
»Maria wird den Treck leiten. Außer dir, Ina und Peter fahren noch Tante Grete, Fräulein R. und Frau Döpke, ihre kleine Nichte und ihr Baby mit.«
»Wer sorgt für die Pferde?«
»Pummitschalek hat sich bereit erklärt, euer Kutscher zu sein. Ich bin ihm dafür sehr dankbar.«
Pummitschalek ist polnischer Kriegsgefangener. Mutter hatte entdeckt, daß er ein Kettchen mit einem kleinen Kreuz um den Hals trägt. Darum vertraut sie ihm und hat ihn gebeten, uns zu begleiten. Das wird er nun tun, obwohl er auf diese Weise seinen Befreiern davonfährt.

Ich überlege: Pummitschalek wird für die Pferde sorgen, also brauche ich ihretwegen nicht mitzufahren. Wenn Mutter hinterherkommt, wird sie jemanden brauchen, der sich um ihr Pferd kümmert, denn davon versteht sie nicht soviel.

»Dann kann ich bei dir bleiben«, sage ich. »Ich kann dich mit der Guten Sieben und der Spinne fahren, wenn du hier fertig bist. Die Gute Sieben ist schnell und die Spinne leicht, mit ihr holen wir die anderen schnell ein.«

Ich sehe den Weg durch den Wald vor mir, den ich mit dem leichten Kutschwagen nehmen kann. Für den Ackerwagen ist der Weg bei dieser Witterung unbefahrbar. Die Spinne bleibt oben, weil der feste Schnee mit der Decke aus Harsch sie trägt, und mit einem ruhigen Pferd kommt man durch. Ich sehe mich, mit meiner Mutter neben mir, den Tambour über die Knie geschnallt, hoch oben auf dem schmalen, mit einem einfachen Stahlrohr umfaßten Sitz der Spinne den bekannten Weg fahren. Verlockende Herausforderung und Auszeichnung zugleich. Ich bin überzeugt davon, daß Mutter mich dazu braucht. Daher trifft mich ihre Antwort, ich kann nicht glauben, daß sie meinen Vorschlag rundweg ablehnt. »Nein, du fährst mit den anderen.«

Alles Bitten hilft nichts. »Dann laß mich wenigstens Lampri hinten an unseren Wagen anbinden und mitnehmen.«

Lampri ist inzwischen drei Jahre alt. Das erste Fohlen der Schimmelstute Gute Sieben und des Fuchshengstes, der die Pferdezucht in Pätzig begründen soll. Lampri gehört mir. Lampri ist eine temperamentvolle, helle Fuchsstute geworden, sie kennt mich, und ich liebe sie. In diesem Frühjahr will ich Lampri einreiten.

»Nein, auch das geht nicht. Ihr werdet anderen Fuhrwerken begegnen, da wird das junge Pferd unruhig und hält euch auf.«

»Bitte!«

»Nein. Lala, sei vernünftig.«

Natürlich bin ich das. Darin liegt ja mein Stolz, daß die Erwachsenen mir Dinge zumuten können, die andere nicht so gut hinkriegen. Aber Lampri zurückzulassen ist fast zu bitter.
»Aber«, sagt Mutter, »ich habe eine gute Nachricht für dich. Pastor Reck ist bereit, dir und Peter nachher in der Kirche das Abendmahl zu geben, obwohl ihr noch nicht konfirmiert seid.«
Bis über die Kehle ausgefüllt von Schmerz verlasse ich Mutters Arbeitszimmer. Ich gehe, um meinen Rucksack zu packen und mich von Lampri zu verabschieden. Noch heute möchte ich mit meiner Mutter darum kämpfen, daß sie es mir doch erlaubt, Lampri mitzunehmen. Noch heute ist der Schmerz um das Pferd gegenwärtig wie kein anderer aus dieser Zeit. Noch heute aber ist auch die für mich damals unglaubliche Auszeichnung, zwei Jahre vor der Zeit das Abendmahl empfangen zu dürfen, das mich bis in die Tiefen meiner Seele erwärmende Erlebnis am Vorabend der Flucht.
Die Kirche ist nicht geheizt. Mir erscheint sie warm. Im Dunkel des Raums brennen die Altarkerzen, dicke, weiße Kerzen auf gedrechselten Holzleuchtern. Vom Altar herunter hängt das Antependium, ein Leinentuch, auf das mit grünem Garn ein Weinstock mit Blättern und Trauben gestickt ist. In der Wölbung der Apsis brennen Kerzen in ihren schmiedeeisernen Wandleuchtern. Darunter hängen Holzkreuze, auf denen die Namen der in diesem Krieg gefallenen Soldaten geschrieben stehen. Rechts das schlichte Kreuz in der Form des Eisernen Kreuzes für meinen Vater, daneben das für meinen Bruder Max, links das für Pastor Brandenburg, dazwischen all die anderen, darunter Sträuße aus Kiefern- und Fichtenzweigen.
Pastor Reck erwartet uns. Er steht im schwarzen Talar uns zugewandt vor dem gedeckten Altar. Die große Zinnkanne und der Kelch stehen bereit. Wir knien auf den roten Ziegelsteinen, Mutter, Maria, Ina, Peter und ich.

Flucht

Der Kutscher Pummitschalek ist ein Pole. Er war Soldat. Die deutschen Truppen hatten ihn gefangengenommen, aus seiner Heimat verschleppt und in ein Lager gesteckt. Mutter holte ihn dort heraus, weil sie Hilfskräfte brauchte. Nun war er Kriegsgefangener in Pätzig. Die polnischen Fremdarbeiter genossen, anders als die russischen, ziemlich viel Freiheit. Sie konnten nach Feierabend auf dem Hof umherlaufen und hatten keine Bewacher.
Als nun der Hof hinter dem Treckwagen zurückblieb, stellten sich schwere Gedanken ein. Eine Ahnung davon, daß dieser Abschied unerbittlich endgültig sein würde? Nein. Absurder konnte ein Gedanke nicht sein. Es war auch hier zu der Zeit nicht üblich, Trauer zuzulassen oder gar zu beherbergen und erst recht nicht zu äußern oder gar zu heulen. Das Nachbardorf hatten wir noch gemeinsam mit Mutter passiert. Dort wohnte Pastor Reck. Er kam aus seinem Haus, und wir nahmen Abschied voneinander. Vor dem Dorf hatten wir die Säcke, auf denen »Rittergut Pätzig« geschrieben stand, umgedreht, damit die Schrift uns nicht verriet, denn wir taten ja etwas Verbotenes. Niemand durfte merken, woher wir kamen. Nun fuhren wir in einer Landschaft, die uns fremd war. Die Häuser, die Bäume, die Sträucher, die schneebedeckten Hügel, die Alleebäume, alles hatte seine Vertrautheit verloren. Wir fuhren in Richtung Westen.
Maria hatte eine Landkarte und eine Aufstellung der Wege und Zufluchtsorte. Die großen Straßen galt es zu vermeiden,

denn dort flüchtete das Militär, und die vielen Treckwagen aus dem ferneren Osten verstopften sie mancherorts. Man hatte gehört, die deutschen Panzer schöben die Treckwagen in die Straßengräben, wenn sie die Straße selbst brauchten. Der Plan sah vor, daß der Treck heute Bärwalde erreichen und morgen versuchen sollte, die Oder zu überqueren. Niemand konnte sagen, ob der Fluß noch zugefroren war.

Sicher war, daß es keinen Sinn hatte, über die Frankfurter oder irgendeine andere noch nicht zerbombte Brücke zu fahren. Das Militär würde sie benutzen. Die Freunde in Bärwalde und die entfernten Verwandten in Hohenfinow waren telefonisch benachrichtigt. Mehr Vorbereitung war nicht möglich, denn die Regierung hatte ein Treckverbot für diese Gegend erlassen, und niemand durfte erfahren, daß wir trotzdem flohen.

Nun setzte hinten im Wagen ein Klagen ein. Die beiden Damen, Evakuierte aus Berlin, waren es nicht gewohnt, frierend auf Futtersäcken zu hocken. Da sie schon etwas älter waren, plagte sie das Sitzen ohne Lehne und hie und da wohl auch ein Zipperlein. Zudem fiel ihnen ein, was sie alles zurückgelassen hatten, die eine die Nähmaschine und die andere ihre Bildbände über romanische und gotische Kathedralen. Unwiederbringlich seien diese Schätze. Wären sie doch nur nicht nach Pätzig geflohen, dann hätten sie nur einmal alles verloren. Nun aber passiere es ihnen zum zweiten Mal. Niemand könne verstehen, was das für sie bedeute. Frau Döpke im hintersten Teil des Planwagens war still, nur das Baby meckerte ab und zu, es wollte nicht trinken.

Maria, verantwortlich für die Stimmung und mit einem beginnenden Zorn auf die jammernden Tanten, tat, als höre sie sie nicht, und beschloß, den Treckwagen für uns in einen Zirkuswagen umzufunktionieren. Zirkuswagen fahren schließlich durch die Lande, um irgendwo ein Zelt aufzubauen und darin zu spielen. So planten wir Kunststücke, dachten uns Clowngeschichten aus, überlegten, wie wir uns verkleiden könnten und wer das Publikum mit welchem Kunststück am ehesten beeindrucken würde. Die Fahrt wurde zum Abenteuer, und die Stunden bis zum Abend vergingen rasch.

Als wir der Oder näher kamen, ließ Maria den Wagen in den Dörfern anhalten, um herauszufinden, ob das Eis des Flusses noch fest sei. Im ersten Dorf sagten die Leute: Es hat getaut, da kommen Sie nicht mehr rüber. Im nächsten Dorf sagten sie: Die Oder hat schon Treibeis. Ein Stück weiter sagten sie: Sie ist wieder zugefroren, aber ob sie den Wagen tragen wird: »Wer weiß das schon.« Wir übernachteten im Haus eines befreundeten Mühlenbesitzers in Bärwalde.

Der 29. Januar 1945

Im Morgengrauen krochen wir verschlafen in den schon bereitstehenden Treckwagen. Die Pferde waren ausgeruht und satt. Sie dampften, und aus ihren Nüstern kamen Schwaden von nebligem Atem. Maria brachte den einzigen Kochtopf, den wir von zu Hause mitgenommen hatten, aus der Küche. Der Deckel verschloß ein noch warmes Geheimnis. Sie sah die Kleinen verheißungsvoll an und verstaute den Topf. Da steckte er, eingeklemmt zwischen Wagenschott und festgezurrter Plane, und wurde kalt. Die Pferde zogen an.

Die kleine Straße, auf der wir fuhren, war leer. Sie hatte drei Spuren im tiefen Schnee. Das hieß, wenn jemand entgegenkam, mußte einer von beiden mit dem äußeren Rad in den verharschten Schnee ausweichen. Das tat natürlich keiner gern. Aber da hier meistens nur Pferdefuhrwerke die Wege benutzten, konnten die Kutscher oder Knechte abschätzen, für wen es leichter war auszuweichen, und wenn einer stekkenblieb, half der andere ihm wieder heraus.

Plötzlich stimmte Maria ein Lied an, das für uns Kinder eine ganz besondere Bedeutung hatte. »Lobe den Herren, den mächtigen König der Ehren / Meine geliebete Seele, das ist sein Begehren / Kommet zu Hauf, Psalter und Harfe, wacht auf / Lasset den Lobgesang hören / Lobe den Herren, der künstlich und fein dich bereitet / der dir Gesundheit verliehen, dich freundlich geleitet / In wieviel Not hat nicht der gnädige Gott / Über dir Flügel gebreitet.« Die morgendliche Andacht begann.

Ich fuhr. Je ein Pferd lief rechts und links neben der Deichsel, das dritte rechts außen. Dieses Pferd mußte nicht soviel ziehen, dafür aber im tiefen Schnee laufen. Das gefiel ihm nicht, darum drängelte es ständig nach links, was das Fahren nicht einfacher machte. Der Nebel wurde dicht, die Wolken hingen tief, und es taute. Die Spuren wurden matschig. Plötzlich tauchte vor uns aus dem Nebel ein dunkler Schatten auf, der schnell größer wurde. Ein Armeelastwagen raste auf uns zu. Ich trieb die Pferde mit der Peitsche zur Eile an, denn ich sah, daß der Laster nicht ausweichen würde. Ich mußte aus der Spur herauskommen in den tiefen Schnee. Der Wagen donnerte mit viel zu hoher Geschwindigkeit an uns vorbei. Außer einem ärgerlichen Riß in der Plane war nichts kaputt. Der Schreck ließ nur langsam nach.

Nach ein paar Stunden machten wir Mittagsrast. Aber – wo war das Essen? Der Schokoladenpudding war weg mitsamt dem einzigen Kochtopf. War wohl herausgefallen, als der Armeelaster die Plane aufgerissen hatte.

Schließlich erreichten wir die Oder bei Güstebiese. An dieser Stelle hat sie nur einen breiten Arm. Aber was wir jetzt sahen, hatten wir nicht erwartet. Der Wagen blieb stehen. Alle stiegen aus. Trotz des dichten Nebels war zu erkennen: Die verschneiten und verharschten Uferböschungen fielen steil zum Flußbett hinab. Eine mäßig ausgefahrene Spur lief darauf zu, auf deren beiden Seiten sich eine hoch aufgeschippte Schneewand türmte. Vor uns, am unteren Rand der Böschung, sah die Oder aus wie eine endlose Panzersperre. Mächtige Eisschollen hatten sich dicht an dicht senkrecht gestellt und ragten nun mit ihren Brüchen und Kanten gen Himmel. In dieser Stellung waren sie aneinander festgefroren und bildeten miteinander ein Meer aus Eisspitzen.

In diese bizarre Landschaft hatten Menschen eine Schneise geschlagen. Die ziegelsteindicken Schollen lagen nun in

Trümmern am Rand. Aber wie dick war das Eis unter dieser Schneise? Niemand war am Ufer. In Dunst gehüllte Stille ringsum. Kein Mensch weit und breit, der uns hätte sagen können, ob das Eis noch sicher sei. Die Fahrspur war Schneematsch. So beschloß Maria, wir sollten zu Fuß hinübergehen. Machte der Leichteste den Anfang, oder probierte es erst ein Erwachsener? Ich weiß es nicht. Aber wir gingen mit Abstand nacheinander. Das Eis krachte ab und zu dumpf und furchterregend, aber wir fühlten uns dennoch geborgen zwischen den Wänden aus Eis, die uns überragten. Das Eis hielt. So ähnlich muß das Volk Israel sich gefühlt haben, als Moses es durchs Schilfmeer führte.

Dann waren alle drüben, nur Pummitschalek mit den Pferden und dem Planwagen, darin das Baby, stand noch am anderen Ufer. Sollte er die Pferde ausspannen und den Wagen aufgeben? Und wenn er mit ihm hinüberführe, sollte er es so schnell wie möglich oder ganz langsam und vorsichtig versuchen? Pummitschalek war ein mutiger Mann. Die Pferde setzten sich in Bewegung. Ihre Vorderhufe stemmten sich in den abschüssigen Boden des Abhangs, die hinteren rutschten nach vorn. Die Spitze der Deichsel hob sich, die Pferde saßen fast auf dem Hang, und ganz langsam rollte der Wagen die Böschung hinunter auf das Eis zu. Dann gebrauchte Pummitschalek die Peitsche, ein lautes »Hü« scholl herüber, das Gespann zog an, und zügig, aber im Schritt schleppten die Pferde den Wagen ans andere Ufer und die steile Böschung hinauf.

Drei Tage später war die Oder unpassierbar geworden. Tauwetter hatte erneut eingesetzt. Die nachkommenden Trecks mußten umkehren. Wir aber waren gerettet, denn nicht nur für die Flüchtlingswagen, auch für das sowjetische Heer war die Oder eine schwer zu überwindende Barriere geworden.

Mit unseren Schritten über die Oder endete unsere Kindheit in Pätzig. Als es klar wurde, daß wir mit Pätzig einen Teil des Preises für die Verbrechen Deutschlands im Zweiten Weltkrieg bezahlen mußten, schien es uns, als schlössen sich die Pforten zu Arkadien, dem Paradies auf Erden. Sie haben sich nicht geschlossen. Jetzt seid ihr Enkelkinder mein Arkadien.

Nachwort

Es mag den Leser interessieren, aus was für einem Nährboden die beschriebene, paradiesisch anmutende kleine Welt gewachsen ist. Es ist hier nicht der Ort, von der zugrunde liegenden Geschichte ein umfassendes Bild zu zeichnen. Einige Daten und kleine Geschichten mögen helfen, Anhaltspunkte zu finden.
Den Zauber dieser Kindheit verdanke ich – abgesehen von geschichtlichen und politischen Gegebenheiten – ausgeprägten Familienstrukturen und einem festen Familiengefüge. Die folgenden Schlaglichter aus der Geschichte dieser Strukturen habe ich Familienchroniken entnommen.

Die Geschichte Pätzigs, bis 1337 Berzirk, seit 1945 Piasecznow

Im Acker gefundene Steinbeile bezeugen, daß Pätzig und seine Umgebung schon vor fünftausend Jahren besiedelt war. Die Siedlung lag auf einem Hügel inmitten von Seen und Sümpfen und war nur von Norden trockenen Fußes zu erreichen. In all dem späteren Hin und Her der Zeitläufte hat der kleine Landstrich östlich der Oder und nördlich der Warthe immer zum Fürstentum Brandenburg gehört. Ab 1518 existieren Lehnsbriefe. Der erste vom Kurfürsten Joachim von Brandenburg an die Gebrüder Albrecht und Achim Wuthenow. 1766 wurde Pätzig Rittergut. Mit solchem Lehen übernahm der Ritter die Verpflichtung, für den jeweiligen Landesherrn Kriegsdienste zu leisten. Bis 1718 gehörte das

Gut sechs verschiedenen Familien. In dieser Zeit wechselte der Name des Dorfes häufig. Es hieß Berzirk, Bytsch, Wendisch Petzig, Petzigk, Pätzig und Paetzig. Vermutlich haben die Seen und Sümpfe das Dorf in den Kriegen davor bewahrt, wie manche andere Dörfer in der Gegend dem Erdboden gleichgemacht zu werden. Die aus dem 13. oder 14. Jahrhundert stammende Wehrkirche wurde jedoch im Dreißigjährigen Krieg zerstört. Sie wurde von 1693 bis 1701 wiederhergestellt und erhielt 1787 einen Turm in der heutigen Form. Zwischen 1674 und 1700 brachen die Pommern häufig über die nahe Grenze ein und plünderten die Neumark. 1726 wurde das Dorf von einer fürchterlichen Heuschreckenplage überfallen und die Ernte völlig zerstört. Darauf folgte von 1726 bis 1732 eine schwere Hungersnot. Im Lauf der Zeit sank das Wasser der Seen, so daß der Ort von Norden, Süden und Westen erreichbar wurde. Im 19. Jahrhundert legten die Besitzer einen Teil der Flächen trocken, um Weideland zu gewinnen, das jedoch torfig und von minderer Qualität blieb.

Das Gut wurde vererbt und verkauft und war schließlich von 1716 bis 1864 im Besitz der Familie von Platen. Heinrich Karl von Platen verkaufte es an Gustav von Winterfeld, der es später seinem Schwiegersohn Hans von Plötz vermachte; und dieser verkaufte das Gut 1885 für 1 305 000 Mark an meinen Großvater Max von Wedemeyer, der es 1918 seinem Sohn übergab, meinem Vater Hans von Wedemeyer.

Nach dem Zusammenbruch Deutschlands 1945 wurde das Gebiet östlich der Oder Polen zugesprochen. Dafür verzichtete Polen auf einen Teil seines Landes im Osten. Das Gut ist seither Staatseigentum.

1814 hatte das Dorf 231 Einwohner. Bis 1813 waren die Bauern dem Gut »hörig«. Das heißt, sie mußten für den Hof Feldarbeit verrichten, Hand- und Spanndienste leisten und auch

Naturalien abliefern. Sie bekamen vom Gutsherrn Land zugewiesen, das sie jedoch nicht besaßen und dessen Standort wechselte. 1813 erhielten sie eigenes Land. Es entstanden drei Bauernhöfe und dreizehn Kossätenwirtschaften. Karl-Ludwig von Platen baute daraufhin das sogenannte Arbeiterdorf, eine kleine Straße mit einer Handvoll Häuschen für die Gutsarbeiter.

1714 wurde die Schule gebaut. Sie mißt 17,75 mal 9,5 Meter, davon bewohnte der erste schriftlich nachgewiesene Lehrer Christian Piper 95 Quadratmeter. Der Lehrer war zugleich Küster.

Über das Einkommen des Küsters gibt die Kirchenmatrikel von 1693 Auskunft. Er erhielt pro Vierteljahr

»einen halben Scheffel Roggen von jeder Hufe [so viel Land, wie ein Gespann beackern kann],

einen viertel Scheffel Roggen von den Kossäten [vom Gutsherrn abhängige Bauern], Haus- und Freileuten,

ein Brot von jedem Hause, ingleichen für einen Groschen Butter und für sechs Pfennig Käse,

drei Pfennig aus jedem Hause beim Einsammeln des Opfers,

den dritten Teil von Bratwürsten und Eiern. Jedes Haus liefert zu Weihnachten eine Bratwurst (zwei Drittel bekommt der Pfarrer).

Accidencien: zwei Groschen bei Hochzeit Einheimischer,

dagegen sechs Groschen bei Hochzeit Fremder,

nebst Mahlzeit,

sechs Groschen bei Einsegnung der Braut,

einen Groschen bei einer Taufe,

sechs Groschen bei Eintritt einer Sechswöchnerin,

sechs Groschen bei einer Leichenpredigt,

drei Groschen bei einer anderen Leiche,

ein Fuder Holz im Winter

und schließlich

vier Groschen quartaliter von jedem Kinde,
als Schulgeld ohne Unterschied.«

1941 bestand das Gehalt des Lehrers aus folgenden Sätzen:

5000 Mark	Grundgehalt
474 Mark	Wohngeldzuschuß
501 Mark	Kirchendienst
5975 Mark	insgesamt

Der letzte deutsche Lehrer in Pätzig hieß Gerhard Starke. Er wurde wie alle Deutschen 1945 mit seiner Familie aus dem Dorf vertrieben. 1814 hatte die Schule zwölf Schüler, 1876 schon hundert. Zwischen 1900 und 1942 schwankte die Anzahl der Schüler zwischen 69 und 42 Kindern.
Der erste schriftlich dokumentierte Pfarrer in Pätzig wurde am 15. November 1493 in sein Amt eingeführt. Der erste evangelische Pfarrer nach dem Dreißigjährigen Krieg war Hermann Friedrich Pieper. Er übernahm die Pfarrei im Jahr 1703 und zog in das am Ende des 17. Jahrhunderts wieder aufgebaute Pfarrhaus, das in den Kriegswirren zerstört worden war. Der letzte evangelische Pfarrer in Pätzig war Willi Brandenburg. Er fiel 1942 in Rußland. Seit der Vertreibung der deutschen Bevölkerung im Sommer 1945 wird das Gotteshaus wieder von der katholischen Kirche genutzt.

Die Gutsbesitzer im 19. und 20. Jahrhundert
Max von Wedemeyer, Besitzer des Gutes Schönrade in der Neumark, erwarb das Gut Pätzig wie erwähnt im Jahr 1885. Er setzte einen Verwalter ein, der im Pätziger Gutshaus wohnte und das Gut nach den Vorgaben des Besitzers bewirtschaftete. Sein Sohn Hans von Wedemeyer heiratete am 17. November 1918 Ruth von Kleist-Retzow. Mit seiner jungen Frau zog er nach Pätzig und übernahm die Führung des

Gutsbetriebes. Es waren unruhige Zeiten. Der Beginn der Revolution. Der Kaiser hatte abgedankt und war nach Holland gegangen.
Aus dem heruntergewirtschafteten Betrieb wurde trotz der komplizierten Bodenverhältnisse unter der Führung von Max und danach von Hans von Wedemeyer ein Gut, das sich hielt. 1920 wurde meine älteste Schwester Ruth-Alice geboren, die 1939 Klaus von Bismarck heiratete. 1922 folgte Maximilian, der 1942 in Rußland fiel. 1924 wurde Maria geboren, die sich 1944 mit Dietrich Bonhoeffer verlobte, 1927 folgte Hans-Werner und 1929 Christine, 1932 wurde ich geboren und 1936 Peter-Christian. Unser Vater Hans von Wedemeyer fiel 1942 vor Stalingrad, und wir Kinder flohen 1945 erst kurz vor der Besetzung des Landes in den Westen. Unsere Mutter Ruth von Wedemeyer blieb bis zum Eintreffen der russischen Armee in Pätzig. Erst als sie von Lehrer, Verwalter und Hausbewohnern dazu gedrängt wurde, floh sie mit ihrer Sekretärin zu Fuß im Schneehemd bei Nacht und gelangte unversehrt zu ihren Kindern.

Die Familien

Einem Freund meiner Kinder verdanke ich die Erforschung meiner Ahnen. In Pätzig war für so etwas keine Zeit. Allerdings hing dort seit der Hochzeit meiner ältesten Schwester eine Ahnentafel unter Glas, wahrscheinlich ein Geschenk, an der Bretterwand zwischen der Treppe zum Olymp – dem für meine älteren Geschwister ausgebauten Dachboden – und der weiß gestrichenen Tür zum Klo, hinter der dem Besucher sechs Blecheimer mit Deckel zur Verfügung standen. Sie war mit sorgfältig gezeichneten und kolorierten Wappen versehen. Der oberste Name links hatte kein Wappen. Dort stand der Name Schuster, ohne »von«.
Ich vermute, der Platz zwischen Treppe und Klo war nicht

ganz zufällig gewählt. Lebten wir Kinder doch mitten in diesem Einerseits und Andererseits: Einerseits wurde respektvoll von den Vorfahren gesprochen, wobei ich allerdings manchmal den Verdacht hatte, daß dies auch dann geschah, wenn ihnen gar kein Respekt gebührte – andererseits war es verpönt, sich etwas auf sie einzubilden. Wie denn auch – wir konnten ja nichts dafür, daß einige »hervorragende Leute« unter ihnen waren.
Was wir konnten, war, uns anzustrengen, dass wir ihnen keine Schande machten: Was du bist, bist du aus Gottes Gnade und dank deiner Vorfahren.

Die Familie Wedemeyer

Die Anerkennung im preußischen Adelsstand wurde Max Friedrich Wedemeyer, Dr. jur. und Gutsherr von Schönrade, erst am 5. September 1901 zuteil. Conrad der Ältere, Erb- und Burgsasse zu Eldagsen, Grossvogt zum Calenberg und Fürstlicher Rat, gehörte zwar schon im 16. Jahrhundert zum Adelsstand, doch fiel einer seiner Nachfahren in Ungnade beim Herzog von Braunschweig, als er gegen diesen prozessierte und gewann. Die herzöglich bejagten Säue und Hirsche hatten seinen Acker verwüstet. Der Prozeß kostete ihn die höfische Gunst. Die Wedemeyers brachten – neben einem gehörigen Dickschädel – die kaufmännische Ader in die Familie. Mütterlicherseits fiel diese Gabe etwas knapper aus, ein Mangel, dem man durch Einsatz und Willenskraft abzuhelfen suchte. Max' Frau, Alice von Wedel aus Gerzlow, brachte ihm nicht nur eine beeindruckende Ahnengalerie mit, sie muß auch eine besonders charmante Frau gewesen sein, die ihren Mann heiß geliebt und verehrt hat. Unter ihren Vorfahren finden sich schöne Namen wie Anna von Barfus, Gotthilf und Erdmuthe Lukretia von Kleist, Hippolyta von Wolden und Sophie Ernestine von Hutten zum Stolzenberg. Als Max starb, hatte er dank seines landwirtschaftlichen, kaufmännischen und politischen Geschicks für seine Nachfahren die Güter Fichtenwerder, Pätzig und Klein-Reetz hinzuerwirtschaftet. Die Geschichte dieses Mannes birgt Überraschungen. Ich werde weiter unten von ihm berichten.

Die Familie Kleist-Retzow

Unter den Vorfahren meiner Familie mütterlicherseits finden sich, wenn man weit genug zurückgeht, fast alle deutschen Fürsten und Königshäuser, die man sich damals wünschen konnte. Preußen, Polen, Ostfriesland, Habsburg, Braunschweig, Brandenburg, Mecklenburg, Dänemark, Schweden, Hessen, Bayern, Württemberg, Portugal, Pommern.

Sie waren Schiffer und Kammerdienerinnen, Fabrikbesitzer und promovierte Ingenieure. Es gab Soldaten aller Dienstgrade und einen Feldmarschall, einen Erbküchenmeister, einen Postkommissar, einen Professor der Theologie und einen Probst. Der herausragendste unter den jüngeren Ahnen wurde königlich preußischer Staats- und Justizminister. Insgesamt waren die Soldaten unter ihnen deutlich in der Überzahl. Oft waren sie beides, Gutsherr und Soldat.

Der geistige Hintergrund

Wie ein faserverstärkter Schweizerkäse wirkt auf mich das Familiengeflecht, in dem ich aufwuchs. Tradition, Christentum und Preußentum mit all den vielen Gesetzen und Regeln und dem festen Halt, den sie boten, waren allgegenwärtig. Jeder in der näheren und ferneren Verwandtschaft kannte jeden, mußte ihn kennen. Wir siezten unsere Eltern zwar nicht mehr, aber selbst wir kleinen Mädchen waren gehalten, den älteren Damen mit einem Knicks die Hand zu küssen. Alltage und Feiertage waren von morgens bis abends durchwirkt von christlicher Tradition und Frömmigkeit. Die Kö-

nigstreue war so fest im Bewußtsein der Älteren verankert, daß, obwohl meine Eltern der Flucht des Kaisers entsetzt und verständnislos gegenüberstanden, die Treue zum nun nicht mehr existierenden Königshaus und seinen Ordnungen bestehenblieb. Diese Haltung übertrug sich unmittelbar auf uns Kinder. Das war die Faserverstärkung.
In die Löcher im Schweizerkäse konnte man hineinfallen, das heißt in Ungnade fallen. Es gab auch Löcher, aus denen man herausrutschen konnte wie Effi Briest. Einer meiner Vorfahren war Kammerherr am Kaiserhof. Er ist herausgerutscht. Er schrieb ein Buch über das, was bei Hof hinter den Kulissen geschah. Niemand hat danach mehr mit ihm gesprochen. Er wurde auf Festen allein stehengelassen. Sein Name wurde nicht vor uns genannt, aber erwähnt wurde er als abschreckendes Beispiel. Dies war Teil der noch immer preußischen Erziehung. Gesprochen wurde über die »Großen«, die »Bedeutenden«, die »Kleinen« waren eben »nicht der Rede wert«. Diese Erziehung hatte zum Ziel, gottesfürchtige, strebsame und verantwortungsbewußte Staatsdiener zu schaffen. So unterschrieben noch nach dem Zusammenbruch die erwachsenen Söhne dieser Generation ihre Briefe an die Eltern mit »Euer gehorsamer Sohn«. Für mich war es ein Segen, daß mir die Frömmigkeit, die aus beiden Familien auf mich einströmte, Raum gab, die Freiheit zu ergreifen, die der christliche Glaube auch anbietet. Jeanne d`Arc, Michael Kohlhaas und Götz von Berlichingen wurden meine Protagonisten.

Zwei Urgroßväter

Politisch und gesellschaftlich interessant ist die Geschichte zweier meiner Urgroßväter. Sie lebten zur Zeit Otto von Bismarcks und hatten auf unterschiedliche Weise mit ihm zu tun. Beide waren mit ihm befreundet, aber einer wurde spä-

ter sein Feind. Vom einen wurde uns mit Stolz berichtet, um den anderen gab es ein gehütetes Geheimnis.
Die Geschichten dieser Urgroßväter amüsieren mich, denn die dort beschriebenen Charaktereigenschaften scheinen mir so vertraut, als hätte ich diese Ahnen gekannt. Sie begegnen mir noch heute in der Familie.
Mein Urgroßvater väterlicherseits, Ludwig Wilhelm Wedemeyer, Reichsritter des Johanniterordens und Gutsherr auf Schönrade, Fichtenwerder, Woynitz und Untergut Eldagsen, war Parlamentarier und 1848 Mitglied der Versammlung in der Paulskirche – ein geachteter Mann. Ludwig bekleidete viele öffentliche Ämter und war zudem ein begnadeter Landwirt und Pferdezüchter. Er entwickelte sein Gut Schönrade zu einem Betrieb, der beispielhaft für die Umgebung war und im Laufe der Zeit einige andere Güter »abwarf«.
Von den Gutsherren im Westen des Reichs wurden die östlichen Großgrundbesitzer mitunter abfällig »Krautjunker« genannt, weil diese ihre Güter selbst bewirtschafteten. Es gibt eine schöne Geschichte von Clara, der Schwester meines Vaters. Als junge Braut wurde sie von ihrem Zukünftigen über die Felder des fränkischen Besitzes Rentweinsdorf kutschiert und hörte ihn dozieren: »Als unsere Väter schon auf ihren Schlössern saßen, saßen eure noch auf dem Misthaufen!« Sie konterte: »Ja, und heute scheint es umgekehrt zu sein!«
Ludwig Wilhelm heiratete Clara von Langen-Steinkeller im Jahr 1849. Sie bekamen drei Söhne und drei Töchter. Über die Erziehung schreibt Alice von Wedel, Ludwigs Schwiegertochter, an meine Großmutter väterlicherseits: »Es war eine Erziehung nach alter Art, wo nicht viel nach den Neigungen und Wünschen der Kinder gefragt wurde, sondern das unbedingte Aufsehen und Beugen vor der elterlichen Autorität den Ton angibt.« Sie fährt fort: «… aus dem sonst so strengen Mann sprach tiefe Herzlichkeit … er zog seine Kinder in

Pflichttreue, unbeschreiblicher Schlichtheit und Tüchtigkeit auf ...«
Ludwig wurde in seinem Leben schwer geprüft. Der vielversprechende älteste Sohn Werner fiel 1870 im Alter von zwanzig Jahren. Alice schreibt: »Das Herz beider Eltern brach daran.« 1873 starb seine Frau Clara an Asthma. Auf politischem Feld bildete sich in dieser Zeit ein Riß zwischen Bismarck und den Konservativen. Im Laufe der »Bleichröder-Affäre« leistete Ludwig sturen, erbitterten Widerstand gegen den Reichskanzler. Seinem Sohn Max, meinem Großvater, der nach dem Tod Werners der Älteste war, diktierte er die gegen Bismarck gerichteten Aufsätze und Broschüren. Später wird Max darüber berichten: »Ich wollte sagen: Lieber Vater, laß diese Dinge sein, gib dich nicht dazu her – ich habe es aber nicht gewagt, meine Gedanken auszusprechen – der Respekt vor dem Vater hat es nicht erlaubt.«
Max trat als Student im Sommer 1875 auf Wunsch des Vaters ins Corps Saxo-Borussia in Heidelberg ein. Er sagte dazu: »Was habe ich davon, wenn's meiner Seele schadet?« Später genoß er das Corpsleben, war überzeugt, daß es »einen sehr guten erzieherischen Einfluß auf die jungen Leute ausübt«. Er wurde erster Chargierter und als solcher von einem ihm unbekannten und vom Corps abgelehnten Anwärter zum »Duell auf Pistolen« herausgefordert. Obwohl er zuerst daneben und dann auf die Beine des Gegners zielte, traf er diesen tödlich. Vergeblich versuchte der Vater, eine Verurteilung zu verhindern. Max wurde in Festungshaft in Rastatt genommen. Ludwig fiel in schwere Depressionen. Im November 1875 erschoß er sich in seinem Ankleidezimmer. Sein Sohn Max wurde nach anderthalb Jahren begnadigt.
Meine Eltern versuchten, den Selbstmord unseres Urgroßvaters vor uns zu verbergen, war Freitod doch im christlichen Verständnis jener Zeit eine schwere Sünde.

Von einer anderen Facette der Rolle, die der praktische christliche Glaube in dieser Familie spielte, zeugt die folgende Episode. Sie macht mir Spaß in ihrer Parallele zu einer am Schluß zu erzählenden Geschichte von einem Urgroßvater mütterlicherseits.

Max war mit seinem Pony den ganzen Tag auf dem Rennplatz umhergeritten, hatte jede Hürde und jeden Wassergraben gesehen und sich herrlich amüsiert. Bald war es Zeit zur Heimkehr. Er wollte nach seiner Uhr sehen – doch die Uhr war fort. Er wußte, daß der Vater nicht mit sich spaßen lassen und den Verlust als Unachtsamkeit scharf verurteilen würde. Er suchte den ganzen Rennplatz mit vor Angst klopfendem Herzen ab. Nichts war von der Uhr zu sehen. »Da hält er sein Pferdchen an, schließt die Augen, und seine ganze Seele steigt im Gebet auf zu Gott, ihm doch in dieser Not zu helfen. Als er die Augen wieder öffnet, fällt sein erster Blick auf die am Boden liegende Uhr. Später lernt er, dem Gebet eine solche Richtung zu geben, daß er der Erhörung immer gewiß war«, schreibt seine Frau Alice in ihren Erinnerungen.

Dieser Großvater fiel vom Pferd, als seine Kinder noch klein waren. Er saß von da an gelähmt mit vielen Schmerzen im Rollstuhl. Nach seinem Tod schrieb mein Vater: »… er war ein innerlich glücklicher Mensch, war wohl von seinen Geschwistern der Glücklichste … wenn nicht etwa das Kriegsende, so weiß ich keinen Verlust, der mich schwerer traf.«

Wie eine fast ungetrübte Erfolgsgeschichte liest sich dagegen der Bericht über das Leben einer meiner Urgroßväter mütterlicherseits, Robert Graf Zedlitz und Trützschler. Er wurde im Jahr 1838 geboren. Als er vier Jahre alt war, starb seine Mutter. Er verließ das Gymnasium ohne Abschluß und trat als Fahnenjunker ins 6. Kürassierregiment ein. Gegen seinen

Willen wurde er dann zum Eliteregiment Garde du Corps versetzt, wo er schon bald Regimentsadjutant war. Zum Studium des französischen Militärs schickte man ihn nach Paris. Dort befreundete er sich mit dem preußischen Gesandten Otto von Bismarck. 1867 heiratete er Agnes von Rohr und bekam zur Hochzeit von seinem Vater das Gut Großenborau in Schlesien geschenkt. 1881 wurde er zum Regierungspräsidenten in Oppeln und wenige Jahre später zum Präsidenten der Ansiedlungskommission der Provinz Posen berufen. Nach Bismarcks Abschied aus der Politik ernannte ihn Wilhelm II. zum Kulturminister. Als ein von ihm eingebrachtes Gesetz, das den Kirchen größeren Einfluß in den Schulen verschaffen sollte, vom Kaiser abgelehnt wurde, nahm er seinen Abschied und zog sich auf sein Gut zurück. Sieben Jahre später übertrug ihm der Kaiser den Posten des Oberpräsidenten zunächst von Hessen-Nassau und dann von Schlesien. Und schließlich ehrte er ihn mit der höchsten Auszeichnung, die er zu vergeben hatte, dem Schwarzen Adler-Orden.

Eckpfeiler des Lebens der Familie mütterlicherseits war ihre pietistisch geprägte Frömmigkeit. Das Bewußtsein, von höheren Mächten abhängig und der Hilfe Gottes bedürftig zu sein, scheint in den Tagebuchaufzeichnungen meiner Großmutter auf. Es geht dort scheinbar immer wieder zuerst um eine – für den Landwirt allerdings lebenswichtige – Nebensache: das Wetter. Von ihrem Vater gibt es dazu folgende Geschichte:

Es war Erntezeit. Die Hocken aus gebundenen Korngarben standen in langen Reihen auf dem weiten Stoppelfeld. Robert, mein Urgroßvater, fuhr mit seinen Kindern im Kutschwagen über den Acker, als sich ein Sommergewitter über ihnen entlud. Die Kinder weinten vor Angst, und als er sie nicht beruhigen konnte, rief er zornig: »Ich wollte, Gott würde euch zeigen, daß ihr keine Angst zu haben braucht!« In diesem Augenblick krachte ein Donnerschlag unmittelbar über ihnen, und der Blitz schlug ganz in der Nähe in eine Hocke ein, die daraufhin in Flammen aufging. Da sahen die Kinder aus der nächsten Stiege einen Landstreicher kriechen. Es war eindeutig, niemand mußte es aussprechen: Gott hatte geantwortet.

Ich habe mich bemüht, den Menschen in meiner Erinnerung gerecht zu werden. Ich bin mir bewußt, daß meine Erinnerung subjektiv ist und nur einen Ausschnitt des Bildes zeichnen kann. Es war nicht meine Absicht, schwarzweiß zu malen; wenn es vielleicht dennoch geschehen ist und ich jemandem Unrecht getan habe, bitte ich um Vergebung.

Ich danke allen meinen Kindern und Enkelkindern für ihre Hilfe und Ermutigung zu diesem Buch. Insbesondere danke ich Anne und Bertram für Rat, Korrektur und Herstellung der ursprünglichen Fassung, Jens Petersen und Annette Reschke, die mir mit vielen Korrekturen und Hinweisen weitergeholfen haben, Elisabeth für die Idee zu dem Buch und meinen Geschwistern Ruth-Alice, Hans-Werner, Christine und Peter-Christian für ihre Zustimmung zur Veröffentlichung und ihren Beitrag zu Daten und Fakten.

Werburg Doerr